Bibliografische Information der Deutschen Nationalbibliothek: Die Deutsche Nationalbibliothek verzeichnet diese Publikation in der Deutschen Nationalbibliografie; detaillierte bibliografische Daten sind im Internet über dnb.dnb.de abrufbar.
Die automatisierte Analyse des Werkes, um daraus Informationen insbesondere über Muster, Trends und Korrelationen gemäß §44b UrhG („Text und Data Mining") zu gewinnen, ist untersagt.
© 2026 K. Theo Frank
Verlag: BoD · Books on Demand GmbH, Überseering 33, 22297 Hamburg, bod@bod.de
Druck: Libri Plureos GmbH, Friedensallee 273, 22763 Hamburg
ISBN: 978-3-7543-5441-4

Limenistik -
Die Leipziger Vorträge

Von K. Theo Frank

Inhalt:

***

Erklärung: Die dargestellten Meinungen sind ausschließlich die persönlichen und subjektiven des Autors.

***

Mittwoch

"Freiheit ist die Möglichkeit, diejenigen Gemeinsamkeiten zu teilen, die passend erscheinen."

Vorrede

Sehr geehrte Damen und Herren!
Willkommen an diesem schönen Mittwochnachmittag auf unserer Leipziger Limenistik-Konferenz! Das Konzept der Limenistik wurde von K. Theo Frank in dem üppigen Essay "Papa, bin ich noch links?" dargelegt und als Philosophie der Schwellen chrakterisiert. Hierzu möchte ich anmerken, dass die Schwelle philosophisch selten untersucht wurde, obwohl sie in allen Bereichen der Wirklichkeit eine herausragend wichtige Rolle spielt, d.h., metaphysische Qualität besitzt. Dennoch gab es zur Schwelle und zum Übergang u.a. in [2] begrifflich-philosophisch Untersuchungen.

Statt über die Geschichte der Schwellenforschung zu diskutieren, möchte ich Ihnen ein paar Schlüsse aus der Limenistik erläutern, die daraus folgen. Die hierfür vorgesehenen Vorträge werden am heutigen Mittwoch stattfinden. Es wird, wie Sie sich denken können, um Gemeinsamkeiten, deren Unzulänglichkeiten, Schwellen, links-rechtskonservativ-progressiv und um Werte gehen. Am Donnerstag und am Freitagmorgen folgen dann die Vorträge, in denen ich die Limenistik mit fünf ausgewählten philosophischen Richtungen vergleichen werde. Während die Limenistik in der Vergangenheit hauptsächlich aus dem Blickwinkel der Kritischen Theorie diskutiert wurde, werden wir uns nun der Ontologie, der Phänomenologie, dem Existenzialismus, dem Strukturalismus und der Hermeneutik zuwenden, die ich zu diesem Zweck kurz erläutern möchte. Ich bitte Sie, während meiner Ausführungen Ihre

Smartphones in der Tasche zu lassen. Natürlich sind Sie, meine Damen und Herren, herzlich willkommen, sich nach jedem Vortragsblock rege an der Diskussion zu beteiligen. Am Freitag ist außerdem eine längere Diskussionsrunde vorgesehen. Es wird darüber hinaus genügend Gelegenheiten geben, tiefe Gedanken außerhalb dieses Gebäudes auszutauschen, beispielsweise bei einem Spaziergang durch Leipzigs Innenstadt. Und nun wünsche ich uns allen drei fruchtbringende Tage.

Freiheit und Sicherheit

Sehr geehrte Damen und Herren!
Mein erster Vortrag beschäftigt sich mit dem Zusammenspiel zwischen Freiheit und Sicherheit aus limenistischer
Sicht. Der Ausgangspunkt für meine Ausführung ist die
Zusammenfassung der Grundsätze der Limenistik. Sie
lauten:
1. Jedes Objekt teilt mindestens eine Gemeinsamkeit mit
einem anderen Objekt.
2. Kein Objekt teilt exakt dieselben Gemeinsamkeiten wie
ein anderes Objekt.
3. Außer der Existenz gibt es keine Gemeinsamkeit, die
alle Objekte gleichzeitig teilen.

Limenistisch gesehen unterscheiden sich die Individuen
immer in mindestens einer Eigentümlichkeit, die aber
nichts anderes als verinnerlichte Gemeinsamkeiten sind.
Die Individualität ist in der Limenistik zum einen als Prozess gemeint und bedeutet die Anpassung an die Eigentümlichkeiten. Zum zweiten handelt es sich um einen Zustand. Geht man davon aus, dass die selbstähnliche Wirklichkeit so viele unterschiedliche Individuen wie möglich
schaffen möchte, die dennoch mindestens eine Gemeinsamkeit mit einem anderen Individuum teilen, so landet
man bei einer klassischen Lottoaufgabe. Der Lottotipp
entspräche dem Individuum als individuelle Ansammlung
von z.B. genau sechs Gemeinsamkeiten. Kennt die Gemeinschaft 49 Gemeinsamkeiten, so ergeben sich
13.983.816 mögliche Individuen á sechs Gemeinsamkei-

ten. Der Unterschied zwischen einem existierenden Individuum und einem Lottotipp ist jedoch, dass die Integration der Gemeinsamkeiten in ihm einen zwingenden Sinn macht, der ihn letztendlich existieren lässt. Integrierte Gemeinsamkeiten werden als begrenzt-unendlich betrachtet, da sie und die Gesetze, nach denen sie zwingend ineinander integriert sind theoretisch für unendlich viele Agenten gelten, also Individuen, die sie teilen, aber tatsächlich nur von einer begrenzten Menge geteilt werden.

Aus einem dynamischen Verständnis des Ausgeführten folgt die Unzulänglichkeit von Gemeinsamkeiten, schließlich muss jede Gemeinschaft den Zustand der maximalen Ähnlichkeit, also der maximalen Diversität bei maximaler Gleichheit erreichen können. Gemeinsamkeiten sind auf eine begrenzte Zahl von Objekten begrenzt, diese Grenzen sind transzendierbar, Objekte können sich in mehrere Gemeinsamkeiten gleichzeitig integrieren und jene Integration ist durch einen IntegrationsWert auf bestimmte Gemeinsamkeiten begrenzt. Die Unzulänglichkeiten werden unabhängig von der Gemeinsamkeit bestimmt, Letztere schleppen sie aber immer mit sich während sie danach trachten, sich in die Objekte, die sie teilen, 1:1 hineinzukopieren, dies aber aufgrund des Nichtverschwindens der Unzulänglichkeit nie erreichen. Die Welt ist nicht identisch mit sich selbst, sondern sich selbst ähnlich.

Allerdings kann ein Objekt nicht in beliebig zusammensetzbare Bündel an Gemeinsamkeiten (die wieder Gemeinsamkeiten, Gesetze oder Objekte sein können) transzendieren. Zwingend integrierte Gemeinsamkeitenbündel

(*ZIG*), die selbst Gemeinsamkeiten sind, können einerseits faktisch fortdauernd (*ff*) sein, lediglich imaginiert (*j*) oder einfach faktische, nur im Rahmen ihrer bloßen Faktizität stabile *f-ZIG*. *ff-ZIG* sind in sich unendlich stabil, sie können nicht von ihren Komponenten getrennt werden und dennoch im selben Zwang weiter *ff* sein. Nicht alle Kombinationen von Gemeinsamkeiten können *ff-ZIG* sein. Deswegen erlaubt die Transzendenz von einem *ZIG* in *ff-ZIG* nur die Transzendenz in eine unter bestimmten Möglichkeiten, die nicht alle denkbaren *ZIG* umfassen. Für die Erkenntnistheorie bedeutet das, dass es eine bestimmte Menge vorgefasster Möglichkeiten im Gehirn *a priori* gibt, mit denen die beobachteten Phänomene verstanden werden können, soweit sie mit ihrer Hilfe verstehbar sind. Eine "Überschreitung" jener Möglichkeiten in deren Rahmen erreicht man durch denkende Synthese von Urteilen *a priori* aus jenen, was aber nicht ohne (erinnerte) Anschauung möglich ist. Für Kant sind Denkkategorien ohne Anschauung leer. Über den Rahmen jener Möglichkeiten nicht hinausgehen zu können, aber auch die Untersuchung der Bedingungen für jene Möglichkeiten heißt transzendental. Allerdings ist - im Rahmen der Limenistik - immer eine Transzendenz in etwas anderes/Neues möglich.

Sehr geehrte Damen und Herren!
Im öffentlichen Diskurs werden die Begriffe "Freiheit" und "Sicherheit" häufig gegeneinander ausgespielt. Man spricht davon, dass Freiheit auf Kosten der Sicherheit eingeschränkt würde, oder dass man für die Freiheit Abstriche bei der Sicherheit machen müsse. Interessanterweise

befindet sich auf den Webseiten der SPD[1] folgender Satz "Freiheit und Sicherheit gehören zusammen. Ohne Sicherheit gibt es keine Freiheit."[1] Dieser Satz enthält keinen Widerspruch. Er ist vom Standpunkt der Limenistik leicht erklärbar und hängt direkt mit der Fraktionierung der Welt in universell-begrenzte Gemeinsamkeitensphären zusammen. Freiheit im limenistischen Sinne bedeutet die Unzulänglichkeit jener Sphären, bezieht sich jedoch gleichzeitig auf die Entfaltung der Agenten, die sie teilen, in jener Gemeinsamkeit, was der Anpassung an jene gleichkommt. Also bedeutet Freiheit die Freiheit zur Anpassung an jene Gemeinsamkeiten. Anders gesagt: Freiheit bedeutet in der Limenistik die Möglichkeit, sich an diejenigen Gemeinsamkeiten anzupassen, die dem Individuum passend erscheinen. Um dies tun zu können, müssen Gemeinsamkeitengrenzen für den sich Anpassenden definiert, aber auch transzendierbar sein. Gleichzeitig muss die Transzendenz erinnernd sein, da man sich an mehrere (durch die Anpassung ineinander) integrierte Gemeinsamkeiten anpasst. Freiheit bedeutet hingegen nicht, sich außerhalb jeglicher Gemeinsamkeit zu befinden. Letzteres heißt wiederum nicht, dass ein Agent keine singuläre Eigentümlichkeit besitzt. Vielmehr kann sie wiederum zu einer Gemeinsamkeit mit anderen Agenten werden.

Agenten, die über einen freien Willen verfügen, können sich dazu entscheiden, sich Gemeinsamkeiten innerhalb von deren Grenzen anzupassen oder eben nicht. Sie benötigen die Grenzen der Gemeinsamkeit für ihre freiwillige Entfaltung, um Gemeinsamkeiten freiwillig zu verlassen,

---

[1] Sozialdemokratische Partei Deutschlands

sich mehreren von ihnen gleichzeitig anzupassen und sie frei zu bewerten. In diesem Sinne sind Gemeinsamkeit-grenzen Schwellen. Nur müssen frei entscheidende Agenten für ihre Anpassung innerhalb bestimmter (für sie richtiger) Rahmenbedingungen, für die erinnernde Transzendenz jener (in für sie richtige Gemeinsamkeiten) und für deren Bewertung auch die "Freiheit" dazu haben. Und hier liegt der Hund begraben. Die limenistische Definition von Sicherheit ist nämlich (frei nach Immanuel Kant, * 22. April 1724 in Königsberg, Preußen; † 12. Februar 1804 ebenda) die Bedingung für die Möglichkeit, also die Bedingung für jene Unzulänglichkeitsakte zu schaffen. Eine totale Begrenzung, Vertreibung aus Gemeinsamkeiten, Zwang zu bestimmter Integration, Zwangsethik konterkariert nämlich die Freiheit. Sicherheit bedeutet, die Bedingung für Freiheit beizubringen. Sicherheit und Freiheit sind in diesem Verständnis synonym und alles, was fälschlicherweise als Sicherheit bezeichnet wird, die Freiheit aber einschränkt, ist in Wirklichkeit Repression.

Tatsächlich gibt es aufgrund der Vielzahl von unterschiedlichen, individuellen Bedürfnissen, die aus dem freien Willen resultieren, in einer Gemeinschaft keine Freiheit ohne Repression, also den Zwang zur Anpassung an falsche Gemeinsamkeiten. Maximale Freiheit, also maximale Sicherheit bei der Entfaltung eines Individuums in der Gemeinschaft bedeutet somit die Minimierung von Leid, aber nicht dessen Vernichtung. Letzteres wäre ohnehin kontraproduktiv, da Leidensdruck und Motivation gleichzusetzen sind und letztendlich aus Bewertungen resultieren. Der inzwischen ziemlich abgenutzte, jedoch nach wie vor aktuellen Satz von Rosa Luxemburg: "Freiheit ist immer die Freiheit der Andersdenkenden", enthält, wenn auch nicht explizit, die Synonymität zwischen Freiheit und Sicherheit, denn er impliziert, dass echte Freiheit nur dann existiert, wenn die Bedingungen für die Entfaltung in jeder Art von Gemeinsamkeitsphäre gegeben sind, also Sicherheit. Freilich handelt es sich hierbei um einen Idealzustand, der aufgrund der sich selbst limitierenden Freiheiten nur für das Denken erreicht wird.

Ein Beispiel: Man stelle sich einen Dieb vor, der am liebsten alles stehlen würde, was nicht niet- und nagelfest ist. Seiner Freiheit würde die Sicherheit entsprechen, dieser "Passion" jederzeit ungestraft nachzukommen. Alle Maßnahmen, die dem entgegenlaufen, wären ihm gegenüber repressiv (wobei man darüber nachdenken muss, ob Diebstahl auf lange Sicht wirklich eine richtige Gemeinsamkeit für ihn wäre). Da die Gemeinschaft normalerweise nicht aus Dieben besteht, bleibt dem Gesetzgeber nichts anderes übrig, als sich bezüglich des Diebes repressiv zu verhalten, um für die Mehrheit der Gemeinschaft die Bedingungen für deren freie Entfaltung zu schaffen. Wie gesagt ist keine gemeinschaftliche Anpassung vollständig repressionsfrei. Dennoch kann sich der Dieb seinerseits anpassen und die Bewertung der Gemeinsamkeiten, in denen er sich bewegen möchte, ändern, die Repression zum Unterlassen des Diebstahls nach einer Phase der Einsicht als seinen freien Willen betrachten. Der Grund für diese Fähigkeit ist, dass alle Gemeinsamkeiten letztendlich Gemeinsamkeiten mit anderen Agenten sind.

Sehr geehrte Damen und Herren! Mein nächster Vortrag beschäftigt sich mit dem Phänomen des Chauvinismus, was er bedeutet, seine Schädlichkeit und der Frage, wie er verhindert werden kann. Zunächst stellt sich die Frage, was Chauvinismus eigentlich ist. Schauen wir uns zunächst die Historie des Begriffes an: Er stammt von dem Namen eines legendären Soldaten Frankreichs ab, der u.a. unter Napoleon Bonaparte gedient haben soll [3]. Ob Nicolas Chauvin jedoch je gelebt hat, ist unbekannt. Später wurde die Figur ins Lächerliche gezogen, inklusive des übertriebenen Nationalismus, den sie verkörpert. So entstand der Begriff des Chauvinismus. Heute versteht man Chauvinismus als den Glauben an die Überlegenheit einer bestimmten Gruppe. Ich würde den Begriff sogar auf die Annahme der Überlegenheit eines bestimmten sozialen oder politischen Systems verallgemeinern. Faschismus bedeutet einen verwalteten Chauvinismus. Aus dieser allgemeinen Definition können verschiedene Chauvinismen abgeleitet werden:
- Männlicher Chauvinismus (Machismus, Androzentrismus)
- Kultureller Chauvinismus
- Schicht-, Milieu- und Klassendünkel
- Religiöser Chauvinismus
- Sprachchauvinismus/Dialektchauvinismus
- Rassismus

Chauvinismus resultiert aus freien Bewertungen von Gemeinsamkeiten, ähnlich wie der freie Wille. Chauvinismus bedeutet, dass (A) mindestens eine Gemeinsamkeit, welche die Mitglieder einer Gruppe teilen, als überlegen positiv bewertet wird. Überlegen meint hier, dass die Bewertung jener Gemeinsamkeit die Bewertung der einzelnen Mitglieder der Gruppe, die jene Gemeinsamkeit (vermeintlich) teilen, insgesamt vorgibt. Jene Mitglieder sehen sich generell als überlegen an, egal, welche Gemeinsamkeiten sie sonst noch innerhalb und außerhalb der Gruppe teilen. Die Mitglieder eines Weltmeisterteams würden sich in diesem Verständnis nicht nur in der jeweiligen Sportart in einem bestimmten Jahr, sondern generell überlegen fühlen, und zwar in allen Belangen und für immer. Ich würde den Chauvinismus gern über die Überlegenheitsbewertung hinaus auf eine Unterlegenheitsbewertung erweitern. Chauvinismus bedeutet auch, dass (B) mindestens eine Gemeinsamkeit einer anderen Gruppe als unterlegen negativ bewertet wird, also die Mitglieder jener Gruppe als insgesamt unterlegen.

Man kann hier spezifische Fälle unterscheiden:
(i) Die überlegen positive Bewertung der Gemeinsamkeit von Gruppe A erfolgt durch deren Mitglieder.
(ii) Die überlegen positive Bewertung der Gemeinsamkeit von Gruppe A erfolgt durch deren Nichtmitglieder.
(iii) Die überlegen positive Bewertung der Gemeinsamkeit von Gruppe A erfolgt durch deren Nichtmitglieder, aber nicht durch die Mitglieder der Gruppe B.
(iv) Die überlegen positive Bewertung der Gemeinsamkeit von Gruppe A erfolgt nur durch die Mitglieder der Gruppe B.

(v) Die unterlegen negative Bewertung der Gemeinsamkeit von Gruppe B erfolgt durch deren Mitglieder.

(vi) Die unterlegen negative Bewertung der Gemeinsamkeit von Gruppe B erfolgt durch deren Nichtmitglieder.

(vii) Die unterlegen negative Bewertung der Gemeinsamkeit von Gruppe B erfolgt durch deren Nichtmitglieder, aber nicht durch die Mitglieder der Gruppe A.

(vii) Die unterlegen negative Bewertung der Gemeinsamkeit von Gruppe B erfolgt nur durch die Mitglieder der Gruppe A.

Die ultimative Verführbarkeit zum Chauvinismus entsteht genau dann, wenn die Mitglieder einer bestimmten Gruppe objektiv die Einzigen sind, die eine bestimmte Gemeinsamkeit teilen. In der Limenistik verfügt jede Gemeinsamkeit über eine solche, begrenzte Menge von sie Teilenden, da sie ja selbst begrenzt ist. Somit ist die Existenz einer Gruppe, deren Mitglieder als Einzige eine bestimmte Gemeinsamkeit teilen, immer gegeben. Durch die Negierung solcher Gruppenspezifika, landläufig als die Negierung von Unterschieden bekannt, lässt sich das Problem des Chauvinismus aber nicht lösen. Wohl gibt es eine andere Möglichkeit.

Sehr geehrte Damen und Herren!
Wie kann der Chauvinismus in der Gesellschaft reduziert werden? An dieser Stelle wird ein Chauvi-Index definiert, der das Potenzial für die Entstehung von Chauvinismus und die Möglichkeiten seiner Reduzierung anzeigt. Er ergibt sich aus der Zahl der Teiler von Gemeinsamkeiten,

die in einer bestimmten Gruppe zu finden sind zu der Gesamtzahl der Teiler. Nehmen wir eine Gemeinsamkeit A (z.B. farbenblind zu sein). Innerhalb der Gruppe der Farbenblinden beträgt der Chauviindex natürlich eins. Wird die Farbenblindheit als überlegen positiv/negativ bewertet, so nennt man dies einhundertprozentigen Chauvinismus: Alle Farbenblinden sind ausschließlich wertvoll/wertlos.

Nur definieren sich Gruppen nicht ausschließlich über eine Gemeinsamkeit. Was geschieht also, wenn zwei Gemeinsamkeiten in ihrer positiven/negativen Bewertung zwanghaft miteinander verbunden werden? Nehmen wir die Gemeinsamkeit B (z.B. männlich zu sein), so ergibt sich innerhalb der Gruppe der Männer ebenfalls ein Chauviindex von eins. Da etwa 9% der Männer und 0.5% der Frauen farbenblind sind, ergibt sich für farbenblinde Männer ein Chauviindex von 9/9.5 und für Frauen von 0.5/9.5. Der von Frauen ist bezüglich jener Gemeinsamkeit viel geringer. Man könnte nun meinen, dass Frauen bezüglich der Farbenblindheit weniger chauvinistisch sind als Männer, aber dem ist, bei Anerkennung gleichrangiger negativer und positiver Bewertung, nicht so. Der effektive Chauviindex zwischen zwei Gruppen, der sich als Differenz der gruppen- und gemeinsamkeitspezifischen Indizes berechnet, ist dann spiegelbildlich: Bewertet man Farbenblindheit als überlegen positiv, so werden die Frauen von den Männern negativ bewertet, und zwar mit 8.5/9.5. Bewertet man sie als unterlegen negativ, werden die Männer negativ bewertet, und zwar mit demselben Index.

Man kann sich darüber streiten, ob die Frauen aufgrund der Tatsache, dass sie weniger stark von Farbenblindheit betroffen sind, die Männer weniger stark positiv oder negativ bewerten werden, als dies umgekehrt der Fall wäre: "Wir, die Männer, sind zu einem großen Anteil farbenblind, also sind wir den Frauen, die einen niedrigen Anteil aufweisen, überlegen. Sie besitzen etwas Positives nicht, was wir besitzen." stünde dann gegen das schwächere: "Die armen Männer sind zu einem großen Anteil farbenblind, also sind wir, die Frauen, die einen niedrigen Anteil aufweisen, ihnen überlegen. Dennoch tun sie uns leid. Sie besitzen etwas konkretes Negatives, was wir nicht besitzen." Wenn es diesen Effekt gibt, so ist er, meiner Meinung nach, sekundär. Aufgrund der sich gegenseitig bestärkenden Bewertung von mehreren Eigentümlichkeiten, in denen sich zwei Gruppen unterscheiden, ist also nicht davon auszugehen, dass die Reduzierung des Chauviindex Chauvinismus reduzieren könnte. Er selbst ist nicht das Problem, sondern die Bewertung innerhalb der Gemeinschaft.

Dennoch wird häufig versucht, den Chauvi-Index selbst zu reduzieren, um den Chauvinismus zu bekämpfen, beispielsweise durch Teilen mit allen Menschen. Man stelle sich eine Gruppe vor, deren Mitglieder fünf höchstbewertete Gemeinsamkeiten teilen und dass außerhalb der Gruppe niemand jene Gemeinsamkeiten teilt. Betrachtet man die Gemeinsamkeiten additiv, so ergibt sich innerhalb der Gruppe ein Chauvi-Index von insgesamt fünf. Da das Teilen von fünf gleichen und gruppenspezifischen Gemeinsamkeiten eine stärkere Rückkopplung mit den Trägern erzeugt als nur von einer, empfinde ich die additive Herangehensweise als angemessen. Die Mitglieder der Gruppe sind allen anderen Menschen also (vermeintlich) um den Index fünf überlegen, denn Letztere teilen die Gemeinsamkeiten ja nicht und besitzen diesbezüglich einen Chauvi-Index von null. Wenn nun außerhalb der Gruppe genauso viele Menschen die gleichen Gemeinsamkeiten teilen würden wie innerhalb, und jene bei jedem Menschen gleich bewertet würden, sänke die Differenz in der Bewertung aller Menschen bezüglich dieser fünf Gemeinsamkeiten bis auf null ab. Alle Menschen wären mit gleicher Wahrscheinlichkeit farbenblind.

Diese Herangehensweise ist im Übrigen sehr integrativ, aber oft utopisch. Wer will schon aus Solidarität farbenblind werden, wenn er es zuvor nicht war? Umgekehrt gilt: Welcher Reiche will sein Geld abgeben? Die Auflösung der strikten Bindung von Gemeinsamkeiten an bestimmte Gruppen, hierzu gehört auch die zeitliche Auflösung, d.h. die Gruppe der zuvor Reichen wäre nicht immer reich, senkt also den Chauvi-Index, ist aber oft nicht durchsetzbar, weil er eine utopische Gleichheit der Menschen verlangt. Um den Index andererseits durch bloße Gemeinsamkeitenentfremdung zu reduzieren, müsste man die Gruppe z.B. von drei ihrer Gemeinsamkeiten dauerhaft entfremden/befreien. Durch dieses Verfahren verlieren die Individuen, selbst wenn sie von der Farbenblindheit geheilt werden, ihr Selbstverständnis, ihre Identität, ähnlich wie beim bloßen Aufteilen von Gemeinsamkeiten.

Da die Reduzierung des Chauvi-Index auf null also nicht funktioniert, bleibt der Ansatz pauschaler Gleichbewertung unterschiedlicher Dinge hinsichtlich unterschiedlicher Aspekte. Aufgrund des freien Willens ist dies zwar möglich, aber ebenso unsinnig und es führt direkt in die Beliebigkeit der Werte (Zirkus der Werte). D.h., um nicht in die Versuchung zu kommen, Menschen fälschlicherweise pauschal unterschiedlich zu bewerten, bewertet man evident unterschiedlich wertvolle Gemeinsamkeiten fälschlicherweise gleich, was in ein Paradoxon führt. Er ist farbenblind, sie nicht. Aber er ist nicht weniger wert als sie. Daher ist Farbenblindheit notwendigerweise genauso positiv zu bewerten wie das Sehen des vollen Farbenspektrums. Gerade weil die Bewertung einem (in Teilen) freien Willensakt entspricht, wird sie sich außerdem nur schwer kontrollieren lassen.

Was bleibt also zu tun? Antwort: Ziel muss es sein, einen maximalen individuellen, also nicht gruppenbezogenen Chauvi-Index herzustellen, um so die fälschliche überlegene Bewertung bestimmter Gemeinsamkeiten einzudämmen. Der individuelle Chauvi-Index ergibt sich aus der Zahl derjenigen Gemeinsamkeiten mit anderen Menschen, die man selbst als positiv empfindet. Man definiert seine Identität nicht über die Zugehörigkeit zu einer Gruppe mit einer als überlegen positiv gewerteten Gemeinsamkeit, sondern über die überlegen positive Wertung der individuellen, eigenen, einzigartigen Kombination von Gemeinsamkeiten und die Art, wie sie sich verändern. Man wäre nicht mehr stolz, z.B. Deutscher zu sein, sondern man selbst zu sein, nämlich ein Deutscher, Hausmeister, Motorradfahrer und Familienvater, wobei anhängende Eigentümlichkeiten, die man selbst negativ bewertet, auch negativ bleiben sollten. Mit einem solchen Selbstverständnis ist eine überlegen positive Bewertung, Deutscher zu sein, nicht mehr möglich, da sie eben jene zwingende Kombinationsindividualität abwerten würde inklusive der im Individuum vereinigten Gemeinsamkeiten.

Anders gesagt: Man würde sich nicht darauf reduzieren können, Deutscher zu sein. Das funktioniert ohnehin nur bei einem schwachen Identifikationsgefühl, bei Nichtvorhandensein darüber hinausgehender Eigentümlichkeiten oder Unsicherheiten in deren Bewertung. Starke Persönlichkeiten mit starkem Bezug zur eigenen Identität, die insbesondere sich widerstrebende Eigentümlichkeiten in sich vereinen können und jene gleichzeitig als Gemeinsamkeiten mit anderen Menschen anerkennen, sind der beste Schutz gegenüber Chauvinismus. Man wäre zwar Deutscher und, bei positiver Bewertung dessen, allen Nichtdeutschen - aus persönlicher Sicht - um den Index 1 überlegen, sich aber noch weiterer, z.B., 999 Gemeinsamkeiten bewusst, die ebenfalls positiv gewertet, aber mit den anderen Menschen auf der Erde geteilt werden. Somit ergibt sich zwar ein individueller Chauvi-Index von 1000, aber eine gemeinsamkeitsbezogene gefühlte Überlegenheit von null gegenüber anderen Menschen, denn mindestens einer von ihnen trägt immer genau dieselbe eine Eigentümlichkeit in sich, wie ich. Diese Herangehensweise schließt gleichzeitig das Verbot aus, mich jemand anderem in einem bestimmten Punkt überlegen zu fühlen, beispielsweise im Hausmeister- oder Familienvatersein. Im Gegenteil macht sie die lautere Athletik, den sportlichen Vergleich untereinander, erst möglich.

Das Problem ist nur, dass die so verstandene Einzigartigkeit ein hohes Maß an persönlicher Integrationsanstrengung bzw. Bewusstwerdung des Teilens von Gemeinsamkeit benötigt. Wird das Individuum damit überfordert, zieht es sich in eben jene einfachen Strukturen zurück. Genau jene Strukturen vermitteln die trügerische Sicherheit, sich frei, weil sehr einfach, entfalten zu können. Sicherheit wird nämlich nicht nur durch Repression zerstört, sondern auch durch integrative Überforderung: Man kann sich nicht mehr auf Anpassung konzentrieren, wenn man zu viele Gemeinsamkeiten als für sich selbst positiv gewertet hat.

Der Wert des Menschen

Sehr geehrte Damen und Herren!

Wir haben uns bereits mit dem vermeintlichen Wert des Menschen beschäftigt. Ich möchte zu diesem heiklen Thema nun ein wenig ausführlicher zurückkommen. Das Thema ist deswegen heikel, weil man sich davor scheut, einzelnen Menschen einen Wert zuzuordnen, so wie den Geldwert zu einer Ware. Schließlich würde sie das entmenschlichen, sozusagen als Mensch entwerten. Die "Ausnahme", die dennoch bestätigt, dass man Wertungen vornimmt, ist der Begriff "Selbstwertgefühl". Er bestätigt auch, dass die spezifische Wertung nicht an einem Gemeinsamkeitenbündel sichtbar anhaftet, sondern dass es "nach Gefühl" bewertet wird. Tatsächlich bewertet man bei anderen Menschen, wie bei sich selbst, vor allem sich entäußernden Einzeleigenschaften. Die Zuordnung eines fest gewerteten Gesamtsinns zu einer (bekannten) Person geschieht eher selten, da man instinktiv weiß, dass jener zwar existiert, sich jedoch mit veränderten Eigentümlichkeiten auch ändert, der Mensch gute und schlechte Seiten hat. Erst, wenn keine Änderung erfolgt und der Mensch in fast allen Eigentümlichkeiten gleich bewertet wird, stuft man ihn als insgesamt als schlecht oder gut ein.

Die Limenistik definiert die Welt und alles darin über Gemeinsamkeiten. Die einfachste Gemeinsamkeit ist eine Schnittmenge. Alle Dinge, die Blätter tragen, haben dies als ihre Gemeinsamkeit. Bäume teilen untereinander jedoch mehr Gemeinsamkeiten als andere blättrigen Pflanzen. Über diese Gemeinsamkeiten sind sie als Bäume kategorisierbar. Im Normalfall handelt es sich bei einer Kategorie um ein Bündel aus einer minimalen Zahl an Gemeinsamkeiten, das in seiner Integration spezifisch für die jeweilige Gruppe ist, wobei einzelne Gemeinsamkeiten, wie etwa die Blätter, auch über die Gruppe hinausragen. Allerdings gibt es Gemeinsamkeiten, die nur innerhalb einer Gruppe existieren können. Geht die Häufigkeit der zusammen auftretenden Gemeinsamkeiten über die zufällige bzw. erwartbare Wahrscheinlichkeit hinaus, so spricht die Limenistik von zwanghafter Integration.

Der Zwang geht letztendlich von einer Gewalt aus, die auf der Existenz selbst basiert. Nach limenistischem Verständnis existieren die Dinge nur innerhalb zahlenmäßig und damit räumlich sowie zeitlich begrenzter Gemeinsamkeiten, denn Raum und Zeit existieren nur aufgrund von Veränderung im Sinne von Grenztranszendenz. Die Existenz erzeugt den Zwang zur Existenz selbst. Man erkennt ihn daran, dass durch die Integration eben jene Gemeinsamkeit existiert, die außerhalb nicht existiert. Blätter, Zweige, Äste, Stämme, Wurzeln existieren auch außerhalb der Gruppe der Bäume, allerdings nicht deren spezifisches Zusammenwirken, das ebenso Teil des Baumseins ist. Allerdings kann es von anderen Gruppen kopiert werden, die so selbst jene Gemeinsamkeit teilen. Die "Erlaubnis" für die Existenz von etwas durch die Existenz ist als positive Wertung zu betrachten. Da sich die Fortexistenz von etwas evolutionär legitimiert, gibt es keine Garantie von Existenz aus dem Vorhandenen. Daher müssen alle Wesen, die in der Lage sind, ihre Fortexistenz vorauszuhoffen, Bewertungen erstellen, die selbst falsch sein können, also falsche Gemeinsamkeiten als richtig bewerten und umgekehrt. Dabei hilft ihnen die Erkenntnis von Gemeinsamkeiten, die woanders bereits funktionieren und die man zusätzlich zu den oder anstelle von anderen teilen könnte. Neben den einfachen Teilmengen und der kategorisierenden Abstraktion existiert noch eine andere Form von Gemeinsamkeit. Beispielsweise können Arbeiter gemeinsam ein Produkt hervorbringen, so wie ein Baum mithilfe seiner Bestandteile und Mechanismen Blätter hervorbringen kann. In der Limenistik sind die Gemeinsamkeit der Bäume, Blätter zu besitzen und die der Bestandteile eines Baumes, Blätter hervorzubringen, äquivalent.

Was die Gemeinsamkeiten von Menschen betrifft, so werden sie durch die Gemeinschaft und die Person selbst positiv oder negativ bewertet. Meist sind die Bewertungen unterschiedlich. Jede Gemeinsamkeit schleppt ihre Bewertungen mit sich, allerdings kann sie sich ändern. Im Krieg Menschen zu töten gilt als heldenhaft, im Frieden ist es ein strafbares Verbrechen. Man könnte es sich nun einfach machen und behaupten, der Mensch wäre in seine Gemeinsamkeiten durch eine höhere Macht hineingeworfen worden und selbst wenn er einige bewusst selbst erworben hätten, dann könnte er sich nur schwer von den fremderzeugten trennen, entweder, weil ihn die Gesellschaft permanent dazu zwingt (linkes Dogma) oder weil er durch Gene und Ursprungskultur genauso geworden sei (rechtes Dogma). In beiden Fällen wäre der Mensch für seine Taten nicht verantwortlich. Eine freiheitliche Herangehensweise würde davon ausgehen, dass der Mensch sich die Gemeinsamkeiten, an die er sich anpasst, grundsätzlich selbst aussucht, oder dies zumindest können sollte.

Betrachtet man den Menschen als zwingend ineinander integriertes Bündel an Gemeinsamkeiten mit anderen Menschen, wäre der häufig ausgesprochene Satz: "Alle Menschen sind gleich wert", anstelle von "gleich würdig" nach dem Artikel I des Grundgesetzes, unsinnig, denn dafür müsste man den Menschen als abgetrennt von den bewertbaren Gemeinsamkeiten betrachten, die er teilt. Dann würde er nicht einmal existieren. Verbindet man den Menschen gedanklich wieder mit seinen geteilten Gemeinsamkeiten, so ändert sich die Situation: Er wird über die Anpassung an jene Gemeinsamkeiten, sprich seine Taten, für die Gemeinschaft und sich selbst bewertbar. Doch auch wenn die Umgebung ihn zu schlechten Taten zwingt, muss er sie innerlich nicht gutheißen. Auch wenn die Umgebung ihn zu guten Taten anleitet, kann er trotzdem im Inneren böse bleiben. Der Mensch besitzt also tatsächlich einen Wert. Es gibt gute und böse Personen und es sind die Taten, die den Menschen vor sich bzw. der Gemeinschaft gut oder böse machen.

Nimmt man dies als Fakt, ergeben sich zwei Probleme. Das erste aus der Bewertung von Menschen anhand falscher Kriterien: Man beurteilt fälschlicherweise nicht die Taten, sondern Äußerlichkeiten, insbesondere dann, wenn man die Taten der Person gar nicht kennt und trotzdem zu einer Beurteilung gezwungen wird. Das andere Problem ergibt sich aus der Negierung jeglicher individuellen Bewertbarkeit. Man neigt im linken Dogma dazu, nicht nur den schlechten Charakter von Menschen zu negieren, sondern auch tiefer gehende, möglicherweise fehlschlagenden Resozialisierungsnotwendigkeiten, schließlich müsse man ja nur die schlechten äußeren Gemeinsamkeiten, die sie teilen gegen gute austauschen, indem man den fehlgeleiteten Menschen in die richtige (wirtschaftliche) Umgebung bringt. Im rechten Dogma ist der böse Charakter untrennbar mit seinen anerzogenen Gemeinsamkeiten verbunden.

Die klare Empfehlung der Limenistik ist es, anzuerkennen, wie schwer es ist, die Schwelle zu überwinden, um sich aus den schlechten Gemeinsamkeiten zu befreien, aber dass es gleichzeitig möglich ist. Allein die Anstrengung hierfür entsprich einer Wertveränderung zum Positiven hin. Wie bei der Diskussion des Chauvinismus ist es einzig und allein der Blick auf die Anpassungsakte an erinnerte Gemeinsamkeiten, die den individuellen Menschen bestimmte Taten vollführen lässt, welche erkennen lassen, ob er böse oder gut ist. Die Unzulänglichkeit sorgt dafür, dass es (in einer sich ändernden Welt) böse und gute Menschen gibt, dass sich aus guten Menschen böse entwickeln können und umgekehrt (Grenztranszendenz), dass Menschen gute und schlechte Eigenschaften gleichzeitig haben (Integration) und dass sie ihre Eigenschaften im Vergleich zur Gemeinschaft unterschiedlich bewerten können, sodass aus gleichen Gemeinsamkeiten durch deren Umwertung gute und schlechte werden können.

Gemeinsamkeiten zwischen Osten und Nahem Osten - Eine Polemik

Sehr geehrte Damen und Herren!
Ab dem Jahre 2015 sprach man von der sogenannten Flüchtlingskrise. Damals waren die Hinweise auf die Ähnlichkeit zwischen den DDR[2]-Bürgern, die bis 1989 von der Überwindung der innerdeutschen Grenze träumten, und den Migranten noch in aller Munde. Heute sind diese Stimmen verstummt. Warum? Weil die Situationen dieser Menschen doch nicht miteinander vergleichbar sind? Oder weil sie sich vielleicht doch zu ähnlich sind?

Sehr geehrte Damen und Herren!
Die Flüchtlingskrise hat uns allen die Existenz von Gemeinsamkeiten über nationale und Glaubensgrenzen hinweg verdeutlicht und meiner Meinung nach war dieser Effekt in den ostdeutschen Bundesländern sogar noch stärker als in den Westdeutschen. Um das zu verstehen, muss man sich die Lebensrealität der 1980er Jahre ins Gedächtnis zurückrufen. Auf der östlichen Seite der Mauer gab es einen Staat, der durch eine Art sanfte Diktatur geführt wurde. Die Diktatoren waren inzwischen schon sehr alt und sahen sich mit einem reichen und mächtigen kapitalistischen Westen konfrontiert, mit dem sie ökonomisch nie würden mithalten können. Also verteufelten sie ihn und machten das, was ihn charakterisierte, zu einer Sünde an den Menschen. Der Kapitalismus richte sie angeblich zugrunde. Er

---

[2] Deutsche Demokratische Republik

instrumentalisiere die Frauen und mache sie zu Sexobjekten, er beute die Natur aus, er quäle die Tiere und er sei rassistisch, da er die afrikanischen Länder nicht auf die Beine kommen lässt.

Die Ideologie, die das Alles begründete, nannte sich Marxismus-Leninismus und war in mehreren Büchern niedergeschrieben worden, die in der DDR an allen Ecken herumstanden. In der sanften Diktatur der DDR war es jedem Menschen möglich, ohne stärkere Repressalien halbwegs zu überleben. Er musste nur die wesentlichen Aussagen dieser Ideologie kennen, um ihnen nicht zu widersprechen. Um das zu vereinfachen, wurden jene in kleineren Heftchen zusammengefasst, die sich leicht auswendig lernen ließen. Außerdem sollte man es tunlichst vermeiden, die Begründer des Marxismus-Leninismus zu kritisieren oder gar zu beleidigen. Man durfte die Kernaussagen dieser Ideologie nicht infrage stellen, insbesondere die über die Weltrevolution. Man stellte sich Letztere zwar nicht mehr so vor, wie Lenin und die Mitglieder der Komintern das getan hatten, nämlich dass es eines schönen Tages zu einer weltweiten Aktion kommen würde, die den Sozialismus über die ganz Erde brächte. Inzwischen ging man vielmehr davon aus, dass der Sozialismus in einem Dominoeffekt ein Land nach dem anderen erobern würde.

Der Sozialismus, wie die DDR ihn verstand, war eine interessante Sache. In der Schule wurde gelehrt, dass die Erde in grauer Vorzeit bereits einmal vollständig sozialistisch gewesen sei. Jeder hatte die gleichen Rechte und die gleichen Pflichten. Dann kam das Eigentum am Mehrprodukt und zerstörte diese schöne, heile Welt. Diese Argumentation ist der von Jean-Jacques Rousseau ganz ähnlich. Er sagte: "Der erste, der ein Stück Land mit einem Zaun umgab und auf den Gedanken kam zu sagen 'Dies gehört mir' und der Leute fand, die einfältig genug waren, ihm zu glauben, war der eigentliche Begründer der bürgerlichen Gesellschaft. Wie viele Verbrechen, Kriege, Morde, wie viel Elend und Schrecken wäre dem Menschengeschlecht erspart geblieben, wenn jemand die Pfähle ausgerissen und seinen Mitmenschen zugerufen hätte: 'Hütet euch, dem Betrüger Glauben zu schenken; ihr seid verloren, wenn ihr vergesst, dass zwar die Früchte allen, aber die Erde niemandem gehört.' [4] Man glaubte, der Sozialismus würde die absolute Gleichheit unter den Menschen wiederherstellen, wobei man vergaß, dass der Mensch immer mit unterschiedlichen Eigentümlichkeiten ausgestattet ist, ob er sie nun geerbt oder selbst erworben hat.

Es gab noch allerlei andere Dinge, die man als DDR-Bürger beachten musste. In der Schule musste man den Pioniergruß oder den FDJ - Gruß aufsagen, gemeinsam an den Appellen teilnehmen und ständig seine Abneigung gegenüber Allem bekunden, was aus dem imperialistischen Westen kam. Wer sich an diese Regeln hielt, überlebte ganz gut. Wer sie ablehnte, hatte Probleme. Und wer dem sozialistischen "Paradies" entfliehen wollte, beispielsweise über die innerdeutsche Grenze, der wurde getötet. Und fliehen wollten viele, weil sie sich eingesperrt fühlten, weil sie die westlichen Vorzüge genießen wollten.

Wie sah es auf der anderen, der westlichen Seite jenseits der Mauer aus? Hier waren die Menschen geplagt von der Diktatur des Geldes, dem ständigen Konsumieren und dem Arbeiten bei maximaler Effektivität. Ohne das gab es keine soziale Anerkennung. Glücklicherweise musste niemand um seine bloße Existenz fürchten, wenn er seine Arbeit verlor. In diesem Hamsterrad dennoch gefangen, blickten die westdeutschen Menschen sehnsüchtig gen Osten, wo das Geld offensichtlich nicht die große Rolle spielte. Schließlich war es ja eh nichts wert. Vielmehr gab es dort eine Alternative zu dem kapitalistischen Hamsterrad, eine vermeintlich bessere, wärmere, menschlichere Alternative.

Vielen westdeutschen Intellektuellen schwante aber bereits in den 1970ern, dass es keine so gute Idee war, die phantastische Idee des Sozialismus irgendwelchen ostelbischen Bauern zu überlassen. Und es kam, wie es kommen musste: Die Bauern versemmelten es. Die Welt würde ab dem Jahr 1990 auf ewig unter der Fuchtel des Dollars und der D-Mark stehen, ein Horrorszenario. Die erste Reaktion war, das eigene, westliche System aufzuwerten, allerdings jenseits des verhassten Geldes. Es durfte auf keinen Fall der Eindruck entstehen, die Wende hätte nur wegen der Sympathie der Ostdeutschen für das Westgeld stattgefunden. Vielmehr sollten intentional Freiheit und Meinungspluralität erkämpft werden. Man musste sich selbst suggerieren, dass die Ostdeutschen sich von einem Tag auf den anderen in pure Demokraten verwandeln würden, die sich nicht mehr an einem Geschäft anstellen würden, nur weil dort drei andere Leute anstanden, die nicht mehr Baugerät oder Küchenarmaturen mitgehen lassen würden, nur weil die irgendwo unbewacht herumlagen. Gerade die Ostdeutschen würden aufgrund ihrer sozialistischen Vergangenheit schnell verstehen, dass das Westgeld erarbeitet werden musste und dass Sozialamt und Arbeitsamt den wirklich bedürftigen zur Verfügung stehen sollten.

Leider entwickelten sich die Ostdeutschen nicht so, zumindest nicht gleich. Der schlimmste Schock für die Westdeutschen aber war, dass der von ihnen so geliebte Sozialismus offenbar Fremdenhass hervorgebracht hatte. Für die Ostdeutschen ist die offiziell herrschende, unabdingbare Fremdenliebe des Westens bis heute nicht erklärbar. Sie fragen sich, warum man im Westen nicht davon ausgeht, dass es unter fremden Menschen gute und böse gibt. Die Ostdeutschen vergessen dabei, dass sehr viele Westdeutsche nach der Wiedervereinigung ebenfalls glaubten, die ihnen über die Jahre fremd gewordenen Ostdeutschen seien gut und dankbar ob der Wiedervereinigung, zumindest taten sie das für eine gewisse Zeit. Warum sind es nun die älteren Ostdeutschen, die derartig kritisch gegenüber der Willkommenskultur sind? Die Antwort liegt in dem Systemwechsel, den sie erlebt haben. Während der Westen kaum davon berührt wurde, hat in den ostdeutschen Köpfen eine regelrechte Umprogrammierung stattgefunden. Und das betraf nicht nur das Wissen, wie man einen Automotor oder einen Computerchip vernünftig herstellt. Es betraf die Moral und die Ethik. Alles was vor der Wende böse war, war jetzt gut: der Kapitalismus, die Werbung, die Tagesschau, Gerhard Löwenthal, Israel. Und alles, was bisher gut war, sollte plötzlich schlecht sein: das Sandmännchen, der Wunschbriefkasten, die Puhdys, Zusammenarbeit statt Konkurrenz, Frieden, die Russen.

Und noch etwas anderes schwebt den älteren Ostdeutschen im Hinterkopf, etwas, das sie irgendwann im Geographieunterricht der 10. Klasse gelernt hatten. Es handelte sich um Karten, die das nördliche Afrika und den Nahen Osten zeigten. Viele der arabischen und afrikanischen Länder, die sich in ab den 1950ern vom Kolonialismus befreit hatten, waren rot schraffiert, also "fast" sozialistisch. Es gab also sozialistische Bewegungen in diesen Ländern, darüber hinaus wurden Islam und Sozialismus als miteinander vereinbar akzeptiert.

Die verschiedenen sozialistischen Ideologien standen sich dennoch teilweise feindlich gegenüber. Ein islamisch legitimierter, demokratischer und kooperativer Sozialismus wurde Ende 1957 in Ägypten zur offiziellen Ideologie, später auch in Syrien, dass sich mit Ägypten zur Vereinigten Arabischen Republik zusammengeschlossen hatte [5]. Nach der Loslösung Syriens durch einen Militärputsch und eine Phase der Instabilität, übernahm die säkularistische, sozialistische Baath-Partei im Jahre 1963 die Macht. Syrien unterhielt seit den 1970er Jahren eine enge Beziehung zum Ostblock, speziell zur DDR [6]. Die 1943 gegründete Baath-Partei erlangte 1968 auch im Irak die Macht. Auch sie kooperiert zunächst mit der Sowjetunion. Libyens islamische Sozialismus-Variante wurde ab 1973 von Muhammed al Gaddafi durchgesetzt. Nach der iranischen Revolution 1979 stand dessen Wirtschaftspolitik ebenfalls unter dem Einfluss sozialistischer Ideen. Auch diese wurden islamisch legitimiert. Weitere Staaten, die den arabischen Sozialismus umsetzen wollten, waren Algerien, Sudan, Libanon. Alle Varianten des arabischen Sozialismus scheiterten, die Parteien, oder Teile von ihnen, die ihn ursprünglich proklamiert hatten und die sich selbst über seine Ideologie legitimierten, halten sich teilweise noch bis heute an der Macht, während sich die Bevölkerung einem harten kapitalistischen Auslesekampf gegenübersieht, der ihre bisherigen Überzeugungen infrage stellt.

Die Menschen aus diesen Ländern sind den älteren Ostdeutschen also viel nähere Brüder und Schwestern, als es die Westdeutschen je sein werden, denn sie sind ebenfalls in sozialistischen Diktaturen aufgewachsen und erleben nun plötzlich den real-existierenden Kapitalismus westlicher Prägung mit dem Hype auf die Individualität. Die Ostdeutschen kennen die guten und schlechten Seiten ganz genau, die aus einer sozialistischen Prägung erwachsen können, während im Westen ein unrealistisch-romantisches Bild und vor allem Ahnungslosigkeit vorherrscht. Die Ostdeutschen wissen ganz genau, was - jenseits der Flucht vor unmittelbarer Lebensgefahr - die Gründe dafür sind, dass sozialistisch erzogene Menschen ihre Heimat verlassen wollen und sie wissen auch, warum man sein Leben innerhalb eines sozialistischen Landes für den Systemwechsel aufs Spiel setzt. Sie wissen andererseits auch, was Werbung für Schokoriegel, präsentiert von hübschen

Frauen, und für Waschmittel, die die Wäsche perfekt weißwaschen, mit den Gehirnen anstellen kann. Sie wissen um die Wirkung des ultimativen Freiheitsversprechens auf Menschen, die, scheinbar ausweglos, in einem repressiven System leben und davon ausgehen müssen, dass sie dort auch sterben werden. Sie wissen um die Ernüchterung, wenn die hohen Erwartungen nach der Flucht oder dem Regimewechsel unerfüllt bleiben. Sie wissen genau, dass es die Herausstellung der sozialistischen Menschen durch die DDR-Propaganda als die besseren Menschen und eine quasi-religiöse Heilsversprechung war, welche sie zu einer Gemeinschaft machte, die den harten, egoistischen Konkurrenzkapitalismus, dem sie sich jetzt gegenübersehen, in prägnanter Weise kontrastiert. Sie wissen, dass aus der Vergangenheit etwas hängen bleibt, das man nicht abschütteln kann, egal wie radikal die Dynamik des Systemwechsels vom antikapitalistischen, antiwestlichen in das kapitalistische System ist. Das bedeutet aber auch, dass es eher die Ostdeutschen sind, die die Migranten in das westliche Leben integrieren können, während man im Westen jenseits der Arbeits- und Konsumleistung von dem Anderen nicht viel wissen will. Ausgenommen sind finanziell sorgenfreie und sozial eingestellte Mitglieder der westlichen Gemeinschaft, deren Weltbild so einfach ist, dass wirklich jeder es durchschauen und sich dementsprechend verhalten kann, um in bestimmte Genüsse zu kommen. Die Ostdeutschen haben diese schlängelnde Fähigkeit in den Zeiten des Sowjetsozialismus entwickelt und wenden sie noch heute an, die heutigen Migranten erlernten sie im arabischen Quasisozialismus, der noch immer nicht verklungen ist.

Der linke Kapitalismus

Sehr geehrte Damen und Herren!
Die Kritik am Kapitalismus scheint ausschließlich von
links legitim und der Kapitalismus selbst scheint nur von
rechts zu kommen. Um diesem Schein nachzuspüren, ist
zunächst eine Klärung der Begriffe notwendig. Die Links-
Rechts-Dialektik wird in der Limenistik wie folgt erklärt:
Zunächst einmal handelt es sich in ihren nichtextremen
Ausführungen um legitime politische Werkzeuge. Allerdings steckt noch mehr hinter den Begriffen. Rechts bedeutet den Bezug auf das Eigene, bei dem es sich sowohl
um eigene konservierte als auch neue Gemeinsamkeiten
handeln kann, aber nicht um andere, also solche, die innerhalb der Gemeinschaft zwar schon vorhanden sind, aber
von dem betrachteten Subjekt/der betrachteten Gruppe
nicht geteilt werden. Der freie Wille kann sich beispielsweise auf das Eigene beziehen und es vor Fremdeinwir-
kung schützen wollen, egal ob es sich um eine Wirkung
zum Richtigen oder zum Falschen hin handelt. Links bedeutet hingegen das Vordringen in andere Gemeinsamkeiten, die Schwellenüberwindung zum Zwecke der Integration in jene. In der Gemeinschaft neue Gemeinsamkeiten
sind davon ausgeschlossen, da die Transzendenz in jene
durch den Begriff der Progression abgedeckt ist. Der freie
Wille kann sich positiv auf jenes Andere/Fremde beziehen, wenn es gleich oder höher bewertet wird als das Eigene. Die Definitionen von Links und Rechts lassen viele
Mischformen zu. Beispielsweise ist eine eigentlich rechte
Abgrenzung links, wenn alle Individuen (kommunizie-

rend) die gleiche Abgrenzung vornehmen. Neues und Anderes sowie Konserviertes und Eigenes sind außerdem leicht miteinander verwechselbar, da die ersteren beiden Schwellenüberwindungen implizieren, die letzteren beiden nicht.

Die Idee, dass die kulturellen Verhältnisse, in die ein Individuum eingebettet ist, seinen Charakter bestimmen, sein Verhalten, ja möglicherweise sogar Krankheiten bei ihm hervorrufen, ist eine zutiefst linke Idee. Sie beruht darauf, dass die Grenzen zwischen den Eigentümlichkeiten eines Individuums und der Umgebung durchdringlich sind. Wenn sich das Individuum in eine neue Umgebung begibt und neue Verhältnisse erfährt, so ist davon auszugehen, dass auch diese neuen Verhältnisse ihn beeinflussen werden. Genau hierin besteht der Unterschied zu rechten Narrativen, die von einer Undurchdringlichkeit einmal erworbener Eigentümlichkeiten ausgehen, und dass der Mensch für immer von seiner ursprünglichen Prägung bestimmt sein wird.

Limenistisch geht man von einer vorhandenen Prägung aus, die in eine veränderte Umgebung integriert oder verlassen werden kann, allerdings nur durch Überschreitung entsprechender Schwellen. Das Eigene kann die Gemeinsamkeiten der Gemeinschaft reflektieren, muss es aber nicht. Wie im letzten Vortrag kann man die Integrationsdebatte unter diesem Gesichtspunkt diskutieren, der sowohl rein linke als auch rein rechte Monoideologien aus der Realität katapultiert. Die gemeinsame kulturelle Prägung von Zuwanderergruppen aus den gleichen Gebieten spielt für die Linke nur insoweit eine Rolle, dass es sie gegeben hat. Für die momentane Situation ist sie unerheblich, traumatische Erlebnisse können mit einem etwas längeren Zeitaufwand ebenfalls wegkuriert werden. Für die Rechte ist die ursprüngliche kulturelle Prägung die ausschließliche Ursache bestimmten Verhaltens. Letzteres hat damit zu tun, dass die Rechten die kulturelle Prägung momentan als Ersatz für frühere biologistische Erklärungen von Unterschieden zwischen verschiedenen Menschengruppen heranziehen. Das Individuum gedanklich zu einer tabula rasa zu machen, plausibilisiert auf der anderen Seite die Integrationsfähigkeit jedes Menschen in neue Verhältnisse und kommt der progressiven Linken entsprechend entgegen.

Da es die Prägung hinter der Schwelle dennoch gibt, ergibt sich für die Linke ein Problem, denn besonders in dem Moment, wenn die Prägung in Konflikt mit der momentanen Wirklichkeit gerät, tritt sie hervor und wird sich nur schwer in die neue Umgebung integrieren lassen. Die Schwelle der Negierung alter oder neuer Überzeugungen zu überwinden ist im Vergleich zu deren Integration schwieriger. Es werden Verhaltensweisen auftreten, die nicht in die neue Sozialisierung passen. Wenn das geschieht, reagiert die Linke mit mehreren alternativen Ausreden. Eine davon besagt, das Verhalten sei grundsätzlicher Natur und nicht verschieden von bereit assimilierten Personen. Eine solche Logik negiert die kulturell-spezifischen positiven, bereichernden Eigentümlichkeiten des Individuums oder beschränkt sie wiederum auf solche, die allen Menschen gemein sind. Ein weiteres Argument invertiert diese Haltung und besagt, dass die Prägung noch immer vorhanden ist, insbesondere dann, wenn Zuwanderer in Parallelgesellschaften leben. Wer sich nun innerhalb dieser Umgebung befindet, werde deren Maxime übernehmen. Von einem Zwang, sie zu übernehmen, also von einer Schwelle zwischen beiden Sphären, geht die Linke eher nicht aus. Demgegenüber steht die Forderung der Rechten an Zuwanderer, das Land zu verlassen, wenn sie nicht in der Lage sind, sich anzupassen. Diese negativ-konditionale Formulierung wird sich im rein rechten Verständnis nicht in eine positive wenden lassen, sie soll vielmehr implizieren, dass die Zuwanderer eben nicht dazu in der Lage sind, sich anzupassen. Auch hier wird die Schwellenhaftigkeit ignoriert, die Schwelle wird zur undurchdringlichen Grenze.

Die linke Herangehensweise wird (wie die rechte) nicht nur auf die Migration angewendet, sondern auf alle Bereiche, auch auf die Ökonomie. Die Frage ist, in welchen Momenten dies der Profitgenerierung entgegenkommt und in welchen nicht.

I. Die Entwicklung der Produktivität

Sehr geehrte Damen und Herren!
Die Zeitachse (x-Achse) in der Entwicklung menschlicher Wirtschaft entspricht sicherlich die Produktivität. Sie verhält sich zwar nicht linear zur Zeit, jedoch monoton in Stufen. Die frühkapitalistische Wirtschaft, die aus Handwerk

und Landwirtschaft bestand, gab es bereits, als Tauschgeschäfte abgewickelt wurden. Das niedrige Niveau der Arbeitsteilung während der Produktion bedingte eine geringe Produktivität und eine geringe Reichweite der Tauschwaren. Sie wurden zum großen Teil dort konsumiert, wo sie hergestellt wurden. Insgesamt überstieg die Konsumpotenz die Zahl produzierter Produkte bei Weitem. Daher gab es auch keine Produktdiversität. Man konsumierte, um zu überleben. Mit der Einführung des Geldes änderte sich das. Unabhängig davon, ob es das bewusste Mehrprodukt jemals wirklich gegeben hat oder nicht, konnten sich wenige reiche Menschen mehr kaufen als die Mehrheit der Armen. Man gehörte einer hierarchisch höheren Stufe an, die man - wenn man den Feudaladel außer Acht lässt - nur sozialdarwinistisch erreichen konnte. Ein Hersteller erwirtschaftete den höchsten Profit, wenn er die wenigen Waren, die er herzustellen in der Lage war, an die Mitglieder jener höchsten hierarchischen Stufe verkaufen konnte, denn die zahlten am besten. Die hierarchische Ausdifferenzierung jener Zeit war jedoch in ihrer Komplexität minimal. Daher verstand man sie als göttliche Ordnung, aber nicht als Notwendigkeit der Interaktion zwischen Produzenten und Konsumenten. Der überwältigende Teil der Menschen war hingegen arm und übte daher eine überlebensnotwendige Solidarität untereinander.

Die hochkapitalistische Wirtschaft kann man durchaus als "rechte" Wirtschaft bezeichnen. Sie ist von der Erhöhung der Produktivität und Ausdifferenzierung geprägt. Es gibt eine massive Spezialisierung im Arbeitsprozess, sowohl was die horizontalen Fähigkeiten, als auch was die funktionale Hierarchie angeht. Neben der funktionalen Hierarchie entsteht eine komplexe Hierarchie im Geldvermögen und damit auch eine Konsumhierarchie, ein Geldadel, der Kapital akkumuliert. Meistens handelt es sich hierbei um die Fabrikbesitzer. Die Produktivität übersteigt nun die finanzielle Konsumpotenz der Gemeinschaft, was nicht nur an der hohen Produktivität, sondern auch aus der Ungleichverteilung von Geld resultiert, allerdings übersteigt sie nicht das individuelle Konsumpotenzial, also die Menge an Waren, welche die Menschen in der hochkapitalistischen Sphäre konsumieren könnten, wenn es über unendliche finanzielle Ressourcen verfügen würden.

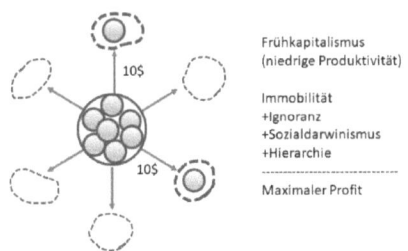

Frühkapitalismus
(niedrige Produktivität)

Immobilität
+Ignoranz
+Sozialdarwinismus
+Hierarchie

Maximaler Profit

Daher eröffnen sich Wege, die Warenproduzenten selbst höher zu entlohnen, um unter ihnen ebenfalls eine Konsumhierarchie zu etablieren. Um einen möglichst hohen Profit zu erwirtschaften, setzt man darüber hinaus auf Intransparenz, d.h. man produziert nach wie vor in der unmittelbaren Nähe des Konsums und hält sich hinsichtlich des Know-hows möglichst bedeckt. Die Hersteller appellieren an die Intoleranz der Kunden gegenüber den Waren anderer Hersteller, an die Exklusivität und an die Individualität. Die ausgrenzenden Strukturen erlebt der Mensch nun hautnah in seiner Nachbarschaft. Im Übergang zum Spätkapitalismus werden sich Konsummilieus herausbilden, die ähnliche Produkt und Meinungen konsumieren, was aufgrund der Waren- und Meinungsmobilität möglich wird.

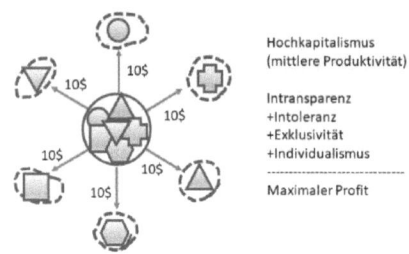

Der Spätkapitalismus stellt mit seiner hohen Produktivität einen "linken" Kapitalismus dar. Zunächst einmal kann der linke Kapitalismus nur einen bestimmten Teil der Welt beherrschen, um zu funktionieren. Die Ausbeutung anderer Teile der Welt trägt zu dem notwendigen hohen Warenausstoß bei. Außerdem ist der Spätkapitalismus in höchstem Maße transparent: Informationen und Waren sind hochgradig mobil. Wer den Profit akkumuliert, spielt im Spätkapitalismus keine Rolle mehr. Er wird vielmehr durch eine Verwaltung zu seiner weiteren Vermehrung reinvestiert. Die hohe Produktivität führt dazu, dass im Spätkapitalismus eine maximale Zahl von Menschen eine maximale Zahl von Waren konsumieren müssen. Diese Verdammnis zum Konsum etabliert sich zunächst in lokal oder hierarchisch voneinander abgegrenzten Konsummilieus. Das Ziel des Spätkapitalismus ist es jedoch, alle produzierten Waren an Konsumenten loszuwerden. Da es sich um besonders viele handelt, sollten alle Konsumenten die gleiche Palette aus Waren konsumieren, und zwar möglichst hochfrequent entsprechend den aktuellen Profitaussichten. Deswegen saugen Konsummilieus, also Gruppen, die gleiche Warenpaletten konsumieren, ständig neue Mitglieder auf, die wiederum in andere Konsummilieus inkludiert sein können. Die Art der Waren wird vom Profit vorgegeben, nicht mehr vom Nutzen für einen frei wählenden Kunden. Letzterer muss konsumflexibel werden.

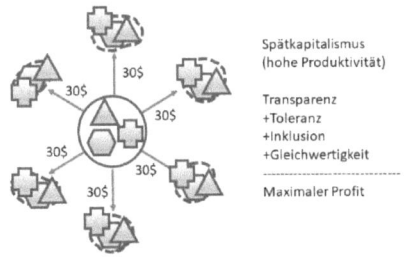

D.h., die Transparenz von Milieugrenzen wird den Konsumenten direkt vorgelebt. Sie ist positiv konnotiert, da sie ja Profit erzeugt. Im Weiteren geht der linke Kapitalismus in eine motivierte Warengleichförmigkeit über. Aus dem hochkapitalistischen "Wir sind exklusiv" (bei wenigen exklusiven Waren pro Jahr) wird "Unser Milieu weiß, welche Waren man konsumieren sollte und überzeugt alle anderen Milieus davon". Im Arbeitsprozess verlangt man eine ähnliche Flexibilität, vor allem in der Verwaltung. Man überwindet also die Grenzen der ursprünglichen, hochkapitalistischen Arbeitsteilung, da für die Verwaltungsprozesse solch tiefere Spezialisierung eigentlich nicht mehr nötig ist. Darüber hinaus stattet die Verwaltung die Menschen mit den nötigen finanziellen Mitteln aus und erzeugt die nötige Konsummotivation, um die produzierten Waren restlos zu verwerten und immer neue nachzuschieben. Daher erscheint der Spätkapitalismus progressiv und innovativ.

Besonders gut ist die spätkapitalistische Wirtschaftsweise am Handel mit Daten zu erkennen. Daten sind unendlich kopierbar und wenn man durch den Transfer von Daten in Konsummilieus Profit erzeugt, so wird man sie so oft kopieren, wie das möglich ist. Das bedeutet, dass die Konsummilieus mit den Daten geflutet werden, die den meisten Profit erzeugen. Das können im einfachsten Fall die gleichen Daten je Person sein, müssen es aber nicht. Vielmehr kann eine fraktionierte Datenverteilung den Profit im Abgleich mit den Produktionsmöglichkeiten nochmals steigern. Die Konsummilieus mögen zwar untereinander und innerhalb divers und flexibel erscheinen, was die Algorithmen angeht, sind sie das jedoch nicht. Die Individuen arbeiten beim Konsum sehr eng zusammen, um dessen Effektivität zu steigern, wofür sie wiederum Daten benötigen. Entsprechend legt man im Spätkapitalismus keinen großen Wert darauf, alle Daten unter Verschluss zu halten, da der globale Profit maximiert wird, wenn sie in großen Mengen Grenzen überwinden. Exklusivität, Hierarchie, Konsumungleichheit und Intransparenz werden als negativ proklamiert, was linken Idealen sehr nahekommt.

Der diverse Kapitalismus schließlich ist eine Utopie, die den Spätkapitalismus ablösen könnte. Er stellt eine teilweise Restaurierung des Hochkapitalismus dar. Dabei geht man von einer unendlichen Menge an konsumierbaren Waren aus, die kostenfrei hergestellt werden können (heute gilt das insbesondere für kopierbare Daten). Der linke Spätkapitalismus würde diese Waren tatsächlich herstellen und verteilen, mit all den Problemen für Mensch und Natur, die hieraus entstehen. Jene Probleme könnten gelöst werden, indem nur diejenigen Waren hergestellt werden, die die Individuen wirklich benötigen, um seinen Zustand der Befriedigung oder gar des Glücks zu erzeugen. Der diverse Kapitalismus braucht also eine negative direktdemokratische, produktspezifische Mehrwertsteuer. Sie ist deswegen besser geeignet als der Marktpreis, weil Letzterer vom Verwalter des Profits festgelegt wird und nicht mehr vom Kunden. Bei einer transparenten Mehrwertsteuer wäre das anders, schließlich legt der Kunde sie selbst fest, in Gruppen oder individuell über bestimmte Zeiträume.

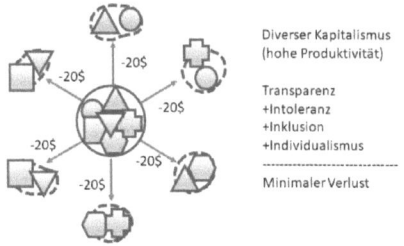

Diverser Kapitalismus
(hohe Produktivität)

Transparenz
+Intoleranz
+Inklusion
+Individualismus

Minimaler Verlust

Das Hauptproblem des Hochkapitalismus war die Erzeugung von Intransparenz und Exklusion. Im diversen Kapitalismus verschwindet dieser Nachteil. Die Intransparenz hebt sich deswegen auf, weil die globale Arbeitsteilung für eine höchstmögliche Produktivität erhalten bleibt und ausgebaut wird, auch wenn die Produktion als solche reduziert wird. Es geht darum, diejenigen Produkt, die man braucht, besonders effektiv herzustellen und nicht die Effektivität zu benutzen, um unendlich viele Produkte herzustellen. Die gesellschaftliche Inklusion wird im diversen Kapitalismus durch die natürlichen sozialen Bedürfnisse garantiert, die weder durch hochkapitalistische Exklusion unterbunden, schließlich ist niemand mehr gezwungen, alle seine Waren abzusetzen, noch durch die spätkapitalistische Überinklusion profitbringend instrumentalisiert werden. Beide Effekte verschwinden durch den Übergang von der Belohnung durch jedweden Warenverkauf hin zu einer effektiven Bestrafung für unnützen Warenverkauf.

II. The Circle, Kommentar zum Film

Sehr geehrte Damen und Herren!
Endlich ist es soweit. Mit dem Film, "The Circle" [7] hat endlich jemand begriffen, warum der Kapitalismus der Zukunft pseudokommunistisch sein und worauf er beruhen wird: auf dem Fluss von Daten mittels sozialer Netzwerke. Dort, wo solche Daten fließen, wo sie Grenzen von Staaten, Firmen, Vereinen, und der Privatsphäre überwinden, dort, wo die Daten jedes Einzelnen dem gesamten "Konsumvolk" gehören, wird Geld verdient. Die Menschengruppe, auf die sich die Wirtschaft in Zukunft fokussieren wird, ist diejenige, die große Menge an Daten emittiert und absorbiert.

Die, meiner Meinung nach, beste Szene im Film ist die, in der Tom Hanks/Eamon Bailey, einer der Gründer der

Firma "The Circle" und Steve-Jobs-Verschnitt samt Kaffeetasse, die Vorteile seiner neuen, knopfkleinen Kamera inklusive Biometrie und Lab-On-A-Chip-Funktion erläutert. Er wendet sich mit seinen Werbesprüchen nicht etwa an finstere Diktatoren oder staatliche Geheimdienste, die ihre Bevölkerung ausspionieren möchten, sondern an NGO's[3] und Aktivisten. Sein Verkaufsargument ist, dass kein Geheimdienst und kein finsterer Diktator jemals wieder die Menschenrechte unbeobachtet verletzen können, wenn überall diese kleinen Kameras herumhängen würden. NGO's und Aktivisten könnten sich mithilfe des Video- und Datenmaterials immer gegen haltlose Anschuldigungen verteidi-gen. Natürlich sind jene Aktivisten, im Vergleich zu staatlichen Geheimdiensten, die viel fleißigeren Nutzer sozialer Medien.

Eine zweite, ebenfalls hervorragende Szene ist die, in der Patton Oswalt/Tom Stenton, ein weiterer Gründer, in einer ideologisch überladenen Rede darstellt, dass der Ausweg aus allem Übel die Transparenz sei, und damit meint er natürlich in letzter Konsequenz die Transparenz der Privatsphäre. Den Begriff der Transparenz kann man mit allen möglichen anderen Begriffen vertauschen, die für Daten stehen, die Grenzen überwinden und dadurch Profit erbringen: Konsumtoleranz, Integration, Progressivität. Die Toleranz, die für den Umgang mit Daten benötigt wird, ist mit der Toleranz zu vergleichen, die Menschen an den Tag legen mussten, als sie vor langer Zeit aus ihren Nomadenclans in die Städte zogen, und dort mit wildfremden Leu-

---

[3] Non-governmental organization (Nichtregierungsorganisation)

ten jenseits jeglicher verwandtschaftlicher Bindung interagieren mussten. Natürlich geschah diese Interaktion sprachlich und schriftlich, also über Symbolketten. Heute ist eine Toleranz gegenüber Produzenten von Symbolketten gefragt, die man nicht einmal sehen kann und von denen man auch nicht weiß, ob es sich überhaupt um Menschen handelt.

Das Finale des Films zeigt in beispielloser Konsequenz, wie die Bombardierung von jungen, kommunikativen Menschen mit einer Ideologie, die das unbegrenzte Teilen von Information als das ultimativ Gute darstellt und jeden Schutz von Privatsphäre als rückschrittlich brandmarkt, dazu führt, dass jene jungen Menschen tatsächlich deren Grenzen komplett aufgeben und auch noch glauben, dadurch eine neue, bessere Welt zu erschaffen. Denn es wird ja in diesem Fall immer die gesamte vernetzte Welt sein, die durch sozialen Druck dafür sorgt, dass jeder Einzelne das (moralisch) "Richtige" tun wird. Die vernetzte Welt übernimmt die Rolle eines den Menschen an seinen Taten messenden Gottes oder eines Big Brother. Man erkennt das beispielsweise, wenn man den Versuch unternimmt, über Twitter eine Nachricht zu schicken. Aufgrund der Tatsache, dass alle Twitternutzer diese Nachricht lesen könnten, wird man die Worte anders wählen, als wenn das nicht der Fall wäre, in die eine oder andere Richtung.

Die grundlegendste linke Idee, ist, dass der Mensch AUSSCHLIESSLICH durch Transparenz/Toleranz/Integration/Progressivität im Hinblick auf seine Umgebung geformt wird. Hier ist es die Netzgesellschaft, die den Job vermeintlich übernimmt. Kombiniert mit dieser Vorstellung, kommt die vernetzte Gemeinschaft der linken Ideologie sehr entgegen. Nur aufgrund der Formung des Menschen durch jene Netzgesellschaft begehe er seine Taten. Die Option, zu sündigen, fällt durch die absolute Transparenz seines Lebens weg. Umgekehrt gesprochen wäre jeder einzelne Mensch, der an diesem Überwachungsprozess teilnimmt, für die Taten desjenigen mitverantwortlich, den er überwacht. Dieser moralische Persilschein macht die vernetzte, transparente Gesellschaft in hohem Maße attraktiv, sodass das Ende des Films, die Abschaffung jeglicher Privatsphäre, keine reine Utopie ist. Was auf der anderen Seite mit Unangepassten oder in kollektive Ungnade Gefallenen geschieht, zeigen der Shitstorm und schließlich die Hetzjagd auf Ellar Coltrane/Mercer, den Freund der Hauptdarstellerin Emma Watson/Mae Holland und deren Anker in der Realität, die mit dessen Tod endet.

Der positive Aspekt eines Gottes, genannt Netzwelt, nämlich die Herstellung einer Öffentlichkeit, in der der Agierende und Erfindende seine Aktionen und Erfindungen als nutzvoll verifizieren kann ("Urteil der Welt"), wie das zum Beispiel bei der Veröffentlichung wissenschaftlicher Publikationen der Fall ist, geht durch die Selbstkommerzialisierung jener Öffentlichkeit verloren. Man darf nicht vergessen, dass die gesamte Netzöffentlichkeit letztendlich nur dazu dient, einen anonymen Profit zu generieren, dessen Höhe als Indikator für das richtige Netzverhalten gilt. Dagegen ist nur durch "Erhabenheit über das Urteil der Welt" anzukommen.

III. Der rechte Antikapitalismus

Sehr geehrte Damen und Herren!
Neben dem linken, progressiven und konservativen Antikapitalismus existiert noch eine weitere Variante, der rechte. Während der linke Antikapitalist die Gleichverteilung von Produktionsmitteln und Waren in den Vordergrund stellt, also Solidarität, der progressive Umwälzungen möchte, der konservative, romantische Antimodernismus, der im 19. Jhd. besonders populär war und heute mit Umweltbewahrung und Dauerhaftigkeit von Waren argumentiert, bezieht sich der rechte auf das Eigene. Das klingt zunächst widersprüchlich, da es ja die Fokussierung auf das Eigene im Sinne des eigenen Gewinns ist, auf welcher der Kapitalismus besonders gut gedeiht. Tatsächlich ist der Egoismus die Triebkraft des Kapitalismus bezüglich der Kapitalakkumulation.

Alles Linke, Progressive und Konservative, aber auch alles Rechte ordnet sich diesem Dogma im Kapitalismus unter. Das eigentümlichkeitsbezogene Verständnis des Antikapitalismus bezieht sich vielmehr auf diejenigen Fabrikbesitzer, die mit der Zunahme der Produktivität, deren Effektivierung durch Produktionsmonopolisierung auf der einen und der Globalisierung auf der anderen Seite, in ihrer Zahl beständig abnehmen, d.h., das Eigene verlieren. Es handelt sich also nicht um Antikapitalismus im strengen Sinne, sondern um die Abwehr von Enteignung (durch globale Monopolisierung). Der Antiglobalismus nimmt in der rechten antikapitalistischen Kritik, aber natürlich auch in der rechtspopulistischen Kritik (um der Kritik Willen), heute eine zentrale Bedeutung ein. Die Kritik ist jedoch nicht neu und lässt sich bis zum Antimodernismus der 19. Jahrhunderts zurückverfolgen, aus dem sich ein rechter Antimodernismus entwickelte, der diejenigen Technologien ablehnt, die nicht "indigen" hervorgebracht werden [vgl. 8]. Aus Sicht der arbeitenden Bevölkerung bedeuten rechte antikapitalistische Herangehensweisen die Fokussierung auf patriarchal geleitete Firmen, Familienunternehmen oder Vereinigungen mit gemeinsam genutzten Werkzeugen (Genossenschaften). Man identifiziert sich mit seinem "Betrieb", selbst wenn man kein Anteilseigner ist. Man gehört "zur Familie". Man versucht möglichst die Waren aus der Region zu konsumieren. Globale Unternehmen werden als anonym abgelehnt.

Im Vergleich zum globalen Monopolkapitalismus ist diese Art von Wirtschaft stark fraktioniert. Ihr linker Anteil besteht in der internen Verteilungspolitik bzgl. der Gewinne, die bei gemeinsam besessenen Produktionsmitteln am gerechtesten erfolgen sollte, sowie in der Kooperation zwischen "geeigneten" Betrieben, aber nicht in eigentümerlosen Produktionsmitteln. Die Frage stellt sich dennoch: Bietet der Bezug auf das Eigene die Möglichkeit, die negativen Folgen des globalen Kapitalismus, z.B. die rücksichtslose Ausbeutung von natürlichen Ressourcen in Ländern, die sich nicht dagegen wehren können? Um diese Frage zu beleuchten, müssen die Unterschiede zwischen linkem und rechtem Bezug hinsichtlich verschiedener Kategorien betrachtet werden. Der Gegensatz ist deutlich im

Vergleich der linken und der rechten, positiven Bezugsperson abzulesen: Für die Linke ist sie der Andere, für die rechte ist man es selbst, also das Ego, wobei de Andere und das Ego auch fremde und eigene Milieus repräsentieren. Waren sind somit jeweils für den Anderen/das Ego; Hilfe ist für den Anderen/das Ego; Mitleid ist für den Anderen/das Ego. Um konsequent zu sein, müssen auch negative Kategorien in dieses Schema eingebaut werden: Fehler macht immer der Andere/das Ego; Schulden hat der Andere/das Ego; ein schlechter Mensch ist der Andere/das Ego; usw.

Man beachte, dass die Zurückweisung von Schuld in extrem rechten und linken Herangehensweisen zwar gleichermaßen geschieht, allerdings gibt es einen wichtigen Unterschied zwischen linker und rechter Verantwortung, die direkt mit der Haftung zu tun hat. Das linke Verständnis kann die Verantwortung für die Taten eines Menschen direkt der anwesenden Gemeinschaft anlasten und sie auch direkt in Haftung nehmen. Man übernimmt Verantwortung für die Taten des Nächsten. Für die Verursacher der ursprünglichen Prägung, welche die rechte Sichtweise für die Taten ihrer Träger verantwortlich macht, geht das natürlich nicht. Daher ist hier der direkte Verursacher haftend. Eine rein rechte Herangehensweise würde somit die Verantwortung auf das Ego beziehen, Verantwortung für den eigenen Körper, die eigene Familie, die Umgebung, das eigene Auto usw. Somit sind gleichzeitig rechte und linke Herangehensweise an die Verantwortung positiv zu sehen, da auf diese Weise nie die Schuld des Einzelnen, aber auch die Verantwortung der Gemeinschaft nicht negiert wird. Natürlich muss immer zwischen richtig und falsch unterschieden werden, damit die gemischte Herangehensweise funktioniert. Problematisch wird es, wenn man sie nach Gutdünken mischt, beispielsweise um sich instrumentelle einen Vorteil zu verschaffen. Diese Versuchung ist in der kapitalistischen Ökonomie sehr groß (Solidarisierung der Verluste, Privatisierung der Gewinne).

Bleibt noch der Nachteil, dass ein starker Bezug auf das Eigene und die Ausgrenzung des Anderen zu einem Auseinander-Entwickeln der Milieus führt und den Effektivitätsgewinn durch Arbeitsteilung reduziert. Gibt es eine magische mathematische Funktion, die eine optimale räumliche Abhängigkeit des Eigentümlichkeitsbezuges bzw. Fremdbezuges im Abstand eines Aufpunktes anzeigt? Um die Funktion zu entwickeln, betrachten wir zunächst eine Sphäre, die nur eine Gemeinsamkeit repräsentiert. Der Aufpunkt sei eine Person und der Abstand von ihr eine immer größere Sphäre fester Eigentümlichkeit, die immer mehr Personen enthält. In einer solchen Sphäre gibt es keinen Fremdbezug, denn sie wäre unendlich groß und alle ihre Mitglieder würden nur die eine, eigene Gemeinsamkeit teilen und sich positiv auf sie, die eigene Sphäre, beziehen, was beinahe als Selbstverständlichkeit daherkommt. Die Funktion des Eigenbezuges wäre eine niedrige Konstante. Bei einer abgeschlossenen Sphäre sieht die Situation ein wenig anders aus. Definiert man die Sphäre aus den direkten Nachbaragenten mit gegenseitigem, positivem Bezug, so ist deren Zahl maximal innerhalb der

Sphäre und minimal am Rand. Um den gleichen Gesamtbezug zu wahren, müssten ihn die Agenten am Rand durch Bewertung verstärken. Um eine abgeschlossene Sphäre ohne Transzendenz in ihrer Struktur zu bewahren, müssten alle Agenten, die ihrem Rand nahekommen, den Bezug auf sie übersteigern, da die Grenze ansonsten verschwinden würde.

Zäumen wir das Pferd, strukturalistisch, von hinten auf: Es sei irgendwo eine Grenze. Wie müssten sich die Grenzbewohner verhalten, um sie zu bewahren? Zunächst einmal bräuchten sie einen starken Bezug zu ihrer Sphäre. Somit hätte eine stark selbstbezogene Nachbarschaft immer den Charakter eines Sphärenrandes, während schwach selbstbezogene Sphären immer den geborgenen Charakter eines Sphäreninneren hätten. In welchem Verhältnis sollten sie jedoch zu ihren Nachbarn jenseits der Grenze stehen? Auf den ersten Blick sollte man annehmen, dass sie jene negativ bewerten müssten. Tatsächlich ist das eine Möglichkeit und wenn die negative Bewertung auf Gegenseitigkeit beruht, gehen sich die Grenznachbarn aus dem Weg. Das bedeutet, dass sich keiner vom ihnen in eine andere Gemeinsamkeit integrieren müsste als die eigene diesseits der Grenze. Ist das aber die einzige Möglichkeit, Letztere zu stabilisieren?

Die Limenistik kennt einen quantitativen ultimativen IntegrationsWert, der die maximale Zahl an Gemeinsamkeiten benennt, die ein Individuum teilen kann, ohne im Chaos zu versinken. Nennen wir die diesseitige Gemeinsamkeit A und die jenseitige B, so können die Grenzagenten bei genügend hohem ultimativen IntegrationsWert beide Gemeinsamkeiten zwanghaft integrieren plus diejenigen gemeinsamen Verhaltensweisen C, die beide verbinden. Allerdings ist eine solche Integrationstoleranz schwieriger zu bewerkstelligen als eine simple Feindschaft, da die Situation für die Grenzagenten bei starkem Bezug auf das Eigene komplexer wird. Allerdings existiert ein Modellsystem, bei dem genau diese Art von Integration unter Beibehalt der Grenzen überlebensnotwendig ist.

Nimmt man an, dass die sphärische Selbstbezogenheit zu einer Gleichverteilung führt, kann man davon ausgehen, dass auch die Konsumbedürfnisse gleich sind. Genau das entspricht dem Interesse globalisierter Unternehmen. Nun braucht jeder Mensch, da er dem anderen sehr ähnlich ist, ähnliche Konsumgüter. Sehr ähnlicher Konsum ist somit kein Ausdruck rein linker Herangehensweisen. Auch die rechte kann letztendlich dazu führen, dass alle Menschen Milch, Brötchen und Marmelade zum Frühstück essen, ohne voneinander zu wissen. Die Entwicklung der Menschen kann für einen bestimmten Zeitraum konvergent sein, bevor sie die Unzulänglichkeit auseinanderreißt. Abgeschlossene Produktions- und Konsumsphären mit starkem Selbstbezug wären sich also zunächst ähnlich und dennoch nicht globalisiert, da sie ihre Produktion und den Konsum stark lokalisiert hätten. Das Problem, welches bleibt, sind die drohende Auseinanderentwicklung und die Effektivitäts-einbuße. Dies kann durch einen Trick entschärft werden, nämlich durch die erwähnte Integration an den Grenzen der Milieus. Sie bleiben strukturell zwar intakt, öffnen sich jedoch für Austausch. Dadurch kann es sowohl zum Ausgleich von technologischem Potenzial, Lebensbedingungen und zum Austausch von Menschen aus dem Grenzbereich kommen.

Tatsächlich existiert eine solche Struktur bereits auf politischer Ebene, und zwar in Form der verfassten Staaten. Das Problem ist nun, dass die kapitalistische Globalisierung diese Grenzen kaum noch kennen will, zumindest, was bestimmte Firmen betrifft. Ein gängiges Narrativ lautet, dass man die politische Fraktionierung auch aufgeben müsse, zuvorderst, was die Gesetze angeht, aber auch, was die Politik selbst angeht. Andere glauben jedoch, dass Produktion und Konsum wieder den staatlichen Territorien angeglichen werden müssen, dabei handelt es sich um wirtschaftlichen Protektionismus. Man muss bedenken, dass es vor den neueren technologischen Sprüngen keine Notwendigkeit für Protektionismus gab, einfach aufgrund der Reichweitenlimitierungen der Transportmaschinen. Die Motivation ging genau in die andere Richtung, nämlich die des unlimitierten Transports. Protektionismus scheint dem Fortschritt also entgegenzulaufen, da er diese Motivation in ihr Gegenteil zu verkehren trachtet.

Allerdings gibt es noch immer Limitierungen für den Transport, selbst wenn man den konsumistischen ultimativen IntegrationsWert einhält, hauptsächlich durch die Belastung der Umwelt durch Abgase [9]. Die Autoren verweisen darauf, dass zwischen 1990 und 2004 die im Luftverkehr anfallenden THG[4]-Emissionen um 86% gestiegen sind: "Der Luftverkehr ist heute für 4-9% der insgesamt in der Atmosphäre freigesetzten THG-Emissionen verantwortlich. Auf den Seeverkehr entfallen dagegen jährlich 2-4% des weltweiten Verbrauchs an fossilen Kraftstoffen." Indirekte Folgen der Globalisierung sind die Zunahme des Inlandsverkehrs, der Produktion weltweit gefragter, billiger Produkte unter schlechten Arbeitsbedingungen, stärkere Ausbeutung von Materialressourcen, z.B. Holz, des Fischfangs, der Fleischerzeugung.

Hieraus folgt, dass es genügen würde, den permanenten globalen Transport zu reduzieren, um stärkere ökonomische Selbstbezogenheit und Verantwortung zu induzieren, jedoch nicht stärkere ökonomische Selbstbezogenheit, um den globalen Transport schwellenhaft zu reduzieren. Es wird sich also um die Durchsetzung antilinker Maßnahmen im Bereich des Transports handeln, die nötig sein werden. Insbesondere der globale Informationsaustausch bietet die Möglichkeit, die Auseinanderentwicklung und auch den Effektivitätsverlust (z.B. durch Teilen von Erfindungen) auszugleichen, also ein prolinkes Korrektiv. So können umweltfreundliche Lösungen mithilfe des Informationsaustauschs weltweit verbreitet werden. Diese Maßnahmen stellen natürlich keinesfalls die Systemfrage. Die Motivation, früh aufzustehen, wird die selbstbezogene und nicht die fremdbezogene Profitgenerierung sein, wobei auch eine fremdbezogene letztendlich nur eine weitere

---

[4]Treibhausgas

Motivation zur Generierung von Profit wäre, der schon erwähnte linke Kapitalismus. Der Punkt ist aber, dass durch die Integration an der Grenze keine Exklusion der Jenseitigen mehr gibt. Tatsächlich gibt es hier weder Dies- noch Jenseitige, was nicht für das Innere der Sphäre gelten sollte, denn schließlich muss die Struktur aufrechterhalten werden.

Aus den Betrachtungen erwächst allerdings eine ganz grundsätzliche Frage: Warum sollte sich eine Gemeinschaft so fraktionieren, dass alle ihre Teile untereinander mehr oder weniger identisch sind und dem Vorbild entsprechen, aus dem sie durch Teilung hervorgegangen sind. Die Limenistik erklärt dies zunächst durch den Fakt, dass die Grenzen selbst eine innere Struktur haben, d.h. kein Übergang von Gleichem auf Gleiches erfolgt und dass zweitens kleine Unterschiede zwischen den abgegrenzten Bereichen bestehen sollten, die beispielsweise eine Arbeitsteilung ansonsten gleicher Menschen möglich macht. Doch was mag der Grund für eine Fraktionierungstendenz sein, in deren Ergebnis eine nahezu eindimensionale Grenze entsteht, die nahezu identische Bereiche voneinander trennt?

Ein Grund dafür ist, wie bereits gesagt, die Integration an der Grenze, die es ohne Grenze nicht gäbe. Schmale Grenzen zwischen sehr ähnlichen Gemeinsamkeitensphären begünstigen Integration, da jeweils nur wenige Gemeinsamkeiten abwechselnd in jenen Bündeln positiv und negativ bewertet werden müssen, um die für die Integration nötige Wechseltranszendenz zu motivieren. Es ergibt sich eine Bindung wie durch ein Elektron, das eine kovalente Bindung zwischen zwei ansonsten separaten Atomkernen erzeugt, die sich ja selbst nie durchdringen. Jene Integration bringt aus dem zwanghaften Zusammenwirken der integrierten Gemeinsamkeiten sogar neue Gemeinsamkeiten hervor, d.h., wenn man umgekehrt Letztere erzeugen will, muss man Integration über eine intakte Grenze hinweg erzeugen.

Ein anderer Grund für diese Art von Grenzen kann aus den Materialwissenschaften abgeleitet werden. In Materialien kommt es zu Brüchen in homogenen Bereichen, wenn sie Stress ausgesetzt sind. An den Brüchen kann sich der Stress entspannen. Die Struktur wird dadurch insgesamt flexibler. Sie kann sich beispielsweise verbiegen und dennoch zum großen Teil ihre ursprüngliche Struktur behalten. Auch eine fraktionierte Erde, selbst wenn sie in ihren Fraktionen identisch erscheint, kann flexibler auf Störungen reagieren. Hier kommt ein Zeitaspekt in die Betrachtung: Es droht eine Störung, eine Fraktion findet eine Lösung und teilt sie mit allen anderen Fraktionen, wodurch sie wiederum nahezu identisch werden. Durch dieses Identitätsbestreben wird außerdem die limenistische Gewalt reduziert, die sich im Wesentlichen am Bewertungsunterschied beidseits einer Grenze misst. Die Bewertung der Gemeinsamkeitensphären a, b beidseits der Grenze zwischen $I+a$ und $I+b$ führt zu einer Grenztranszendenzmotivation von $m=|a-b|$ und einer Barriere von $h=(|a-b|+1)/2$.

Das limenistische Gewaltpotenzial zur Überwindung der Grenze berechnet sich aus der Differenz von m und h und es ist daher nur dann gleich null, wenn Motivation und Barrierehöhe gleich sind. Geht man davon aus, dass die für die Überwindung der Barriere nötige Gewalt ein intrinsisches Gewaltpotenzial erzeugt, beispielsweise wenn man eine unbekannte Sphäre jenseits der Grenze (eine Situation, welche einer weltweit einheitlichen Sphäre gleichkommt) besonders hoch oder niedrig bewertet, sagen wir, mit $a=1$ und $b=10$, also $m=9$, $h=5$ und einem Gewaltpotenzial von 4, so würde eine sehr nahe Bewertung von a und b, beispielsweise mit $a=1$ und $b=2$ zu einem Gewaltpotenzial von null führen und Bewertungen von $a=b$ sogar zu einem negativen Gewaltpotenzial von $-1/2$. Ähnliche Bewertungen binden sich meist an ähnliche Sphären und die Kenntnis über die Ähnlichkeit der Sphären, was die Integration beider voraussetzt, welche an der Grenze wiederum wünschenswert ist. Somit ist eine wechselseitige Bewertungsdifferenz um eins wünschenswert, selbst wenn beide Sphären nahezu identisch sind.

Man kann die Argumentation auch andersherum aufziehen: Gehen wir von einer faktischen Barrierenhöhe von $h=5$ aus, dann ergibt sich automatisch eine Gewalt von >5, die man braucht, um sie zu überwinden. Diese Gewalt ist mit $m=2h-1$ mit einer Motivation von $m>9$ zu erreichen. Nehmen wir an, dass von jeder Barriere bestimmter Höhe eine solche Motivation ausgeht, sie zu überwinden, wobei der Zeitpunkt hierfür nicht feststeht, so sind $5/9$ der Motivation gebunden und $4/9$ stellen ein Gewaltpotenzial dar. Wenn es also eine Weltrepublik gäbe und die einzige Grenze die Begrenztheit der Erde wäre, würde ein Gewaltpotenzial von *gp=h-1* unter den Menschen entstehen. Momentan ist die Barrierehöhe dafür, die Erde zu verlassen und einen anderen Planeten zu besiedeln, unendlich hoch und somit wäre das Gewaltpotenzial ebenfalls unendlich. Die Situation der Menschen in einer Weltrepublik würde von ihnen als hoffnungslos empfunden werden, was daran liegt, dass die Menschen im Inneren wissen, dass ihre momentane Gemeinsamkeitensphäre nicht für immer die richtige sein wird. Ohne Transzendenzmöglichkeit von einer falschen in eine richtige Gemeinsamkeit, wird die Frustration zu Gewalt führen.

Zusammenfassend kann man sagen, dass gerade der Bezug auf das Eigene dafür sorgt, dass fraktionierte Produktions- und Konsumstrukturen entstehen und erhalten bleiben, über deren Integration neue Gemeinsamkeiten entstehen, und zwar über die beidseitig der Grenze bestehenden hinaus. Darüber hinaus existiert die Grenze unabhängig davon, ob es einen negativen Bezug der Grenzbevölkerung dies- und jenseits der Grenze zueinander gibt oder ob jener positiv ist, inklusive des positiven Bezugs zur integrierenden Gemeinsamkeit. In beiden Fällen unterscheiden sich die Bewohner des Grenzbereichs von denen im Zentrum und definieren so die Grenze. Es liegt nahe, die letztere Variante für die integrierende Fraktionierung zu wählen. Grenzbewohner werden so zu Diplomaten und Handlungsreisenden anstelle von Kriegern. Allerdings darf die Integrationstoleranz nicht überfordert werden, weswegen eine schmale Grenze zwischen sehr ähnlich bewerteten Gemeinsamkeitenbündeln *I+a* und *I+b* nötig ist.

Ich möchte daran erinnern, dass sich diese Betrachtungen auf Bewertungen beziehen. Die physischen Eigenschaften von Gemeinsamkeiten sagen nichts Generelles über deren Bewertung aus. Jede Gemeinsamkeit besitzt zwar eine Bewertung, nur hängt diese von den Betrachtern ab, die sie bereits teilen, sie noch nicht teilen aber vermeiden oder ebenfalls teilen wollen. Die Bewertungen können jedoch existenziell zwanghaft sein, d.h. ich muss eine Gefahr negativ bewerten, um aus ihr zu fliehen. Jenseits dieser existenziellen Unterschiede können physisch unterschiedliche Gemeinsamkeitenbündel dennoch gleich und ähnliche dennoch unterschiedlich bewertet werden. Da gemeinsame Bewertungen sehr stark auf gemeinsamer Erinnerung von Gemeinsamkeiten und deren älterer Bewertung basieren, sind die Grundlage ähnlicher Bewertung ähnliche Erinnerungen bzw. erinnerte Gemeinsamkeiten. Da maximale Kohärenz in Gemeinschaften aufgrund des Teilens sehr ähnlicher Gemeinsamkeitenbündel hergestellt wird, die zudem ähnlich bewertet werden, ist die Erzeugung einer gemeinsamen Erinnerung Grundvoraussetzung für eine kohärente Gemeinschaft. Man beachte, dass sich eine einhundertprozentige Kohärenz, d.h. Teilen der genau gleichen Gemeinsamkeiten bei exakt gleicher Bewertung aufgrund der Unzulänglichkeit, die letztendlich Ursache räumlicher und zeitlicher Entwicklungen ist, nie erreichen lässt. Daher ist maximale Kohärenz genauso wenig anzustreben wie maximale Dekohärenz, da sie insbesondere Meinungsmonokulturen fördert und die Gemeinschaft unflexibel macht. Unterschiedliche Meinungen müssen bei ausrechend positiver Bewertung (Respekt) jedoch nicht zu einer Dekohärenz führen, welche die Existenz der Gemeinschaft bedroht.

Das "Nicht-Identisch-Aber-Dennoch-Nicht-Unterschiedlich-Sein" ist ein Naturzustand. Identität und absolute Verschiedenheit hingegen sind unerreichbare Ideale. Man stelle sich ein Individuum als zwingend integrierte Gemeinsamkeitensphäre vor, schließlich liegt die funktionale Ansammlung von Organen und anderen Körperteilen weit jenseits der statistischen Zufälligkeit, was natürlich nicht das evolutionäre Zustandekommen jener Integration über erinnernde Generationen hinweg infrage stellt. Jedes Individuum entwickelt aufgrund jenes Zwangs eine individuelle Gemeinsamkeit, die grundsätzlich teilbar ist, was, aufgrund des Naturzustandes der Nichtidentität die Entwicklung weiterer neuer Gemeinsamkeiten nötig macht, was jene Nichtidentität reproduziert. Da es sich dabei um einen Naturzustand handelt, bedeutet seine Unterdrückung, d.h. entweder die Gleichmachung, wo Menschen sich unterscheiden oder die Separation, wo Menschen sich gleichen wollen, letztendlich Repression. Das gilt für Gemeinsamkeiten, und, da Angleichung und Separation durch Transfer in und aus Gemeinsamkeiten erfolgen, ebenfalls für deren Bewertungen.

Aber wo sollten Menschen gleich sein und wo sollten sie sich unterscheiden? Und widerspricht die Annahme universeller menschlicher Gemeinsamkeiten nicht dem generellen Unzulänglichkeitsprinzip jede Gemeinsamkeit betreffend? Die letzte Frage kann man vereinen. Die Erde ist derart klein und die Zahl der Menschen so winzig im Vergleich zum Kosmos, dass selbstverständlich universelle Gemeinsamkeiten und Bewertungen gültig sein müssen. Daher sind Menschenrechte, beispielsweise, als universelle, positiv bewertete Gemeinsamkeit zu bezeichnen. Darüber hinaus sollten sich Menschen in möglichst vielen Dingen unterscheiden, die ihnen oder anderen Menschen kein Leid zufügen.

Um zum Thema zurückzukommen: An der Globalisierung könnten Rechte, Linke und Klimaschützer in Zukunft eine gemeinsame Kritik finden, wobei Rechte sich eher auf die eigene Wirtschaft und die Linke auf die solidarische Verteilung der Globalisierungsgewinne kaprizieren würden. Rechtsextreme würden jede Grenztranszendenz ablehnen, Linksextreme diese im Hinblick auf Gleichverteilung befürworten und extreme Umweltschützer auf das Verbot, nicht die Schwellenhaftigkeit, jeglichen Transports drängen.

Quo Vadis, Demokratie?

Sehr geehrte Damen und Herren!
Momentan wird in vielen Gesprächsrunden über die Gefahren für die Demokratie gesprochen. Dabei wird ständig angeführt, dass man die Unzufriedenheit der Menschen nicht verstehe, da die Regierung ja ständig versuche, deren Probleme zu lösen. Das Verständnis von Demokratie besagt tatsächlich, dass die Gemeinschaft Vertreter aus ihrer Mitte wählt, um über sie ihre Vorstellungen zu verwirklichen, anstatt bezahlte Manager zu beauftragen, die ihr Leben organisieren, ähnlich einem Hochzeitsplaner. In diesem Vortrag würde daher gern auf die Ursprünge der Demokratie zurückblicken. Die Organisation der athenischen Polis, der selbstverwaltete Stadtstaat der griechischen Antike (zwischen 508/507-322 v. Chr.), wird in [10, 11], ab S. 190, wie folgt besprochen:

Die Volksversammlung (*ekklêsia*) entsprach der Gesamtheit aller Athener, inklusive der Bewohner des attischen Umlandes, die zur politischen Mitbestimmung berechtigt waren. Sie war mit dem Staat identisch, aber auch mit der Demokratie selbst. Jeder mindestens 18-jährige Mann, der nachweislich Sohn athenischer Eltern war, hatte Zutritt zur Volksversammlung, die auf dem Marktplatz nördlich der Akropolis stattfand. Durch diese Festlegung war der Kreis der berechtigten Bürger für den jeweiligen Zeitpunkt, aber auch für die Zukunft klar begrenzt. Die 30.000-35.000 erwachsenen, berechtigten Bürger waren keinesfalls vollständig bei den Volksversammlungen anwesend, allerdings etwa 6.000 Personen, die für die Beschlussfassung notwendige Zahl. Überrepräsentiert waren die Bürger, die in Athen wohnten und an den Terminen nicht arbeiten mussten, Arbeitslose, Alte und Ärmere (seitdem Tagegeld für die Anwesenheit gezahlt wurde). Die Volksversammlungen traten in gesetzlich vorgeschriebener Regelmäßigkeit bis zu 40 Mal pro Jahr zusammen.

Sie wurden von einem Rat, dem Rat der 500 (*boule*) und dessen Vorsitzenden geleitet, der in seinem Einfluss möglichst schwach gehalten werden sollte. Seine Mitglieder wurden per Los ermittelt und vertraten die zehn Phylen, in die Attika unterteilt worden war. Das Losverfahren erfreute sich großer Beliebtheit. Es war das Symbol der bürgerschaftlichen Gleichheit. Daher wurden auch die Vorsitzenden des Rates, aber auch etwa 700 Amtsträger und jährlich 6000 Richter per Los bestimmt, welche die Gerichtsversammlungen abhielten. Alle diese Ämter wurden nur für kurze Zeit besetzt und ihre Inhaber unterlagen strenger Rechenschaftspflicht. In einem Scherbengericht konnten sogar politische Führer, die Attika Schaden zugefügt hatten, in die Verbannung geschickt werden.

Was die Ekklesia anbelangte, so durfte jeder Athener in freier Initiative einen Antrag zur Beschlussfassung vorlegen. Die Anträge wiederum wurden im Rat vorberaten und die daraus hervorgehende Ratsvorlage wurde dem Volk zur Abstimmung vorgelegt. Somit agierte der Rat konstitutiv. Jedoch entschied das Versammlungsvolk über die Vorlagen, und zwar in lebendigen, teils von (damals neutral bewerteten) Demagogen geführten Redebeiträgen. Die

Abstimmungen erfolgten durch Handzeichen. Die Volksversammlung beschäftigte sich mit verschiedenen Themen, z.B. zur Bestätigung oder Entlassung von Beamten, zum Getreidewesen, zur Verteidigung der Stadt, zu Anklagen wegen schwerer politischer Verbrechen aber auch zu Anklagen und Beschwerden einzelner Bürger und mit Profanem. Man muss bedenken, dass auch die Strafjustiz zu den Aufgaben der Volksversammlung gehörte, sowohl für Beamte als auch für Privatleute, die einer Straftat bezichtigt wurden. Allerdings wurde die richterliche Tätigkeit ab der Mitte des 4. Jahrhunderts an Geschworenengerichte überwiesen.

Die Grundlage der athenischen Demokratie, die von den Volksversammlungen exekutiv umgesetzt werden sollte, war eine Gesetzgebung, welche die Gleichheit der Bürger in den Vordergrund stellte. Mit Gleichheit war die Gleichheit der Mitglieder der abgeschlossenen Menge gemeint, die herrschte, und zwar in ihrem Recht, zu herrschen. Die Gleichverteilung (*isonomia*) innerhalb jener Gruppe bedeutete, dass jedes ihrer Mitglieder den gleichen Anteil an der Herrschaft besaß, unabhängig von Stand und Bildung. Inhaltlich bedeutete jene Gleichheit die Gleichheit vor dem Gesetz, die gleichberechtigte politische Beteiligung an der Beschlussfassung, d.h. die gleichberechtigte Teilhabe am Beraten und Reden (*isêgoria*), also die Redefreiheit. Tatsächlich wurde diese Art der Demokratie als Freiheit verstanden, Letztere leitete sich also aus der Gleichheit ab. Unter der Herrschaft von Gleichberechtigten wäre man frei, denn die Rahmenbedingungen des Lebens würden nicht durch einen Kaiser, sondern durch eben jene

Gleichen gleichberechtigt bestimmt. Somit konnte man sie nicht als Repression empfinden. Die Ämter waren darüber hinaus breit verteilt und die Amtsträger wurden permanent ausgewechselt. Alle Athener waren Regierende und Regierte zugleich. Sie waren gleich frei und gleichzeitig gleich unfrei. Jeder verfügte über die gleiche Freiheit, die gleichen Möglichkeiten, aber auch die gleichen Restriktionen, welche er sich mit dem gleichen Anteil an Herrschaft selbst gegeben hatte. Die Gleichverteilung von Geld und Waren spielte im Gleichheitsverständnis der athenischen Demokratie nur eine untergeordnete Rolle.

Die Gleichheit hat in der christlichen Kirche eine etwas andere Bedeutung. Der Mensch wird als Ebenbild Gottes verstanden. Wenn jeder Mensch aber das Ebenbild Gottes ist, so sind die Menschen untereinander identisch. Mit der Christusfigur wurden die Menschen nicht mehr zum Spiegelbild eines höheren Wesens gemacht, sondern ihnen wurde ein Vorbild gegeben, dem sie nacheifern sollten, das sie aber nie erreichen würden. Versteht man Menschen als Bündel menschlicher Gemeinsamkeiten, so kann man entweder ein großes Bündel schnüren, das alle jene Gemeinsamkeiten enthält, ein kleines, welches nur diejenigen Gemeinsamkeiten enthält, die alle Menschen gemeinsam haben, eines mit den Gemeinsamkeiten, welche die Menschen teilen sollten oder eines mit jenen, welche sie nicht teilen sollten. Diese Gemeinsamkeiten können über IntegrationsWerte sinnhaft zusammengefasst werden, insbesondere, um die Veränderbarkeit jener Gemeinsamkeiten durch die sich ändernden zivilisatorischen Gegebenheiten abzufangen. Im allgemeinsten Fall ist es die Präsenz menschlicher Gemeinsamkeiten überhaupt, auf welche die christliche Religion hinweist. Die Aufklärung Kants wiederum hatte die gleichen Bedingungen für die Möglichkeit menschlicher Entfaltung im Sinn, also die Gleichheit vor selbstgegebenen Gesetzen. Die attische Gleichheit betraf die formal gleichen Bedingungen für die Möglichkeit der politischen Teilhabe, und zwar für jeden. Die praktischen Bedingungen hierfür waren für die Einzelnen nie gleich. Im Laufe der Zeit erkannten die Verantwortlichen dies und versuchten, sie anzugleichen.

In [10] erläutert der Autor ab S. 462 die Möglichkeiten und Grenzen der athenischen Demokratie. Er stuft die Beteiligung der Ärmsten unter den Bürgern als klar fortschrittlich ein, verweist jedoch darauf, dass nur die Waffenfähigkeit (Männer) bestimmte, wer das Recht zur politischen Teilhabe hatte. Frauen, Sklaven und Fremde waren ausgeschlossen. Er verweist auf die mangelnde praktische Durchsetzung der Gleichheit (trotz deren formaler Garantie), speziell für arbeitende, entfernt lebende Bauern. Analog könnte man sagen, dass unpraktische Durchführungsbestimmungen eine bestimmte Gruppe in ihrer Teilhabe benachteiligten. Doch die Athener versuchten mithilfe von Diäten, ökonomische Hemmnisse abzubauen. Über die Schwierigkeiten der Organisation demokratischer Teilhabe hinaus konnten Demagogen, insbesondere wenn sie die Vorurteile der Masse bedienten, Einfluss auf sie gewinnen. Besonders gut eigneten sich außenpolitische Themen hierfür, von denen das Volk im Innern der Polis keine Ahnung hatte und sich daher auf Mutmaßungen und Hybris stützte. Was die von Athen abhängigen Bundesgenossen im Seebund anging, so bildete sich dort aufgrund des Druckes Athens ein Verfassungsdualismus aus Demokratie und Oligarchie heraus.

Die genannten Eigenschaften der Polis erscheinen aus limenistischer Sicht als nach innen eher links und, was die politische Mitbestimmung angeht, sogar solidarisch. Nach innen widerspiegeln sie also die zweite Freiheit/Gerechtigkeit, die der Verteilung. Nach außen sind sie aber eher rechts und exklusiv. Sie widerspiegeln nach außen die erste Freiheit bzw. Gerechtigkeit, den Einbehalt. Zur Zeit der griechischen Antike hoffte man wohl, dass mit der Polis auch sämtlicher Fortschritt von innen käme. Was diesem Prinzip fehlt, ist die Einbindung des Äußeren, d.h. derjenigen Menschen, die nicht der ursprünglichen Herrschergruppe angehören in den demokratischen Prozess, ein Problem, das bis heute nicht gelöst ist. Da es heute im Westen keine Sklaven mehr gibt und die Frauen das Wahlrecht besitzen, handelt es sich bei diesen "Äußeren" ausschließlich um "Fremde", beispielsweise Migranten, die nicht die jeweilige Staatsbürgerschaft besitzen. In der Polis war politische Teilhabe streng an die Herkunft gebunden. Der Fremde (Metöke), der sich der Polis anschließen und dort mitbestimmen mochte, konnte das aufgrund seiner Herkunft nicht tun, selbst wenn selbst Athener wurde. Erst seinen Nachkommen wäre die politische Mitbestimmung möglich.

Das heutige Problem besteht nun darin, dass die Idee der autarken Polis nicht mehr funktioniert. Der Reflex, die demokratische Polis auf die gesamte Erde ausdehnen zu wollen, wird genauso wenig funktionieren, wenigstens nicht gleichzeitig als homogen Kopie eines Ideals. Umgekehrt gesprochen stellt sich heute die Frage, wie man der Migration gerecht werden und trotzdem die positiven Merkmale der Polis in einzelnen Staaten umsetzen kann. Statt die Dinge praktisch anzugehen, verlegt man sich jedoch auf die Extreme der totalen Abschottung oder der totalen Abschaffung von staatlichen Grenzen. Alle, von der Vernunft abgeleiteten Herangehensweisen werden momentan von den Extremen unterdrückt. Statt, ihnen nachzugeben, muss man stattdessen herausfinden, wie eine Demokratie unter den neuen Voraussetzungen vernünftig funktionieren kann. Man muss zunächst feststellen, dass auf die ethnischen und anderen, spezifischen, d.h. anhand maximaler Kohärenz definierten Gemeinsamkeiten der Herkunft abzielenden konservativen und rechten Herangehensweisen in einer Einwanderungsgesellschaft auszuschließen sind. Dennoch brauchen die Menschen Gemeinsamkeiten, um die für das Funktionieren der Gemeinschaft notwendige Kohärenz zu erreichen. Hierzu gehört die Entwicklung einer gemeinsamen Geschichte. Etwas anderes ist aber noch wichtiger: funktionale Gemeinsamkeiten, in die die Menschen hineinwechseln können. Die Einwanderungsgesellschaft muss somit, was die Integration der Individuen angeht, linker und progressiver sein als der klassische Nationalstaat. Andererseits muss sie auf die viel komplizierteren Gemeinsamkeitenstrukturen bestehen, die ein Funktionieren der Einwanderungsgesellschaft erst ermöglichen.

Die Einwanderungsgesellschaft ist also notwendigerweise zuerst strukturkonservativ und struktur-rechts. Damit sie sich in ihren Strukturen jedoch nicht überlebt wie der Kommunismus (wobei zu bezweifeln ist, ob dessen Strukturen jemals die für eine glückliches Leben der Menschen richtigen gewesen sind), muss ein Algorithmus entwickelt werden, der sowohl Strukturbewahrung als auch Strukturveränderung genügend Freiheit zugesteht. Das Hauptmissverständnis ist dabei der Wertkonservatismus. Werte müssen als deren Bewertung in die Funktionsstrukturen eingebettet und nicht von ihnen losgelöst sein. Die Funktionsstruktur wiederum zielt auf die Ermöglichung glückbringender Lebensführung ab. Auch die so beschriebene Einwanderungsgesellschaft funktioniert nur in einem umgrenzten Staatsgebiet, denn ihre Strukturen sind, da veränderbar, auch nicht universell. Der Rat der Limenistik wäre, wo immer es geht, Strukturen mit schwellenhaften Grenzen zu etablieren, sodass die Menschen die Vorteile der Schwellenhaftigkeit, und vor allem deren größere Nähe zur Realität als die der Extreme erkennen können. Die herkunftsunabhängige Staatsbürgerschaft beispielsweise ist eine solche Schwelle. Durch den praktischen Umgang mit Schwellenhaftigkeit werden die Menschen jedoch die Gleichzeitigkeit von offen und geschlossen nicht mehr als paradox empfinden.

Die Psychologie der Massen von Gustave Le Bon

Sehr geehrte Damen und Herren!
Zum Abschluss dieses langen Tages möchte ich Ihnen ein Werk vorstellen, mit dessen Hilfe man die Grundlagen der Limenistik in kompakter Weise verständlich machen kann. Es handelt sich um das Buch "Die Psychologie der Massen" von Gustave Le Bon, das im Jahr 1895 erschien. Le Bon versucht darin, die sogenannten Massen, also interagierende, dadurch gruppierte Menschen als EIN psychologisches Wesen zu analysieren und dadurch zum psychologischen Wesen der Massen vorzudringen. Mit Wesen meint Le Bon ihre grundsätzlichen Gefühle, Ideen, Handlungen, ihr Denken, ihre Rezeption, ihr Glaube, ihre Überzeugungen, Urteile, usw. Le Bon möchte herausfinden, wie sich Individuen in der Masse etablieren, warum und in welcher Weise sie die Eigenschaften der Masse auf Kosten ihrer eigenen übernehmen.

Le Bon ging davon aus, dass zur Zeit der Erstellung seines Buches, die Ära der Fürsten und ihrer Minister endgültig vorbei sei und die Macht nunmehr von den Massen, also vom Volk ausgehen würde. "Das Zeitalter, in das wir eintreten, wird in Wahrheit das Zeitalter der Massen sein." [12, S. 2]. Der Aufstieg der Massen sei unausweichlich und damit die Zerstörung der bisherigen Ordnung. In Le Bons Augen war es also an Zeit, die Besonderheiten der Massen wissenschaftlich zu erforschen. Dabei ist es zunächst egal, ob es sich bei jenen Massen um die Zuschauer eines Theaterstücks, eine angreifende Armee oder um einen revolutionären Mob handelt.

Le Bon legt auf den ersten Seiten seines Werkes dar, dass eine Masse durch bestimmte, gemeinsame Merkmale ihrer Mitglieder bestimmt wird, die jene Merkmale durch eine mitunter geheimnisvolle Wechselwirkung, Ansteckung bzw. Ausbreitung übernehmen und so in der Masse aufgehen. Es bildet sich eine "Gemeinschaftsseele ... von ganz bestimmter Art", eine organisierte, psychologische Masse [vgl. 12, S. 10]. Die Masse bedarf bestimmter Reize, die sie erst zu einer psychologischen Masse machen. Heute würde man diesen Effekt "Resonanz" nennen. Die Entstehung einer psychologischen Masse muss nicht mit einer physischen Zusammenkunft einhergehen. Sie kann auch durch ein nationales Ereignis erfolgen, beispielsweise die Ausrufung eines Krieges. Zumeist geht sie von einer Person aus, wobei es sich nicht zwingend um einen Anführer handeln muss. Auch der Ausguck auf einem Schiff kann, unabhängig davon ob seine Augen ihn trügen oder nicht, seine Mannschaft inklusive des eigentlich höhergestellten Kapitäns und der Offiziere, zu einer gemeinsamen Handlung verleiten [vgl. 12, S. 24-25].

Anhand der Gemeinsamkeiten beschreibt Le Bon einen ganzen Zoo von Massenarten, darunter gleichartige/homogene mit *a priori* vielen Gemeinsamkeiten sowie Besonderheiten, die sie untereinander trennen (Sekten, Klassen oder Kasten), ungleichartige/inhomogene (Lynchmob, Geschworene im Gericht, Abgeordnete), heroische, verbrecherische, tugendhafte und viele andere. Allerdings fühlen, denken und handeln die Individuen innerhalb der Masse anders, als sie es ohne die Masse tun würden, wobei

Le Bon ihre Eigenschaften innerhalb der Masse als "neue Eigenschaften" interpretiert [vgl. 12, S. 13], anhand derer sich die Menschen in der Masse ihr Denken, Fühlen und Verhalten einstellen.

In der Limenistik nennt man das Eindringen in die Sphäre einer Gemeinsamkeit "Anpassung". Die Anpassung kann an Gemeinsamkeiten mit der Umgebung erfolgen, etwa beim Ausbringen von Saatgut, oder an solche Gemeinsamkeiten, die zwischen den Menschen bestehen. Für die Massen ist die zweite Art relevant, die erste kann allerdings als auslösender Trigger für die Ausbildung einer psychologischen Masse fungieren. Grundsätzlich gibt es in der Limenistik unmittelbare Gemeinsamkeiten, emergente, also völlig neue Gemeinsamkeiten, oder schlummernde Gemeinsamkeiten. Schlummernde Gemeinsamkeiten sind im Menschen erinnert, aber der Anpassungsprozess selbst, insbesondere der bewusste Anpassungsprozess, ist auf dem Sättigungsniveau eingefroren. Das bedeutet, die Schwellen hin zu jenen Gemeinsamkeiten hat das Individuum vollständig überschritten und der Agent wendet gerade so viel Gewalt auf, um in ihnen zu verbleiben, ob nun bewusst oder unbewusst.

Von dem Gemeinsamkeitenbündel, das ein Individuum in der Masse teilen soll, teilt es im Ausgangszustand nur bestimmte Untergemeinsamkeiten. Dies Untergemeinsamkeiten sind zumeist schlummernd, d.h. sie stehen seit längerer Zeit in der (gefühlten) Sättigung des Anpassungsprozesses. Weitere Gemeinsamkeiten können latent sein, d.h., das Individuum hat sie wahrgenommen und steht auf ihrer

Schwelle. Man sympathisiert vielleicht mit den Ideen des Kommunismus, benutzt seine Lehren hin und wieder als Teil seiner Weltanschauung, aber man ist noch nicht auf die Idee gekommen, sich an der Revolution zu beteiligen.

Die Masse sorgt nun dafür, dass die Schwelle hin zu jener militanten Gemeinsamkeit überschritten wird. Die Gewalt, die von der Masse ausgeht, senkt die Schwelle so stark ab, dass sich das Individuum, bzw. die Masse, nicht dagegen wehren kann und sofort mit der gemeinsamen Anpassung beginnt, wodurch die bisher schlummernden Eigenschaften "aktiviert" und mit den militanten verbunden werden, um das Gemeinsamkeitenbündel mit der Masse zu erzeugen. Oh ja, in der Masse ist vor allem der dynamische Anpassungsprozess an das Gemeinsamkeitenbündel relevant und sie findet in allen Individuen gleichzeitig statt. Allerdings wird sich das Individuum ausschließlich an die Gemeinsamkeiten innerhalb der Masse anpassen müssen, weshalb es den Großteil anderer Eigenschaften verlassen muss. Allerdings sind höhere Lebewesen und insbesondere der Mensch in der Lage, jene Eigenschaften temporär schlummern zu lassen, d.h., die (un)bewusste Anpassung an jene auf dem momentanen Niveau ruhen zu lassen und ihr Vergessen zu "simulieren".

Durch die Anpassung der Individuen an die Masse werden die Gemeinschaften "vergemeinschaftet". Le Bon geht davon aus, dass jene Gemeinsamkeiten in der Mehrheit tiefe, "unbewusste" Gemeinsamkeiten sind, da nur jene den Bäcker mit dem Professor, die Putzfrau mit der Lehrerin verbinden [vgl. 12, S. 14]. Die Gemeinsamkeiten, an die sich die Masse akut anpasst, sind daher primitiv, d.h., ihre Handlungen können keiner ausgefeilten Intelligenz folgen. Damit unterscheidet sich die Masse z.B. von einer technischen Arbeitsgruppe, die eine Problemlösung sucht. Dies ist nicht verwunderlich, denn rein mathematisch stehen unterschiedlichen Menschen innerhalb der Masse nur wenige Gemeinsamkeiten zur Verfügung. Treffen Fußballfans, die im normalen Leben ganz unterschiedliche Berufe und Weltanschauungen haben, vor dem Stadion zusammen um dem Ärger über das verlorene Spiel ihrer Mannschaft Luft zu machen, so ist es letztendlich nur jener Ärger, der ihre akute anzupassende Gemeinsamkeit bildet. Im Verlaufe des Abends werden sicherlich noch andere hinzukommen, beispielsweise, die Inneneinrichtung irgendeiner Kneipe zu zerstören.

Dennoch unterscheiden sich Massen mit hochausgebildeten Mitgliedern nicht von primitiveren. Auch hier finden wir "Beeinflußbarkeit, die Vorherrschaft der unbewußten Gefühle, die geringe Fähigkeit zum Denken, den Einfluß der Führer usw." Was dazu führt, dass "in einer Versammlung von Gelehrten und Künstlern über allgemeine Angelegenheiten Urteile abgegeben werden, die sich von denen einer Maurerversammlung kaum wesentlich unterscheiden." [12, S. 123]

Für Le Bon sind die "neuen" Gemeinsamkeiten, an die sich die Individuen innerhalb der Masse anpassen, solche, die von den Einzelnen normalerweise zurückgehalten, nun aber ausgelebt werden. Dies geschieht, weil sich die Individuen in der Masse stärker fühlen, durch schnelle Ansteckung innerhalb der Masse und durch Beeinflussung bzw. versteckten Gruppendruck. Dadurch können die ethischen Überzeugungen des Einzelnen völlig über den Haufen geworfen werden. Le Bon vergleicht die Wirkung der Massen mit der eines Hypnotiseurs bzw. den Zustand der Individuen mit dem Zustand unter Hypnose [vgl. 12, S. 16]. Alles in allem wird der Mensch zum Triebwesen. So kann der Hasenfuß auch zum sich opfernden Helden werden, ein wohlerzogener Mensch zum Barbar. Allerdings seien diese guten oder schlechten Charaktereigenschaften der Menge aufgrund ihrer Unbewusstheit nicht in den üblichen, ethischen Kategorien bewertbar, so wie ein Tiger nicht gerichtet werden könne, der einen Hindu verschlingt [vgl. 12, S. 117f].

Die besonderen Eigenschaften innerhalb der Masse listet Le Bon wie folgt auf [vgl. 12, S. 19 ff]:
- Gefühlhaftigkeit, Triebhaftigkeit, Beweglichkeit und Erregbarkeit, insbesondere leidenschaftliches Begehren dessen, was die Masse will. Der Begriff des Unmöglichen verschwindet [12, S. 21]. Dadurch und durch ihre Beeinflussbarkeit, wird die Masse in ihren Vorstellungen und Zielen sehr beweglich.
- Beeinflussbarkeit, Ansteckbarkeit, Übertragung und Leichtgläubigkeit, insbesondere durch Bilder oder bildhafte, starke Reden, die wiederum innerhalb der Masse entstellt werden können und eine falsche Rezeption erzeugen (Kollektivhalluzination).
- Überschwang (exagération) und Einseitigkeit (simplisme) der Massengefühle, wodurch Zweifel und

Ungewissheit ausgelöscht werden. Ein Verdacht wird sofort zur Gewissheit. Helden der Massen werden zu Projektionsflächen des Überschwangs.

- Unduldsamkeit, Herrschsucht (autoritarisme) und Konservatismus. Massen leiden an ausgeprägtem Schwarzweißdenken. Widerspruch wird nicht geduldet. Dennoch sind Massen nicht zuvorderst revolutionär. Revolutionen dienen nur dazu, das Überlieferte sich selbst einzuverleiben.

- Sittliche Eigenschaften. Massen besitzen nur einfache, klare, aber starke Gefühle. Die Sittlichkeit der Masse kann sich daher im Ausleben niedriger Instinkte, aber auch in Tugendhaftigkeit wie Uneigennützigkeit, Entsagung, bedingungsloser Hingabe und Idealismus zeigen [vgl. 12, S. 37].

- Die Unfähigkeit zum logischen Denken und der Mangel an Urteil und kritischem Geist lässt die Massen über alle möglichen Widersprüche hinwegsehen, was ihnen ermöglicht, trotz gegenläufiger, meist suggerierter Ideen/"Vorstellungsbilder" an den Grundlagen der jeweiligen Kultur festzuhalten (die Le Bon als "Rasse" bezeichnet). "Der völlige Mangel an kritischem Geist läßt sie die Widersprüche nicht sehen." [vgl. 12, S. 39].

- Bestimmte, durchaus niedrigstehende Ideen, wie die des Sozialismus, erhalten in der Masse eine ungeheure Bedeutung. Allerdings geschieht das nur dann, wenn die Idee in der Masse zu einem starken, einfachen Gefühl geworden ist [vgl. 12, S. 41].

- Urteile der Massen folgen keiner formalen Logik, sondern Massenlogik. Sie beruhen auf der gedanklichen

Bildung von *ZIG*, also von zwingenden Verknüpfungen, die aber nur durch äußere Ähnlichkeit, räumliche oder zeitliche Koinzidenz verbunden sind, also im besten Fall einfach faktisch. Beispiel: Ein Krieger erhielte den Mut seines Gegners, wenn er sein Herz äße [vgl. 12, S. 42].

- Die Einbildungskraft der Massen ist sehr hoch. Bilder erscheinen beinahe so deutlich wie in der Wirklichkeit, auch wenn sie nur ausgedacht (im Theater) oder gar unmöglich sind. Außerdem sorgen jene Bilder für starke Erregung. Le Bon sieht dies aber keinesfalls negativ, sondern unter Umständen als Triebkraft für Fortschritt.

- Die Gefühle der Massen haben religiösen Charakter. Sie zeigen sich in der Anbetung eines vermeintlichen höheren Wesens, Furcht vor der Gewalt, die ihm zugeschrieben wird, blinde Unterwerfung unter seine Befehle, Unfähigkeit, seine Glaubenslehren zu untersuchen, die Bestrebung, sie zu verbreiten, die Neigung, alle als Feinde zu betrachten, die sie nicht annehmen (Fanatismus). In der Masse werden alle Anführer oder Ideen (auch der Sozialismus) zu Religionen und zu Kult [vgl. 12, S. 47], selbst wenn die Massen diese Begriffe nicht gern hören mögen.

Für die Limenistik relevant ist Le Bons Betrachtung unterschiedlicher Massen (Blasenbildung) und deren Wechselwirkung. Le Bon geht davon aus, dass Meinungen und Glaubenslehren der Massen entstehen und sich befestigen durch mittelbare und unmittelbare Triebkräfte. Den plötzlich auftauchenden, unmittelbaren Triebkräften (Bilder,

Zauber-Worte, Redewendungen, ein charismatischer Führer, Illusionen, Ereignisse, die das Fass zum Überlaufen bringen) stehen die "Rasse" und ihre Überlieferungen, außerdem die "Zeit", die "Einrichtungen" und die Erziehung bzw. Unterricht gegenüber.

Mit "Rasse" meint Le Bon die besonderen kulturellen Elemente eines Volkes, die durch seine Geschichte und andere Einflüsse tief in ihm verwurzelt sind, seinen Charakter ausmachen und nicht abgeschafft, nicht durch andere Elemente ersetzt oder von anderen Völkern übernommen werden können. Für einzelne Menschen, die in das andere Volk wechseln, ist dies ebenfalls schwierig, zumindest laut Le Bon. Mit "Zeit" meint Le Bon die Grundlage der Entstehung, aber auch des Abschleifens von Überlieferungen. Bestimmte Elemente haben ihre bestimmte Zeit. Diese Zeit kann auch in Zirkeln verlaufen, sodass die Elemente irgendwann in ähnlicher Form zurückkehren. Die "Einrichtungen" sind politische und soziale Machtzentren, beispielsweise die Regierungsbürokratie des Staates. Allerdings sind jene Einrichtungen Kinder des kulturellen Charakters der Völker. Der Charakter selbst könne durch Einrichten nicht geändert werden, schon gar nicht durch deren vernünftige Vorberechnungen. Charakterlich inkompatible Einrichtung seien bloß geliehene Gewänder. Umgekehrt bedeutet dies, dass die Massen trotz ihres revolutionären Furors häufig nur die Namen der Einrichtungen, nicht ihre prinzipielle Funktionsweise ändern [vgl. 12, S. 61f].

Laut Le Bon fallen Massen, trotz ihrer Beweglichkeit, in ihren Bewegungen immer auf ihren Volkscharakter zurück bzw. auf die grundlegenden Gemeinsamkeiten, die sie einen, ohne große Absprachen treffen zu müssen. Gleichzeitig bremst jener Charakter ihre Beweglichkeit in bestimmte, (auto)suggerierte Richtungen. Dennoch können auch tiefliegende Anschauungen, Meinungen, Überzeugungen verändert werden [vgl. 12, S. 102]. Dabei sind tiefe Grundanschauungen, die an den Charakter des Volkes rühren, zwar am schwersten zu verändern, sie können durch die Massen aber durchaus schnell umgestürzt werden, wenn ihr Wert angezweifelt wird [vgl. 12, S. 102]. Dieser Umsturz würde mit einem gewaltigen Umsturz aller nachgeordneten Einrichtungen und Ideen einhergehen. Allerdings bleibt die Wahrheit von der bloßen Namensänderung während solcher drastischen Umwälzungen zumindest teilweise erhalten, beispielsweise ist die sozialistische Verheißung vom Paradies nichts Anderes als die christliche und funktioniert nach ähnlichen Prinzipien, nur, dass sie sich nicht mit dem Tod des Menschen und seinem Eingang in den Himmel, sondern für eine spätere Generation, hier, auf Erden erfüllt.

Zum Schluss möchte ich Gustave Le Bon mit einer Beobachtung zu Wort kommen lassen, der seine Betrachtungen über die Massen, ihre Triebhaftigkeit, mangelnde Intelligenz aber dennoch mitunter aufopferndes Verhalten zusammenfasst: "Überzeugung und Glaube der Massen verbreiten sich nur durch den Vorgang der Übertragung, niemals mit Hilfe von Vernunftgründen… durch Behauptung, Wiederholung und Übertragung." [12, S. 91] An Beispielen wie dem Christentum oder dem Sozialismus kann man erkennen, dass "die Übertragung, wenn sie sich in den Volksschichten ausgewirkt hat, in die höheren Gesellschaftsschichten übergeht. Heutzutage sehen wir, daß die sozialistischen Lehren anfangen, auch die zu ergreifen, die vermutlich ihre ersten Opfer sein werden. Vor der mechanischen Ansteckung tritt sogar der persönliche Vorteil zurück. Daher zwingt sich jede volkstümlich gewordene Anschauung schließlich immer auch den höchsten sozialen Schichten auf, so offensichtlich auch die Unsinnigkeit der siegreichen Anschauung sein mag. Diese Wirkung der unteren sozialen Schichten auf die Oberklassen ist um so merkwürdiger, als die Glaubensanschauungen der Masse mehr oder weniger immer von einer höheren Idee herrühren, die in der Umgebung, in der sie geboren wurde, häufig ohne Wirkung blieb. Die Führer, die von dieser höheren Idee ergriffen wurden, bemächtigen sich ihrer, entstellen sie und gründen eine Sekte, die sie aufs neue entstellt und so entstellt unter den Massen verbreitet. Ist sie einmal eine volkstümliche Wahrheit geworden, so geht sie auf irgendeine Weise zu ihrer Quelle zurück und wirkt dann auf die Oberklassen eines Volkes." [12, S. 92]

Donnerstag

"Jede Schwelle ist eine Grenze und jede Grenze ist eine Schwelle."

Ontologie (mit Fokus auf Martin Heidegger)

Sehr geehrte Damen und Herren!
Willkommen zurück auf unserer Konferenz! Ich hoffe, Sie
hatten einen angenehmen Abend voller Diskussionen und
eine erholsame Nacht. Am heutigen Donnerstag werde ich
die limenistischen Ideen, die ich ihnen gestern anhand von
Beispielen erläutert habe, zu fünf philosophischen Richtungen in Bezug setzen, die ich für die wichtigsten halte.
Dabei handelt es sich um die Ontologie, die Phänomenologie, den Existenzialismus, den Strukturalismus und die
Hermeneutik. Ich werde versuchen, die grundlegenden
Prinzipien der genannten Richtungen darzulegen, natürlich ohne auf alles, was damit verbunden ist, eingehen zu
können. Ich beginne also bei der Ontologie und werde
mich dabei hauptsächlich auf deren Verständnis durch
Martin Heidegger beschränken.

Meine Damen und Herren!
Laut Duden bedeutet Ontologie die " Lehre vom Sein, vom
Seienden" [13]. Da es sich um eine Richtung der Philosophie handelt, die schon immer gemeinsam mit ihr bestand
und oft mit ihr gleichgesetzt wird, kann man keine "reinen" Vertreter der Ontologie unter den Philosophen benennen. Allerdings haben sie Platon (* 428/427 v. Chr. in
Athen oder Aigina; † 348/347 v. Chr. in Athen), Aristoteles (* 384 v. Chr. in Stageira; † 322 v. Chr. in Chalkis auf
Euböa), Thomas von Aquin (* um Neujahr 1225 bei
Aquino in Italien; † 7. März 1274 in Fossanova), Immanuel Kant, Georg Wilhelm Friedrich Hegel (* 27. August
1770 in Stuttgart; † 14. November 1831 in Berlin), Martin

Heidegger (* 26. September 1889 in Meßkirch; † 26. Mai 1976 in Freiburg im Breisgau) signifikant vorangetrieben.

Platon trennte strikt die Ideenwelt von der empirischen Welt der realen Dinge. Dinge und Ideen sind miteinander durch Repräsentation und Interpretation verbunden, d.h. einerseits durch das "Teilnehmen" der Dinge an den "Ideen von deren Formen" und andererseits die Anwesenheit der Ideen als Formen und Strukturen in den Dingen. Wichtig ist, dass das ontologische Modell Platons weder von den Dingen und deren empirischer Existenz noch von den Ideen und deren platonischer Existenz allein gebildet wird, sondern nur von beiden zusammen, wobei die Letzteren die Ersteren repräsentieren, sich aber immer "vor ihnen" befinden [vgl. 14, S. 12]. Aristoteles wiederum formulierte zwei grundlegende Begriffe für die Philosophie. Der eine ist der "Logos", den er als ein Überzeugungsmittel während einer Rede sieht. Es handelt sich um ein sachlogisches Beweisverfahren durch den Redner.

Die beiden anderen Überzeugungsmittel sind die "auf Glaubwürdigkeit zielende, ethisch-moralische Selbstdarstellung des Redners" [15, S. 123] (Ethos) und die "auf Effekterregung der Zuhörer gerichtete Darstellung" [15, S. 123] (Pathos). Der zweite Begriff des Aristoteles ist die "Kategorie". Er teilte alles "Seiende" in Kategorien ein, Satzprädikate, die der Redner für seine Urteile nutzt: Substanz, Größe/Menge, Beschaffenheit/Qualität, Relation, Wo, Wann, Lage, (An)Haben, Tun, Leiden. [vgl. 16, Kap. 5, § 1]. Ein typisches Urteil wäre: "Mein Hund ist kleiner als Deiner!" Immanuel Kant führte ebenfalls ein Kategoriensystem ein. Für ihn gibt es drei Quellen, die die Bedingungen der Möglichkeit von Erfahrung enthalten: Sinneswahrnehmung (Synopsis des Mannigfaltigen *a priori*), Einbildungskraft (Synthese als Verbindung des Mannigfaltigen *a priori*) und Apperzeption (Vollzug der Einheit der Synthese, d.h. Einordnung).

Für alle diese Schritte benötigt der Mensch Kategorien. [vgl. 17, S. 16] Jene sollen Ordnung im Seins-, Sprach- oder Erkenntnisbereich schaffen. Durch Kategorien können Dinge bestimmt werden, sie erklären die Korrespondenz zwischen Wahrnehmung und Objekt [vgl. 17, S. 22]. Die Kant'schen Kategorien sind Quantität (Einheit, Vielheit, Allheit), Qualität (Realität, Negation, Limitation), Relation (Inhärenz und Subsistenz als substantia et accidens, Kausalität und Dependenz als Ursache und Wirkung, Gemeinschaft als Wechselwirkung zwischen dem Handelnden und Leidenden), Modalität (Möglichkeit - Unmöglichkeit, Sein - Nichtsein, Notwendigkeit - Zufälligkeit) [18]. Auch bei Martin Heidegger spielt die Bestimmung des Seienden mithilfe der Kategorisierung eine herausragende Rolle, insbesondere, da er sie, was den Menschen betrifft, einer scharfen Kritik unterzieht [19].

Und hier kommt ein kleiner Exkurs zu Heideggers Ontologie (wie ich sie verstehe): Heidegger führte die ontologische Differenz ein, d.h. die gedankliche Trennung von Sein und Seiendem. Er geht von der Gemeinsamkeit der Dinge im Universum aus, die wirklich allen gemein ist, das Sein. Alles im Universum IST, daher ist es Seiendes.

Mit Sein ist jedoch etwas Aktives, sich Bewegendes bei Heidegger gemeint, ein "In-Beziehung-Stehen" alles Seienden mit allem anderen Seienden. Daher besitzt alles Seiende verschiedene Seinsweisen bzw. Seinsverfassungen. Das bedeutet, dass sich verschiedene Seinsweisen das gleiche Seiende teilen bzw. verschiedene Seiende die gleiche Seinsweise. Limenistisch würde man statt von Seinsweise von Gemeinsamkeiten sprechen. Das Seiende, das ist, und zwar in einem bestimmten Sein, ist somit ein Teil des Gesamtseins, das aber nie abgeschlossen vollständig ist. Somit ist das Grau-Seiende allein nie der verregnete Himmel und die Seinsweisen, die den Himmel verregnet machen unendlich vielfältig.

Sein bedeutet, dass sich die Dinge in ihren Beziehungen zueinander in der Zeit verändern. Nur durch das Sein als die Herstellung eines Unterschiedes zwischen dem vergangenen und dem zukünftigen Moment vergeht die Zeit. Das "Vorantreiben" des Seins nennt Heidegger mitunter "Wesen" (wie "verwesen" für vergehen), aber auch "Existenz". Was ist der Unterschied? Wenn wirklich alles mit allem in seinem Sein interagiert, so ist es vernünftig, für alle weiteren Beschreibungen einen Bezugspunkt zu definieren. Für Heidegger ist er das "Dasein". Unter allem Seienden ist das Dasein ein ganz besonderes, es ist ein "Seiendes, dem es in seinem Sein *um* dieses Sein selbst geht. ...Dasein versteht sich in irgendeiner Weise und Ausdrücklichkeit in seinem Sein. Diesem Seienden eignet, daß mit und durch sein Sein dieses ihm selbst erschlossen ist. *Seinsverständnis ist selbst eine Seinsbestimmtheit des Daseins.*"[19, S. 12] Kurz gesagt: Dasein ist der seiende

Mensch in seinem Wesen und die Verwirklichung, der Vollzug seines Seins durch ihn ist seine Existenz.

Das "Student-Sein" wird beispielsweise durch das Studieren verwirklicht, und zwar durch Studierende. Das "Wesen" wiederum ist der Oberbegriff des sich Vorantreibens des Seins, also des Interagierens mit der Umgebung, nur dass das nichtdaseinsmäßig Seiende hierfür keine Wahlmöglichkeit hat. Das Wesen von Werkzeugen ist deren spezifische Nutzbarkeit durch das Dasein, denn nur durch Nutzung treibt sich ihr Sein wesenhaft voran. Andererseits gilt: "Das 'Wesen' des Daseins liegt in seiner Existenz. Die an diesem Seienden herausstellbaren Charaktere sind daher nicht vorhandene 'Eigenschaften' eines so und so 'aussehenden' vorhandenen Seienden, sondern je ihm mögliche Weisen zu sein und nur das." [19, S. 42] Existierend zu sein ist für das Dasein also wesenhaft.

Das generelle Sein zerfällt durch den Bezugspunkt "Dasein" in drei Teile, nämlich in das Dasein selbst, das dem Dasein "Zuhanden-Sein", also das, was das Dasein nutzt, mit dem es praktisch umgeht, und das bloße "Vorhanden-Sein", welches das Dasein nur wahrnimmt. Heidegger schreibt über die Zuhandenheit: "Wir nennen das im Besorgen begegnende Seiende das Zeug. Im Umgang sind vorfindlich Schreibzeug, Nähzeug, Werk-, Fahr-, Meßzeug. ...Die Seinsart von Zeug, in der es sich von ihm selbst her offenbart, nennen wir die Zuhandenheit. Nur weil Zeug dieses 'An-sich-sein' hat und nicht lediglich noch vorkommt, ist es handlich im weitesten Sinne und verfügbar." [19, S. 69]. Über die Vorhandenheit schreibt er: "Eine Verwirrung wird dadurch vermieden, daß wir für den Titel existentia immer den interpretierenden Ausdruck Vorhandenheit gebrauchen und Existenz als Seinsbestimmung allein dem Dasein zuweisen." [19, S. 42]

An dieser Stelle tut sich ein begriffliches Problem auf. Da jedes Seiende auch ist, bezeichnet Heidegger die seienden Dinge oft durch deren Sein. Eine Katze beispielsweise wäre bei Heidegger ein "Mit-Miauen-Und-Milch-Trinken-Beschäftigt-Sein". Ein Stein wäre ein "Als-Stein-Vorhanden-Sein". Ein Hammer wäre ein "Als-Werkzeug-Zum-Nägeleinschlagen-Zuhanden-Sein". Trotzdem sind all diese Dinge ontisch Seiendes, das ist, und keine ontologischen Seinsbezeichnungen. Das gilt insbesondere für das Dasein. Es wäre besser, das "Dasein" bei Heidegger als "Daseiendes" zu verstehen und dessen Sein, also das eigentliche "Dasein" als "daseiendes Sein", sodass das "Daseiende daseiend ist". Für das "Dasein" ist "daseiend" gleichbedeutend mit "existierend": "Dasein ist Seiendes, das sich in seinem Sein verstehend zu diesem Sein verhält. Damit ist der formale Begriff von Existenz angezeigt. Dasein existiert." [19, S. 53] Freilich muss man beachten, dass Dasein bei Heidegger nicht den konkreten, seienden Menschen bezeichnet, sondern das Wesen des Menschen hinsichtlich des Seins.

Genau hier offenbart sich die Lösung für das grundlegende Verständnisproblem bei Heidegger. Seine ontologische Differenz bezieht sich nämlich nicht nur auf das Seiende und das Sein als Fragen nach dem "Wer" (das Seiende) und dem "Was" (das Sein), sondern auch auf das "Wie".

Das Sein ist, bei Heidegger, als eine irgendwie geartete Tätigkeit zu verstehen, als eine Verwirklichung des Seins. Die Frage nach dem "Wie" kann nur durch ein Adjektiv beantwortet werden, nämlich "seiende". Der vollständige Satz zur Verbindung von Sein und Seiendem lautet dann: Das Sein der seienden Seienden verwirklicht sich durch deren Wesen. Das so oder so seiende Sein definiert die Seinsverfassungen bzw. Seinsweisen, auf die sich das generelle Sein herunterbricht. Beispielsweise ist das Vorhandensein die Seinsweise des vorhandenen Seienden, das spezifische "Was". Vorhandenheit entspricht dem "Wie". Das entsprechende Adjektiv "seiende" würde ich mit dem Begriff "Seinsart" bezeichnen. Somit wäre "Vorhanden-Sein" die Seinsweise des "Vorhanden-Seienden" und "Vorhandenheit" dessen Seinsart. Erst durch die Seinsart wird der Zerfall des Seins in verschiedene Seinsweisen möglich.

Ich hoffe, hier mit Heideggers Verständnis von Seinsart übereinzustimmen, der darunter, bezogen auf das Dasein, beispielsweise Zeitlichkeit oder Geschichtlichkeit versteht [19, vgl. S. 19], zwei Seinsarten des Seins, die das Verstreichen von Zeit bzw. Geschichte adjektivieren: Das Sein des Daseins " ...findet seinen Sinn in der Zeitlichkeit. Diese jedoch ist zugleich die Bedingung der Möglichkeit von Geschichtlichkeit, als einer zeitlichen Seinsart des Daseins selbst, abgesehen davon, ob und wie es ein 'in der Zeit' Seiendes ist." [19, S. 19] Dasein ist somit zeitlich Seiendes und hat daher die Möglichkeit, geschichtlich Seiendes zu sein.

Ein weiterer Begriff bei Heidegger, der zu Missverständnissen führen kann, ist das "Da-sein" und zwar als etwas oder jemand, das *für* das Dasein da-ist. Meiner Meinung nach versteht Heidegger darunter eine Aussage wie "Sie sind da!" als Ausdruck der Freude über die Ankunft des erwarteten Besuchs oder des Busses. Heidegger geht zur Erklärung des "Da-Seins" zunächst davon aus, dass ein nichtdaseinsmäßiges Seiendes sich beispielsweise in einem anderen befinden kann, z.B. Wasser in einem Glas. "In-Sein" hingegen ist eine Seinsverfassung des Daseins und beschreibt ein aktives Sich-Aufhalten oder wohnen im weitesten Sinne. "Sein bei" wiederum geht immer zusammen mit dem "In-Sein": Aus dem Sein in einem Haus wird erst ein "In-Sein", wenn man aktiv "bei" den Sachen ist, die sich darin befinden. Damit ist nicht die Seinsweise eines Tisches gemeint, der neben einem Stuhl steht. "Sein bei" ist nur dem Dasein möglich. Andererseits kann das Dasein immer nur "bei" etwas sein, sich mit ihm beschäftigen, eine Beziehung zu ihm aufbauen, niemals nur "neben" ihm stehen [vgl. 19, S. 52-55].

Das "Da-Sein" schließt an das "Sein bei" an. Das "Sein bei" zweier Dinge zueinander bedeutet nämlich deren "Berührung", die aber nur dann möglich ist, wenn es keinen "Spalt" zwischen den beiden Dingen gibt. "Seiendes kann ein innerhalb der Welt vorhandenes Seiendes nur berühren, wenn es von Hause aus die Seinsart des In-Seins hat – wenn mit seinem Da-sein schon so etwas wie Welt ihm entdeckt ist, aus der her Seiendes in der Berührung sich offenbaren kann, um so in seinem Vorhandensein zugänglich zu werden." [vgl. 19, S. 55] "Da-Sein" von Welt bedeutet also deren Sein für das Dasein in der Seinsweise der Erschlossenheit. Umgekehrt bedeutet "In-Der-Welt-Sein" ein Phänomen, welches die Seinsweise des Daseins bezogen auf die Welt beschreibt. Aber auch das Dasein "ist Da" im Sinne einer besonderen Seinsweise: "Dieses Seiende trägt in seinem eigensten Sein den Charakter der Unverschlossenheit. Der Ausdruck 'Da' meint diese wesenhafte Erschlossenheit. Durch sie ist dieses Seiende (das Dasein) in eins mit dem Da-sein von Welt für es selbst 'da'." [19, S. 132] Das Dasein ist existierend sein Da, besagt einmal: Welt ist 'da'; deren Da-sein ist das In-sein." [19, S. 143].

Das "Da" wiederum ist mit der Zuhandenheit verbunden. Heidegger beschreibt das plötzliche Fehlen von etwas Zuhandenem, das umsichtig durch das Dasein benutzt wurde, als "Ins-Leere-Stoßen" der Umsicht, als ein "Aufleuchten" der Umwelt durch die Fehlstelle, die Vakanz im Universum, die das Zuhandene hinterlassen hat [vgl. 19, S. 75]. Diese Leerstelle ist nun im "Da", was das Zuhandene, das sie hinterlassen hat, niemals war. Das Fehlen eines umsichtig verwendeten Zuhandenen, welches aber immer "zuhanden war" und dadurch seiner Vorhandenheit verlustig ging[5], produziert also dessen Vakanz, wenn es plötzlich verschwindet, die wiederum "da-ist", so wie der längst erwartete Besuch oder der Bus, auf den man lange gewartet hat.

---

[5] Umgekehrt verdeckt die Entdeckung der Vorhandenheit die Zuhandenheit.

Das Sein selbst zerfällt also in verschiedene "Unter-Seins". Diese Unterseins sind die Seinsweisen oder Seins-verfassungen. Das Phänomen des "In-Der-Welt-Seins" ist einer von Heideggers zentralen Begriffen. Es stellt die Grundverfassung des Daseins dar [vgl. 19, S. 57]: Das Da-sein ist, indem es ein "In-Der-Welt-Sein" ist und weil es ein "In-Der-Welt-Sein" ist, steht es in mannigfaltiger, be-wusster, strukturierter Beziehung zu den Dingen in seiner Welt. Das "In-Der-Welt-Sein" des Daseins ist gekenn-zeichnet als "Besorgen", also erledigen, ausführen, besor-gen, erkennen im Sinne einer emotionalen Zugewandtheit. Das so beschriebene "In-Der-Welt-Sein" fragt sowohl nach demjenigen, der "in-der-Welt" ist, also dem Dasein selbst, nach der Welt und ihrer Weltlichkeit und dem "In-Sein" überhaupt.

Das nichtdaseinsmäßige Sein wird durch Kategorien kon-stituiert, beispielsweise durch die Kausalität (wodurch klar wird, dass der Mensch gleichzeitig in einem Dasein und in einem nichtdaseinsmäßigen Sein ist. "Leben ist we-der pures Vorhandensein, noch aber auch Dasein." [19, S. 50]) Doch auch die Kategorien sind Seinsweisen. Die Kausalität als Kausal-Sein ist eine Seinsweise von Seien-dem. Das Sein des Daseins hingegen wird durch soge-nannte Existenzialien konstituiert bzw. verfasst. Existen-zialien und Kategorien konstituieren das Sein strukturell und sinnhaft. Doch nur "... der Mensch 'existiert', d.h. ver-hält sich sorgend zum nicht-menschlichen Seienden sowie zu sich selbst in der Form des Seinsverstehens. Er hat sein eigenes Sein zu sein, er kann sich aus seinen Möglichkei-ten wählen." [20, Kap. I] Die "Sorge" und das "In-Der-

Welt-Sein" sind selbst notwendige Seinsweisen und gleichzeitig Existenzialien[6]. Doch auch dafür gilt: "Das In-der-Welt-sein ist zwar eine *a priori* notwendige Verfassung des Daseins, aber längst nicht ausreichend, um dessen Sein voll zu bestimmen." [19, S. 53]". Kategorien und Existenzialien, die "Grundmöglichkeiten von Seinscharakteren" [19, S. 148], sind streng genommen erst dann als solche zu bezeichnen, wenn sie sich nicht weiter reduzieren lassen, d.h. wenn es kein Sein mehr gibt, das sie selbst konstituiert. Das "In-Der-Welt-Sein" lässt sich, wie das Sein selbst, erschließen bzw. erschließt es sich dem Betrachter, gibt seine phänomenologische Wahrheit preis. Die fundamentalen Existenzialien, welche die Erschlossenheit des "In-Der-Welt-Sein" konstituieren (das "In-Der-Welt-Sein" erschließen), sind die Befindlichkeit und das Verstehen.

Ich möchte den Begriff des Existenzials anhand von Heideggers Weltlichkeit genauer beschreiben. Die Struktur des "In-Der-Welt-Seins" als Seinsweise des Daseins (im Vergleich zum nichtdaseinsmäßigen Sein) ist durch die Weltlichkeit der Welt als Sinnzusammenhänge gegeben,

---

[6] Eine weitere notwendige Seinsweise des Daseins ist das "Mit-Sein", das eigentlich einem "Mit-Dasein" von "Daseienden" mit anderen "Daseienden" entspricht. Tatsächlich sind diese "Unter-Seins" keine "Seins", die unabhängig voneinander sind. Vielmehr konstituieren sie das Sein. Selbst das Fremdsein unter vielen ist kein isoliertes "An-Sich-Sein": "Das Alleinsein 'unter' Vielen besagt jedoch bezüglich des Seins der Vielen auch wiederum nicht, daß sie dabei lediglich vorhanden sind. Auch im Sein 'unter ihnen' sind sie mit da; ihr Mitdasein begegnet im Modus der Gleichgültigkeit und Fremdheit." [19, S. 121]

in die das Dasein eingebettet ist, aber auch durch das Dasein selbst und durch das "In-Sein" in der Welt (Befindlichkeit, Verstehen, Reden) [vgl. 20, Kap. I]. "In-Sein" ist ebenfalls ein Existenzial und keine Kategorie, da es kein "kategoriales" Ortsverhältnis beschreibt (die Bank im Hörsaal in Freiburg in der Welt im Weltall), sondern ein vertrauliches, ein besorgtes Verhältnis mit dem wiedergibt, womit der Mensch gerade zu tun hat, wobei nicht das "womit", sondern jenes besondere Verhältnis gemeint ist [vgl. 19, S. 54, 56].

Was ist nun die Weltlichkeit? Laut [21, S. 114] versteht Heidegger die Weltlichkeit der Welt nicht als Gegenständlichkeit der Gegenstände in ihr. Er baut keine Subjekt-Objekt-Spannung zwischen ihnen und dem Erkennenden auf, sondern er sieht die Weltlichkeit als einen ontologischen Begriff, der die "Struktur eines konstitutiven Moments des In-der-Weltseins" meint. "Dieses aber kennen wir als existenziale Bestimmung des Daseins. Weltlichkeit ist demnach selbst ein Existenzial." [19, S. 64].

Das Verständnis der Weltlichkeit als Existenzial, also eines derjenigen Dinge, die das menschliche Dasein in seinem Sein strukturell und sinnvoll konstituieren, bedeutet, dass es für das (Selbst)Verständnis des Daseins unentbehrlich ist. Dasein hat "als In-der-Welt-sein jeweilig schon" (s)eine "Welt' entdeckt" [19, S. 110]. Doch kann es dies nur im direkten Umgang mit der Welt tun, was wiederum bedeutet, dass die Welt "für das Dasein" sein muss, sich ihm nicht grundsätzlich verschließen darf. Daher ist die Weltlichkeit des Daseins gebunden an eine Weltlichkeit der Welt selbst, das Entdecken durch das Dasein ist in der Weltlichkeit der Welt fundiert. Das "In-Der-Welt-Sein" des Daseins ist daher wesentlich als "In-Seiner-Welt-Sein" aufzufassen. Anders ausgedrückt "bedeutet die Weltlichkeit der Welt nichts anderes als die existenziale Bezogenheit des Daseins auf die Welt." [21, S. 114]. Die Limenistik kennt ein ähnliches Konzept, nämlich die Gemeinsamkeiten, an die sich die sie teilenden Agenten anpassen, indem sie jene durch die Anpassung aus den vorhandenen Dingen in der Umgebung generieren. Nach seiner "Kehre" wurde Heidegger noch konsequenter und sah die Weltlichkeit der Welt auch ohne Zutun des Menschen als konstituierend für sein "In-Der-Welt-Sein" an. Die Welt steht in handelnder Beziehung mit dem Dasein, das ihr quasi ausgeliefert ist - eine beinahe marxistische Haltung.

Heidegger erkennt die Existenzialien teilweise an ihrer Zirkelhaftigkeit. Sinn beispielsweise ist ein Existenzial des Daseins. Er haftet aber nicht nur wirkungslos an ihm. Nähme man dies an, so würde sich das Dasein nicht selbst sinnvoll entwerfen können. Doch die Fähigkeit zum Entwurf, das Seinkönnen, ist es, worumwillen das Dasein selbst je ist [vgl. 19, S. 191]. Ähnliches gilt für das Existenzial der Geworfenheit, der Faktizität, also dem Sein, an dem man zunächst nichts ändern kann, sowie für das Existenzial der Möglichkeit. "Die Möglichkeit als Existenzial bedeutet nicht das freischwebende Seinkönnen im Sinne der 'Gleichgültigkeit der Willkür' (libertas indifferentiae). Das Dasein ist als wesenhaft befindliches je schon in bestimmte Möglichkeiten hineingeraten, als Seinkönnen, das es ist, hat es solche vorbeigehen lassen, es begibt sich ständig der Möglichkeiten seines Seins, ergreift sie und vergreift sich. Das besagt aber: Das Dasein ist ihm selbst überantwortetes Möglichsein, durch und durch geworfene Möglichkeit.

Das Dasein ist die Möglichkeit des Freiseins für das eigenste Seinkönnen. Das Möglichsein ist ihm selbst in verschiedenen möglichen Weisen und Graden durchsichtig." [19, S. 144] Obwohl das Dasein ungefragt in die Welt "geworfen" wurde, hat es anschließend die Fähigkeit, sich selbst zu "entwerfen", indem es sich sein Sein im wörtlichen Sinne entwirft. Der Mensch befindet sich in seinem Dasein ständig in einer Geworfenheit, entwirft sich aber, dank seiner Geworfenheit in sein Seinkönnen ständig neu. "Das Sein des Daseins ist die Sorge. Sie befaßt in sich Faktizität (Geworfenheit), Existenz (Entwurf) und Verfallen." [19, S. 284] " Die durchschnittliche Alltäglichkeit des Daseins kann demnach bestimmt werden als das verfallend-erschlossene, geworfen-entwerfende In-der-Welt-sein, dem es in seinem Sein bei der 'Welt' und im Mitsein mit Anderen um das eigenste Seinkönnen selbst geht." [19, S. 181]

Eine der plastischsten Erläuterungen des Zusammenhanges zwischen Möglichkeiten, Wirklichkeit und Macht (im Sinne von Wahlfreiheit) liefert Rüdiger Safranski in [22]. Er beschreibt den Wallenstein aus Friedrich Schillers Wallenstein-Trilogie ("Wallensteins Lager", "Die Piccolomini", "Wallensteins Tod") als einen Macht- und Möglichkeitsmenschen, wobei die Überlagerung von beiden zu

Wallensteins Entscheidungshemmung führe. Wallenstein wolle Machtmensch bleiben, d.h. er strebt an, dass ihm eine maximale Zahl von (verwirklichbaren) Machtoptionen offenstehe. Allerdings wird der Großteil dieser Möglichkeiten vernichtet, sobald er sich für eine davon entscheidet. Vor der Entscheidung gibt es also für Wallenstein zahlreiche optionale Wirklichkeiten. Danach gibt es nur noch wenige, evtl. sogar nur eine davon. Die Entscheidung schaffe, laut Wallenstein, eine "Mauer aus meinen Werken", den Zwang der Faktizität. Gleichzeitig will er als Machtmensch handeln, sich aber seine Möglichkeiten nicht unumkehrbar verbauen. Also zögert er.

Eine Anmerkung: Das Sein des Daseins scheint letztendlich nur ein Teil des menschlichen Seins, da der Mensch einen physischen Körper besitzt. Doch ist der Mensch mitunter bloß zuhanden oder vorhanden? Heidegger hat mit der Trennung von "Kategorie" und "Existenzialien" einen sehr wichtigen Punkt angesprochen. Die Kategorisierung von Menschen spricht ihnen nämlich ihre Menschlichkeit ab. Man vergleiche das Satzpaar "Er ist sehr mitfühlend. Sie ignoriert ihn ständig." mit "Er gehört zu den Maori. Sie ist eine Angestellte." Die Entmenschlichung in den letzten beiden Sätzen ist deutlich. Man könnte zur Vermeidung jener sogar so weit gehen, Kategorien ebenfalls als existenzial zu formulieren, sobald sie den Menschen und seinen Leib betreffen, er in sorgenvoller Beziehung zu ihnen steht. Heidegger widerspricht dieser Auffassung etwas: "...weil ... das Dasein selbst, 'in' der Welt vorhanden ist, genauer gesprochen: mit einem gewissen Recht in gewissen Grenzen als nur Vorhandenes aufgefaßt werden kann."

[19, S. 55] Die große Frage ist, ob das Seinkönnen des Daseins auf das bloße Vorhandene zugreifen und es zuhanden machen kann und inwieweit das Zuhandensein der Dinge das Sein des Daseins konstituiert.

Durch die Sorge findet Heidegger zur Zeitlichkeit. Zeitlichkeit ist bei ihm die "gewesend-gegenwärtigende Zukunft" als einheitliches Phänomen [vgl. 19, 326]. Sorge ist das "Sich-vorweg-schon-sein-in" (einer Welt) als "Sein-bei" (verfallen an die Welt, innerweltlich begegnendem Seienden), also antizipierend, vorausahnend, planend. Aus der Sorge leitet Heidegger ab, dass Zeitlichkeit der ursprüngliche Sinn des Seins des Daseins ist, schließlich ist es sich "vorweg", wodurch es Zeitlichkeit realisiert. "Zeitlichkeit enthüllt sich als der Sinn der eigentlichen Sorge." [19, S. 326]. Dieser Sinn kann sogar auf das Sein selbst verallgemeinert werden, d.h. der Sinn des Seins ist die Zeit, das Vergehen und Geschehen [vgl. 23, S. 247].

Zwei kritische Anmerkungen: Das Seiende steht, meiner Meinung nach, als Begriff zu nah am Sein und da man immer eine bestimmte Seinsweise im Kopf hat, schließt man das konkrete Seiende daher gedanklich aus allen anderen Seinsweisen aus. Leider hat man heute auf den Heideggerschen Duktus zurückgegriffen, um die Gleichbehandlung der Geschlechter in der Sprache zu realisieren, beispielsweise bei "Studierenden" und "Studieren". Bei einer Studentin ist klar, dass sie zumindest eine weitere Gemeinsamkeit jenseits des Studierens teilt, nämlich weiblich zu sein. Bei dem Begriff "Studierende" engt man die Seinsweisen der Person auf eine einzige ein: Studierend zu sein.

Die zweite Kritik schließt sich spiegelbildlich an die erste an. Heidegger hält die Möglichkeit einer (vergessenden) Trennung von Sein und Seiendem und damit die Vernichtung des Seins/Seienden für realistisch. Hierauf basiert auch seine Technologiekritik. "Die Technik ist kein 'Teufelswerk', sondern ihr 'Wesen' unterliegt dem befreienden Anspruch der Entbergung, sofern der Mensch der Gefahr begegnet, in ihr die einzige Weise des "Entbergens" zu erblicken." [20, Kap. VIII].

Ein Fluss ist als technische[7] Ressource entborgen, wenn er zur Energiegewinnung in ein Wasserkraftwerk gezwungen wird [vgl. 24]. Ein bloß ressourcentechnisches Entbergen entspräche aber dem Versuch der Trennung des Seienden von seinen ursprünglichen Seinsweisen. Aufgrund der Verwobenheit der Seinsweisen im Sein, würde dies bedeuten, dass das Verständnis bloß aus dem Seienden heraus erfolgt, das Seiende auf sich selbst reduziert wird - also, in Heideggers Befürchtung, vernichtet wird. Der Fluss kann ontologisch nicht mehr verstanden werden. Genau dazu kann menschliche Unzulänglichkeit führen, wenn sich der Entbergende beim technische Entbergen nur auf das montierte, hergestellte, hingestellte technische "Gestell"[8] konzentriert und alles andere - das Nichtgestellte - vergisst. Im verzweifelten Versuch, das Sein des

---

[7] Technik ist vom Menschen kunstfertig Geschaffenes. Beachte, dass sich Technik nicht nur auf Mechanik, sondern auch auf Genetik, Ökonomie, Tourismus, Arbeitsabläufe usw. bezieht.

[8] "Gestell" ist als eine bestimmte Seinsweise, nicht als Wesen der Technik gemeint. "Gestell" bedeutet das ständige Bereitstehen, Abrufbar-Sein als Ressource und kann alles Seiende betreffen, auch den Menschen [vgl. 25]. Im Gegensatz dazu ist das "Zuhandensein" eine

Flusses zu retten, würde man ihn mit dem Gestell gleich-setzen, was dessen Sein implodieren ließe inklusive des technischen Seins und sogar des Gestells selbst. Oder man zerlegt ihn in Wasser, Gravitation, Turbinen und potenzielle Elektroenergie. Zerlegung in gedankliche Komponenten ist ein untrügliches Zeichen für das Verbergen des Seins überhaupt.

Um die vergessende Trennung von Sein und Seiendem zu verhindern, impliziert Heidegger die Notwendigkeit von Seinsweisen, die dem Seienden ursprünglich, untrennbar und damit tendenziell unveränderlich zugeordnet sind, eine Art Seinskern, der das Sein des Seienden gleichzeitig garantiert. Man würde das Seiende immer nur mit seinem Kern wahrnehmen, er wäre für es vorbestimmt, es wäre fix in ihn "geworfen". Somit wäre bei der Entbergung eine Fokussierung auf den Seinskern von absoluter Priorität. Da rein technische Entbergung nur einer sehr einge-schränkten Wahrheitsfindung entspricht, müsse man auch immer nach dem unveränderlichen, damit ursprünglichen Seinskern im Seienden suchen. Allerdings würde es voll-kommen genügen, statt des Seinskerns die Erinnerungsfä-higkeit des Seienden an das Sein vorauszusetzen, die man durch die Annahme des Seinskerns im Übrigen negiert. Die nichttechnische Entbergung von Seinsweisen ist vom Verstehen der Wandlung der erinnerten Seinsweisen durch das Vergessen/Erlernen ersterer gekennzeichnet. Ein Wagen wäre kein (klassischer) Wagen mehr, würde man ihm die Möglichkeit nehmen, zu fahren. Aber er wäre

---

Seinsweise von Nicht-Dasein für das Dasein zur Verwirklichung des Daseins.

weder dem ursprünglichen Wagen vollkommen verschieden und schon gar nicht nichts.

Eine weitere "Verirrung" ist Heideggers nationalsozialistisches Engagement. Mehrere Autoren befassten sich mit der Frage, ob "Sein und Zeit" [19] bereits protofaschistische Tendenzen aufweist. In [26] beschreibt Holger Zaborowski ab S. 166, dass, neben der Frankfurter Schule, beispielsweise Domenico Losurdo [27] in [19] eine Kriegsideologie sieht, welche sich in den Begriffen "Schicksal", "Geschick", "Sorge", "Tod" manifestiert. Emmanuel Faye habe [19] in [28] noch viel drastischer interpretiert, nämlich dahingehend, dass Heidegger dem völkischen Glauben an die ontologische, d.h. die seinsmäßige Überlegenheit eines Volkes oder Stammes anheimgefallen ist. Die antisemitische Tendenz in Heideggers Denken zeigt sich in seinen "Schwarzen Heften".

Heideggers Antisemitismus ist jedoch nicht biologistisch begründet. Er fürchtet sich vor der Entfremdung/Entwurzelung der Seienden (der Menschen) aus ihrem angestammten Sein (ihrem Volk). Das Sein verschwinde, alles richte sich auf Mechanik, Berechnen und Züchten aus, wobei der den Juden eine pauschale rechnerische Begabung andichtet [vgl. 29]. Heidegger betrachtete nicht das Sein als solches, sondern das "richtige" (vorbestimmte) Sein der Seienden als nicht ersetzbar. Nach der "Kehre" sah er das bestimmte Sein sogar als das Primäre und nicht das seiende/wesende Subjekt. Es ist also das Sein, welches sich das passende Seiende sucht und sich als unveränderlicher Kern hineinkopiert. Wie man es auch dreht, Heideggers so geschilderte Herangehensweise bleibt weit auf der rechten ideologischen Seite und ist ohne jede Schwellenhaftigkeit.

Man kann versuchen, Heideggers Befürchtung zu widerlegen, indem man das Sein eines Menschen in das abstrakte Dasein, die für das Menschsein notwendigen Seinsweisen bzw. Existenziale und diejenigen Seinsweisen zerlegt, welche das Sein der konkreten Person in seinem Lebensabschnitt konstituieren, aber für das Dasein als solchem nicht in ihrer Konkretion notwendig sind. Letztere wären geworfen-frei wählbar und nur im limenistischen Sinne, also schwellenhaft, "geprägt". Die existenzialistische Freiheit bedeutet nicht, zu sich selbst zu finden, wie man laut irgendeinem Sein eigentlich sein soll, sondern zu sich zu finden, wie man sein will. Man hätte es nicht mit einem angestammt-unveränderlichen Kern des Seienden zu tun - bis auf das Dasein und die dafür nötigen Seinsweisen, die allem Dasein allerdings gleich gegeben sind. Das Aufgeben einzelner Seinsweisen wäre dann unproblematisch und würde nur das spezifische Sein neu konstituieren, beispielsweise würde das "Backend-Sein" eines daseienden Menschen, das ihn zu einem Bäcker macht, nach seiner Umschulung zum Koch in ein "Kochend-Sein" übergehen und sein gesamtes Sein (leicht) neu konstituieren. Auch bzgl. der Konstitution des Menschseins als solchem ist Heideggers Befürchtung unbegründet, denn mit dem Ende dieses Seins endet immer auch das Seiende und solange das Seiende ist, west bzw. existiert es. Es passt sich an sein Sein an, weswegen es nie ohne ein solches ist.

Was aus limenistischer Sicht jedoch geschehen kann, ist eine Entfremdung aus den richtigen Gemeinsamkeiten, der Übergang in falsche, eine Reduzierung der Gemeinsamkeiten insgesamt hin zur Unterkomplexität und ein Überstülpen zu vieler Gemeinsamkeiten hin zu Überkomplexität und Chaos. All dies wird jedoch entsprechende ausgleichende Reaktionen der Seienden hervorrufen. Peter Sloterdijk [30] zitiert bezüglich vermeintlicher Gefahren künstlicher Intelligenz den optimistischen Schlusssatz des Aufsatzes "Seele und Maschine" von Gotthard Günter aus dem Jahr 1956: "Die Kritiker, die beklagen, dass die Maschine uns unsere Seele 'raubt', sind im Irrtum. Eine intensivere, sich in größere Tiefen erhellende Innerlichkeit stößt hier mit souveräner Gebärde ihre gleichgültig gewordenen, zu bloßen Mechanismen heruntergesunkenen Formen der Reflexion von sich ab, um sich selber in einer tieferen Spiritualität zu bestätigen. Und die Lehre dieses geschichtlichen Prozesses? Wieviel das Subjekt von seiner Reflexion auch an den Mechanismus abgibt, es wird dadurch nur reicher, weil ihm aus einer unerschöpflichen und bodenlosen Innerlichkeit immer neue Kräfte der Reflexion zufließen."

Bleibt noch das abstrakte Sein, welches vom Seienden getrennt werden könnte. Das Problem ist nun, dass es kein spezifisch Seiendes ohne spezifisches Sein geben kann. Das "Baum-Sein" eines Baums ist immer das Sein eines ganz spezifischen Baums, somit sich die Befürchtung der Trennung von Sein und Seiendem wiederum auf ein spezifisches Sein bezieht. Es gibt also das abstrakte Sein des

Seienden in der Welt überhaupt nicht. Es reflektiert vielmehr die Ähnlichkeiten im spezifischen Sein der spezifisch Seienden im Universum. Das abstrakte Sein würde bei einer Trennung ebenfalls verschwinden, was aber - selbst während des Urknalls - unsinnig ist.

Alles läuft also auf das grundsätzlich gleichzeitige Verschwinden des konkreten Seienden mit seinem konkreten Sein hinaus und umgekehrt, beispielsweise eines konkreten Menschen oder der Menschheit selbst in einer globalen Katastrophe. Heidegger war hingegen wohl dem Wahn aufgesessen, nicht der Tod, sondern technisches, kalkuliertes und rational organisiertes Leben würde den Daseienden ihr "Daseiend-Sein" entziehen, sodass die Daseienden ohne Sein wären und schließlich vernichtet würde. Daher stufte er, neben den Juden, später auch den Nationalsozialismus selbst als eine solche Gefahr ein [31], die er als "Machenschaften" bezeichnete. Die Frage ist, warum sich Heidegger dazu hinreißen ließ, die Technik, das jüdische Volk und den Nationalsozialismus miteinander in dieser Wirkung gleichzusetzen.

Rüdiger Safranski erläutert die diesbezüglichen Umstände in [23] ausgiebig: In [19] spiele die Volksgemeinschaft bereits eine Rolle, auch wenn das Existenzideal auf den individuellen Selbstbezug zugeschnitten ist. Geschick und Geworfenheit beziehen den Einzelnen jedoch auf die

Volkszugehörigkeit. Safranski erläutert Heideggers Eigentlichkeitsphilosophie[9] als "noch einmal zur Welt zu kommen. Eigentlichkeit entdeckt keine neuen Daseinsgebiete. Alles kann bleiben und wird auch wohl so bleiben, wie es war, nur die Haltung dazu hat sich geändert." [23, S. 188] Das eigene Dasein soll zum Eigenen, soll verinnerlicht, es soll zu einem sinnvollen Ganzen werden. Das Initiationserlebnis der Eigentlichkeit ist bei Heidegger die Angst vor der Kontingenz des Lebens, besser, vor der unberechenbaren Veränderbarkeit, die Angst vor unkontrollierter Faktizität, aus der man nur schwer wieder herauskommt: "...das Wovor der Angst ist die Welt als solche. ... Was beengt, ist nicht dieses oder jenes, aber auch nicht alles Vorhandene zusammen als Summe, sondern die Möglichkeit von Zuhandenem überhaupt, das heißt die Welt selbst." [19, S. 187] Safranski schreibt: "Die Angst macht offenbar, daß alltägliches Leben auf der Flucht vor seiner Kontingenz ist. Das ist der Sinn aller Versuche, sich festzuleben." [23, S. 188] Die Fokussierung auf das Eigene

---

[9]Für Heidegger ist Dasein Seiendes, dem es in seinem Sein um eben jenes Sein geht. Das Sein des Daseins ist also *je meines* und das Seiende daher *jemeinig*. "Zum existierenden Dasein gehört die Jemeinigkeit als Bedingung der Möglichkeit von Eigentlichkeit und Uneigentlichkeit. Dasein existiert je in einem dieser Modi, bzw. in der modalen Indifferenz ihrer." [19, S. 53]. Heidegger konkretisiert Eigentlichkeit und Uneigentlichkeit an dieser Stelle nicht genauer, verknüpft die Eigentlichkeit aber mit der wahren Existenz aber auch mit dem Ursprung: "Die ursprünglichste und zwar eigentlichste Erschlossenheit, in der das Dasein als Seinkönnen sein kann, ist die Wahrheit der Existenz. Sie erhält erst im Zusammenhang einer Analyse der Eigentlichkeit des Daseins ihre existenzial-ontologische Bestimmtheit." [19, S. 221]

dient also der Reduzierung von Unberechenbarkeit der Dinge. Man sieht die Gefahr der Unberechenbarkeit aufgrund eigener Unfähigkeit und mangelnder Information. Jene Gefahr ist die Grundlage jeder Angst. Natürlich kann die Angst vor der Kontingenz von Populisten instrumentalisiert, ja sogar aufgebläht werden, um die von ihnen präferierte rechte Herangehensweise zu legitimieren. Stichworte hierfür sind zu hohe Komplexität, zu schnelle Veränderungen, Reizüberflutung usw.

Der Heideggersche Angstbegriff entspricht im limenistischen Verständnis der Angst vor der Überschreitung des ultimativen IntegrationsWertes, der persönlichen Schwelle zum Verlust aller Gemeinsamkeiten. In der Limenistik besteht Angst aber nicht nur vor der Kontingenz und damit vor dem Auslassen als solchem, sondern konkret vor der Anpassung an das falsche oder falsch gewordene und dem Auslassen oder Verlassen des Richtigen, besonders aufgrund äußerer Repression. Das ursprüngliche Eigene ist in diesem Verständnis nicht primär, tatsächlich wird zunächst Uneigentliches durch die Anpassung an jenes eigentlich. Heideggers interpretierend ist sich das Eigentliche fix, möglicherweise unerkannt und der befindet sich bereits irgendwo im Innern des Menschen. Er muss nach dem eigenen Ursprünglichen suchen. In der Limenistik kommt es erst mit der Zeit ins Innere, indem es die entsprechende Schwelle überwindet, allerdings auf verschiedenen Wegen und es ist veränderbar. Allerdings geht auch die vertrauensvolle Suche nach fremdem Rat auf eine eigene Entscheidung zurück.

Die Fokussierung auf das Eigene setzt die Angst in Realität um. Die Schuld wiederum, mögliche (richtige) Entwürfe ausgelassen zu haben, zwingt das Dasein dazu, seine Angst zu überwinden, um nicht in bestimmten Gemeinsamkeiten zu erstarren oder von außen in uneigentliche gepresst zu werden. Zur Erklärung: Heidegger sieht das Dasein durch seine bloße Existenz bereits schuldig [19, S. 281]. Damit meint er nicht, dass das Dasein durch sein Sein einen Mangel erzeugt hätte. Laut Heidegger ist das Sein des Daseins die Sorge. Die Geworfenheit ist für ihn ständig präsent und durch den Widerspruch gekennzeichnet, zwar das Dasein zu bestimmen, d.h. es kann des eigenen Seins von Grund auf nie mächtig sein, andererseits jedoch vom Seienden dahingehend bestimmt zu sein, dass das Daseien ja existieren muss, woran sich dessen Geworfenheit zu orientieren hat. D.h. die konkrete Geworfenheit vernichtet sich zum Teil selbst, da es den Entwurf und das Springen von Faktizität zu Faktizität tolerieren muss. "Das Dasein ist sein Grund existierend, das heißt so, daß es sich aus Möglichkeiten versteht und dergestalt sich verstehend das geworfene Seiende ist. Darin liegt aber: seinkönnend steht es je in der einen oder anderen Möglichkeit, ständig ist es eine andere nicht und hat sich ihrer im existenziellen Entwurf begeben. ...Die Freiheit aber ist nur in der Wahl der einen, das heißt im Tragen des Nichtgewähltthabens und Nichtauchwählenkönnens der anderen. ...Die Sorge selbst ist in ihrem Wesen durch und durch von Nichtigkeit durchsetzt." [19, S. 285] Wenn Schuld aber generell Nichtigkeit bedeutet, das Auslassen von etwas, z.B. seine Schulden zurückzubezahlen, dann ist Sorge, das

"Sich-Vorwegnehmen" und daher "Auslassen-Müssen" grundsätzlich mit Schuld verbunden.

Heidegger folgend wird in [23] die Eigentlichkeit mit der Volkszugehörigkeit verbunden. Dabei verhält sich uneigentlich, wer sich in die Volksgemeinschaft flüchtet, um sich selbst zu entkommen. Eigentlichkeit bedeutet hingegen, die Sache des eigenen Volkes zu seiner eigenen zu machen. "Der eigentliche Bezug zum Volk bleibt ein Bezug zum eigenen Selbst." [23, S. 238]. Laut Safranski kommt Heidegger in [19] nicht über diese Zweideutigkeit hinaus. Es ist nicht klar, ob die Geschichte uneigentlich ist und wie sie in ihrer Geschichtlichkeit eigentlich werden kann. In seiner Rektoratsrede vom 27. Mai 1933 thematisiert Heidegger die Verlassenheit des heutigen Menschen inmitten des Seienden, nachdem Gott, laut Nietzsche, tot sei. Das in der Dunkelheit entstehende Fragen, das "Am-Werk-Sein", würde nicht nur die zergliederten Fächerstrukturen der Wissenschaft vereinen. "Die Fragwürdigkeit des Seins überhaupt zwingt dem Volk Arbeit und Kampf ab und zwingt es in seinen Staat, dem die Berufe zugehören." [32] Die Studenten wiederum zwingt das Fragen in selbstverwaltete Strukturen, in eine Freiheit mit drei Bindungen, erstens an die Volksgemeinschaft. ("Sie verpflichtet zum mittragenden und mithandelnden Teilhaben am Mühen, Trachten und Können aller Stände und Glieder des Volkes."), zweitens an "die Ehre und das Geschick der Nation inmitten der anderen Völker" und drittens "an den geistigen Auftrag des deutschen Volkes" [32].

Laut Safranski kennzeichnet Heidegger die Revolution als das kollektive Bestreben eines Volkes, "eigentlich" zu werden, sich des eigentlichen Kerns seines Seins bewusst zu werden. Im Gegensatz zum Einzelnen, der sich auf Sinnsuche bei den Gegebenheiten seines Volkes begibt, bricht das Volk aus den gegebenen Sinnbezügen aus. Heidegger meint damit keinen Eskapismus in eine Phantasiewelt, sondern das Ausbrechen aus dem fraglich (dunkel) gewordenen Seienden. Er spricht vom "Aufbau einer neuen geistigen Welt für das deutsche Volk" [23, S. 293] als wesentliche Aufgabe der Deutschen Universität, wobei "für das deutsche Volk" im Vordergrund steht und das "neu" ein Synonym für "eigentlich" ist. Dies bedeutet, dass ein Volk nur eigentlich ist, indem es sein eigentliches Sein findet.

Es ist nun einfach, dieses "eigentliche Sein" mit dem "angestammten Volk" zu assoziieren. Ein einzelner Mensch müsse sich zu seinem angestammten Volk zugehörig machen, was sein Volk zu einem vorgefassten Kern in ihm macht. Diese Interpretation steht in scheinbarem Widerspruch zu einer Ausgangsthese in [19, S. 12]: "Das Dasein versteht sich selbst immer aus seiner Existenz, einer Möglichkeit seiner selbst, es selbst oder nicht es selbst zu sein. Diese Möglichkeiten hat das Dasein entweder selbst gewählt oder es ist in sie hineingeraten oder je schon darin aufgewachsen. Die Existenz wird in der Weise des Ergreifens oder Versäumens nur vom jeweiligen Dasein selbst entschieden." Der Widerspruch verschwindet allerdings, wenn man das "Es-Selbst-Sein" ausschließlich mit der volksmäßigen Herkunft verbindet und das "Nicht-Es-

Selbst-Sein" als negativ bis unmöglich versteht. Dann sollten alle Möglichkeiten zu einem Selbst führen, das schon immer da war, aber vergessen wurde, und nicht zu einem Selbst, das sich erst erschafft.

In der Limenistik ist das Eigene grundsätzlich durch integrierenden Grenztranszendenz erworben (erarbeitet, erkämpft und daher verteidigenswert), es ist das Erinnerte. Daher ist es veränderlich. Das Sein des eigentlich Seienden bzw. das eigentliche Sein des Seienden ist eine Seinsweise, die ein Existenzial des Daseins sein könnte. In der Limenistik heißt sie: Eigentümlichkeit und beinhaltet die Anpassung an jene inklusive der Entäußerung. Eigentlichkeit ist das "Wie" des eigentlichen Seins, seine Seinsart, also das "eigentlich". Safranski spricht von einer Mystik der Volksgemeinschaft, welche die philosophische Ekstase bei Heidegger abgelöst habe. Ich denke, Heideggers Antisemitismus ist eher als Konsequenz dessen zu verstehen.

Heideggers Rektorat endete im Jahr 1934 mit seinem Rücktritt. Die Ideologen hielten ihn für jemanden, der "Nationalsozialismus spiele", den konservativen Professoren in Freiburg wiederum ging dieses "Spiel" zu weit [vgl. 23, S. 304]. Das "technisch" induzierte Dunkel im Seienden formuliert Heidegger nach dem Scheitern seines Rektorats genauer [vgl. 23, S. 322 ff.]. Ab jetzt schreibt er Seyn mit "y", wenn er dasjenige Leben meint, in dem sich der Mensch der Welt öffnet, sein "In-Der-Welt-Sein" bejubelt, welches dadurch intensiv, abenteuerlich und wach wird. Er sieht Friedrich Hölderlin als den Entdecker, den

Stifter einer solchen Göttlichkeit. Sie ist in Heideggers Verständnis die eigentliche "Eigentlichkeit", einer Bestimmung, die er später "Bezug zum Seyn" nennt [23, S. 322].

Heidegger ist durch diese Entdeckung ebenfalls das Gegenteil der Hölderlinschen Göttlichkeit offenbar geworden, die "Weltverdüsterung", während der die Götter durch Abwesenheit glänzen. Gegen die Weltverdüsterung steht bei Heidegger der Aufbruch, als den er die Revolution sah. Diesem Aufbruch stehen verschiedene Tendenzen entgegen: die berechnende Intelligenz, die bodenlose Organisation des Normalmenschen, die organisatorische Lenkung des Volkes, die trostlose Raserei der entfesselten Technik, der völkische Rassismus, die totale Mobilisierung. Während er den Marxismus als Regelung und Beherrschung der Produktionsverhältnisse rundheraus ablehnt, sieht er, laut Safranski, den realen Nationalsozialismus als ein "System der verratenen Revolution". Ursprünglich hatte er in ihr ein "Offenbarwerden des Seyns auf dem Boden einer völkischen Gemeinschaft gesehen" [23, S. 326]. Und genau hier liegt der Hund begraben. Heidegger wollte die Nationalsozialisten nicht "links" [31] überholen. Vielmehr war er den national-romantischen Vorstellungen einer organisch zusammenwirkenden, ständischen und homogenen und daher glücklichen Volksgemeinschaft verhaftet, denen viele Bürgerliche seiner Zeit anhingen. Er war, politisch gesehen, nichts Besonderes. Wie viele andere "Aufgeklärte" hat er Kants Transzendentalprinzip von den Bedingungen der Möglichkeit einer Erkenntnis unreflektiert in die Gesellschaft übertragen: Ein abgeschlossen-homogenes Volk wächst in seinem Seyn über seine momentanen Erkenntnisse (sein Glück, seine ökonomischen Fähigkeiten etc.) hinaus, allerdings in seinem transzendentalen Horizont gefangen ohne sich von außen induziert empirisch zu verändern.

Dass Heideggers Ontologie nicht nur transzendental interpretierbar ist, zeigt Jean-Paul Sartres (* 21. Juni 1905 in Paris; † 15. April 1980 ebenda) Existenzialismus, der die transzendentalen Grenzen durchdringlich macht, wobei die Verantwortung für diese Freiheit jede Transzendenz steuert. In der Limenistik müssen sich die innerhalb der Schwellen entstehenden Gemeinsamkeiten immer nur an dem durch die Selbstähnlichkeit gegebenen jeweiligen transzendentalen Möglichkeitenrahmen orientieren, die sich aber mit jeder überschrittenen Schwelle ändern. Dabei führt die Limenistik die generelle Schwellenhaftigkeit jeder Transzendenz ein und sieht Letztere als Verbindung mindestens zweier Gemeinsamkeiten sowie als Voraussetzung für Integration und Wertebildung. Das Eigene ist etwas Veränderliches, es ist die eigene Art und Weise, die Schwellen, bei Heidegger die Faktizität, zu überwinden, wobei auch jene Art und Weise nicht unveränderlich ist, sondern von den eigenen, aber veränderlichen Werten abhängt. Der Gegenstand ist fixiert, unveränderlich, wenn man seinen Namen, das "Wer", ausspricht. Das "Wie", die Gegenständlichkeit, weicht diese Unveränderlichkeit auf. Der Gegenstand wird unzulänglich. Er kann nur in der Zeit sein, wenn er sich verändert, wenn er seine Faktizitätsgrenzen transzendiert, sich erinnert und dadurch integriert.

In der Limenistik ist das Eigene die eigene Unzulänglichkeit, die eigene besorgte Umgangsweise mit den Unzulänglichkeiten der Gemeinsamkeiten, die man teilt.

Die besorgte Fokussierung auf das Eigene ist, um bei Heidegger anzuknüpfen, die Reaktion auf drohende Unvorhersehbarkeit, also das Anwachsen der Unzulänglichkeit, der Freiheit, der Komplexität und auf die Befürchtung von Chaos. Es geht also nicht um das Eigene als solchem, um irgendein besonderes Eigenes, sondern um die Reduzierung der Unzulänglichkeit durch die Fokussierung auf ein bestimmtes Eigenes, das wiederum wenig Unzulänglichkeit in sich birgt. Gleichzeitig ist das eigene "Wie", die eigene Art, Grenzen, deren Transzendenz, deren Integration und wiederum deren Bewertung unzulänglich zu machen, selbst nichts anderes als eine Gemeinsamkeit. Die bereits genannte Integration ist in der Limenistik daher mit einer Beschränkung versehen, dem IntegrationsWert, der aber wiederum unzulänglich ist und insbesondere dem freien Willen unterliegen kann. Einzig fix für das, was ist, ist sein Sein, das in der Limenistik grundsätzlich als Existenz bezeichnet wird. Aus der Notwendigkeit der Existenz für das Existieren leiten sich die IntegrationsWerte ab, die alle Existenzen notwendig begrenzen.

Sehr geehrte Damen und Herren!

Nachdem wir uns ausgiebig mit Heidegger beschäftigt haben, möchte ich die Ontologie nun konkreter auf die Limenistik beziehen und mich dabei ein wenig von seiner Nomenklatur lösen. Zunächst komme ich auf das Hauptproblem der Ontologie, das allerdings eher sprachliche Ursachen hat als logische: Der Begriff des Seins kann mehrere Bedeutungen besitzen.

(i) Sein ist im einfachsten Fall das Vorhanden-Sein im Gegensatz zum Nicht-Sein im Sinne von Nicht-Vorhanden-Sein. Hier gerät man bereits in einen grundsätzlichen Widerspruch, da nichts, das vorhanden ist, nicht völlig nicht-vorhanden sein kann. Die Steine, aus denen ein Haus gebaut wurde, bleiben größtenteils erhalten, wenn es in sich zusammenfällt. Häufig werden sie bei einem neuen Hausbau wiederverwendet. Selbst, wenn das Haus explodiert, verbrennt oder durch eine Bombe zerstört wird, bleiben die Atome der chemischen Elemente erhalten, aus denen es bestand. Tatsächlich dürfte es auf der Welt bei einem konstanten Konsumverhalten keine Rohstoffprobleme mit Hinblick auf Metalle geben. Ob Metalle in einer Erzader eines Bergwerks liegen, ob sie in Geräten verbaut sind oder auf der Mülldeponie liegen: Es handelt sich immer um dasselbe Metall und das Gewicht dieses Metalls auf der Erde bleibt konstant - bis auf die geringen Mengen, die man für die Raumfahrt verwendet.

In der Limenistik stellt sich dieses Problem hingegen nicht, da hier immer nur Gemeinsamkeiten entstehen oder vernichtet werden, beispielsweise die Gemeinsamkeit der Ziegelsteine, des Dachs und der anderen Komponenten, ein Haus zu sein, oder die Gemeinsamkeit mit anderen Häusern, ein Haus zu sein. Die erste Form der Gemeinsamkeit ist subjekthaft und entspricht dem Genitivus subjectivus, die zweite ist objekthaft dem Genitivus objectivus. Ein Agent kann eine Gemeinsamkeit verlieren und die Gemeinsamkeit kann vollständig aus dem Universum verschwinden bzw. völlig neu in ihm entstehen, anders als Materie (inklusive ihrer Form als Energie).

(ii) Das zweite Verständnis von Sein ist das aktive Sich-Bewegen, bewegt werden, verändert werden, was eine Interaktion mit den anderen Dingen der Welt voraussetzt. Im limenistischen Verständnis entspricht diese Art des Seins der Anpassung an geteilte Gemeinsamkeiten (wodurch der Agent sie teilt), aber auch dem Übertreten von Schwellen, der Transzendenz der Agenten in andere Gemeinsamkeiten inklusive deren Integration in jene, aber auch die Verhinderung jener Übertretung. Diese Anpassung schließt die Reproduktion mit ein. Selbst ein Stein, der auf einem Feld liegt, reproduziert sich mit jeder Sekunde seines Seins, denn es gibt molekulare Kräfte, die ihn zusammen und damit in bestimmten Gemeinsamkeiten halten. Gleichzeitig findet Erosion durch Wind und Wasser statt, die ihn aus bestimmten Gemeinsamkeiten herauswirft.

(iii) Die dritte Form des Seins ist dasjenige eines Gegenstandes, wie er sich den Menschen zeigt. Durch den betrachtenden Menschen erhält der Gegenstand Sein als Phänomen, als eine bestimmte Erscheinung, über die er dem menschlichen Verstand zugänglich ist. Dieses Erscheinen betrifft – limenistisch gesehen - diejenigen Gemeinsamkeiten eines Gegenstandes, die ein Mensch bewusst zwecks Erkenntnis mit ihm teilt. Allgemein gesprochen stellt allerdings jeder Agent eine Erscheinung dar, als diejenigen Gemeinsamkeiten, die er mit dem, dem er erscheint, teilt. Das Erscheinen ist daher eine besondere Form der Anpassung.

Meine Damen und Herren!
Schon in der Antike und der Scholastik fragten sich die Gelehrten, ob es Gegenstände "an-sich" hinter den Erscheinungen gibt, wie sie ohne unsere Betrachtungsweise wirklich sind. Versteht man Betrachtungen und Untersuchungen von Gegenständen verallgemeinert als Interaktion, so sind "an-sich" die Eigenschaften, die etwas nur durch sich selbst hat. Ein Ball, der aufgepumpt ist, der rund ist, ist dadurch an-sich. Bei einem Tennisspiel ist er für etwas oder jemand anderes, beispielsweise für den Schläger, der ihn trifft.

Das "Ding an-sich" im Sinne Kants ist das "tatsächliche" Sein des Dinges ohne Beziehung zu etwas Äußerem, also auch ohne Beziehung zum Menschen[10]. Da der Mensch

---

[10]Heute besitzt die Wendung "an sich" mehrere Bedeutungen, die sich teilweise überlagern. Am häufigsten ist das Ding ohne äußere Bezie-

selbst mit den objektivsten Methoden nur die Erscheinung des Dinges für ihn wahrnehmen kann, gleichzeitig nur auf die Erkenntnisvoraussetzungen eben jener Erscheinung in ihm zurückgreifen kann, so kann er das Ding an-sich nie erkennen, denn es steht prinzipiell jenseits der apriorischen Erkenntnisbedingungen sowie der Sinneseindrücke.

Dieser Pessimismus hat allerdings verschiedene Abstufungen: Die höchste Stufe 7 bedeutet, dass der Mensch die Dinge immer nur gekleidet in seine eigenen, falschen Vorurteile wahrnehmen kann, das Ding an-sich also nie erkennt, auch keinen Teil davon. In Stufe 6 glaubt der Mensch an die (teilweise) Erkenntnis der Dinge an-sich aus Offenbarungen und Spekulationen. Stufe 5 teilt die Wahrnehmung in eine sinnliche, welche nach wie vor nur eine Erscheinung in sich aufnimmt, die nichts mit dem

---

hung gemeint (Nimmt man die Summe jener Beziehungen als äquivalent zur Erscheinung des Dinges, entspricht dieses Verständnis des "Dinges an sich" dem des Dinges hinter seiner Erscheinung). Ein weiteres Verständnis von "an sich" ist das Ding "überhaupt", d.h. eine Abstraktion über lange Zeiträume oder eine bestimmte Gattung ("Katzen sind an sich nützliche Haustiere.") "An sich" kann also auch einen kategorialen Oberbegriff meinen, der mit einer Bewertung verbunden ist. Jemand, der bestimmte Dinge an sich mag, mag entweder alle konkreten Dinge einer Kategorie, beliebig herausgegriffene Dinge oder die besondere Art von bestimmten Dingen. Nach Sartre sind Dinge "an sich" solche, die sich im Bewusstsein des Menschen lediglich auf sich selbst beziehen, also beispielsweise nicht hinsichtlich ihrer Funktion betrachtet werden. Demgegenüber steht das Für-Sich-Sein, also der bewusste Bezug des Menschen auf sich selbst. An-Sich-Sein ist hingegen niemals "Für-Sein", weder für-andere noch für-sich selbst.

Ding an-sich zu tun hat, sowie eine intelligible Wahrnehmung, die aus der Erscheinung auf tatsächliche Komponenten des Dinges an-sich zurückschließen kann. In Stufe
4 kann der Mensch auf alles an-sich zurückschließen, bis
auf eine bestimmte Sache im Ding, die ihm für immer ver-
schlossen bleibt, denn sie ist im Ding die nicht mit dem
Menschen in keiner Form wechselwirkende, somit auch
nicht erkennbare Komponente. Diese Komponente wird
allerdings nicht als ein unwichtiger Seitenaspekt verstanden, sondern als umfassendes Wesen, Essenz oder Willen[11], welche das Ding (an-sich) zu dem machen, was es
ist. Man könnte sagen, dass der unerkennbare Willen Gottes in jedem Ding steckt. Mit der Annahme, jener Wille
würde das Ding an-sich insgesamt ausmachen, d.h. er wäre
nicht nur eine einzelne Komponente, sondern das ganze
Ding hinter der Erscheinung, kommen wir wieder zur Un-
erkennbarkeit des Dinges an-sich zurück. Stufe 3 beinhaltet verschiedene Unterstufen, mit denen sich die intelligible Wahrnehmung dem Ding an-sich in seiner Gesamtheit immer weiter annähert, es jedoch nie ganz verstehen
kann, da sich das Ding ins Unendliche strukturiert, wo es
sich den menschlichen Möglichkeiten entzieht. In Stufe 2
können alle Komponenten des Dinges an-sich sowie deren
Zusammenspiel durch intelligible Ableitung aus der Erscheinung gefunden werden. In Stufe 1, der optimistischa

---

[11] In der Limenistik ist das Wesen das grundlegend bestimmende, die
Essenz das konstituierende und der Willen das wertmäßige Gemeinsamkeitenbündel des Agenten mit anderen Agenten gleichen Wesens,
gleicher Substanz oder gleichen Willens, die untereinander freilich
nicht gleich sind.

ten, kann mithilfe entsprechender Apparate oder Bewusstseinszustände, das Ding an-sich vollständig sinnlich erfahren werden.

Limenistisch gesehen liegt es nahe, "an-sich" und "für-andere" als objekthafte und subjekthafte Formen von Gemeinsamkeiten zu verstehen. Ich finde die Definition des "Dinges an-sich" als die Menge aller Gemeinsamkeiten, die es teilt, jedoch besser, da zwei grüne Agenten die Farbe Grün ja erst als Gemeinsamkeit bilden. Da es sich um Gemeinsamkeiten handelt, ist jedes Ding an-sich und gleichzeitig für alle anderen (jedoch nicht gleichermaßen). Für jemanden oder etwas ist ein Ding, indem es bestimmte Gemeinsamkeiten mit ihm teilt, wobei diejenigen Gemeinsamkeiten im Vordergrund stehen, die das Ding teilt, um für jemanden oder etwas anderes eine Aufgabe zu erfüllen, beispielsweise es zu erhalten. So ist das Stuhlbein notwendigerweise an einer bestimmten Ecke des Stuhls angebracht, es ist so gefertigt, dass es den Stuhl stützt, es ist genauso lang wie die anderen Beine usw. In der Limenistik kann es weder bezüglich des Menschen noch gegenüber irgendeinem anderen Agenten ein isoliertes Ding an-sich geben, also ein Ding, das bezogen auf jene nur aus Eigenschaften (nicht geteilten Merkmalen) besteht.

Neben dem "An-Sich-Sein" und dem "Für-Andere-Sein" wird das "Für-Sich-Sein" als Seinsweise genannt. Wie wir später noch hören werden, bezieht sich das Für-Sich-Sein gewöhnlich auf menschliches, bewusstes Sein, An-Sich-Sein auf unbewusstes. So ist eine Kerze jenseits des Bewusstseins ein Ding an-sich, für einen Betrachter ist die

Kerze das Ding für-sich (selbst). Allerdings lässt sich das Ding für-sich mit dem Betrachter (allgemeiner: Agenten) selbst identifizieren. Dann bedeutet "Für-Sich-Sein", dass sich ein Agent bei seiner Anpassung auf die in ihm bereits integrierten Gemeinsamkeiten beschränkt. Alle Anpassungsbewegungen erfolgen an bereits integrierte Gemeinsamkeiten, nicht an solche jenseits von deren Schwelle. Das Für-Sich-Sein ist also größtenteils das sich Anpassen an Gemeinsamkeiten, die den Agenten in einer bestimmten Form erhalten, die ich sozusagen zum System machen. Dennoch kann es durch die Anpassung an jene Gemeinsamkeiten zu einer Transzendenz in eine neue/andere Gemeinsamkeit kommen. Diese Transzendenz aus dem Agenten heraus ist ebenfalls "Für-Sich-Sein". Ein sich an eine Gemeinsamkeit anpassender Agent ist jedoch immer gleichzeitig für-sich und für-andere, mit denen er jene Gemeinsamkeit teilt.

An-Sich-Sein des Menschen ist unabhängig von seinem eigenen Verstand oder dem anderer Menschen. Für-sich ist er, wie er sich selbst sieht, glaubt zu sein und vor allem: sein will. "Für-andere" ist er mit Hinblick auf deren Urteil über ihn. Der Mensch ist grundsätzlich für-andere oder anderes und natürlich auch für-sich, da die Gemeinsamkeiten, an die er sich anpasst, auch seine Eigenschaften sind. Den Unterschied zwischen für-sich und für-andere kann man dialektisch deuten, da er nie verschwindet und Ursache für gegenseitige Anpassungen zwischen Individuum und Umgebung ist. Erst wenn Umgebung und Individuum zu einem einzigen Willen verschmelzen, verschmelzen an-sich und für-sich zum Hegelschen "an-und-für-sich". "An-

und-für-sich" bedeutet, dass ein Agent die Valenzen, die er normalerweise mit der Umwelt teilt, auf sich selbst zurückbiegt. Beispielsweise unterlässt es ein Schüler, seinen Lehrer um Rat zu fragen, sondern versucht, die Aufgabe aus sich selbst heraus zu lösen. Reines An-Und-Für-Sich-Sein bedeutet absolute Selbstbestimmtheit in sich selbst. Limenistisch ist ein reines An-Und-Für-Sich-Sein für Agenten nicht möglich, da es bedeuten würde, dass der Mensch nur mit sich selbst Gemeinsamkeiten hätte (ähnlich wie beim reinen An-Sich-Sein, wo der Agent jedoch nur Eigenschaften besäße). Anders würde es sich verhalten, wenn wir den Menschen als ein Doppelwesen sähen, beispielsweise aus einem Reservoir an Wissen und dem Prozessor zum Verarbeiten des Wissens.

Zusammenfassend können wir das Sein in bloße Vorhandenheit, Anpassung und Erscheinung unterteilen mit den entsprechenden Seinsweisen (vorhanden oder nicht vorhanden, existierend und nicht-existierend). Anpassung und Erscheinung fasse ich als "Existenz" zusammen. Ein Agent ist nur an-sich vorhanden (eigentlich auch für-andere, da Vorhandenheit eine Gemeinsamkeit darstellt, die allerdings von allem Vorhandenen geteilt wird und deshalb keine Gemeinsamkeit im limenistischen Sinn ist). Ein Agent ist außerdem für-sich und für-andere existierend. So sind bestimmte Seinsweisen der Dinge auch Seinsweisen des Menschen. Beispielsweise produziert ein Schaf Wolle für-sich, aber auch für den Menschen, der Kleidung aus der Schafwolle herstellt. Freilich hat er die Schafe durch entsprechende Züchtung hinsichtlich der Wollproduktion für seine Bedürfnisse optimiert. Da Gemeinsamkeiten für die sie Teilenden in der Limenistik prinzipiell objektiv sind, schließt sich ein völliges Nichtverstehen der Dinge durch den Menschen aus, obwohl Gemeinsamkeiten durch den Menschen falsch interpretiert werden können. Dass limenistisch zwei Agenten nie genau die gleichen Gemeinsamkeiten teilen, erschwert die Erkenntnis ebenfalls.

Bevor ich das Wort nun an meine Kollegin abgebe, möchte ich hervorheben, dass durch das limenistische Sein des Teilens von Gemeinsamkeiten Agenten an-sich immer für-sich und für-andere existieren. Allerdings übertreten Agenten auch Schwellen von Gemeinsamkeiten, weshalb sich die Frage stellt, ob sie in diesem Zustand keine der durch die Schwellen verbundenen Gemeinsamkeiten teilen oder beide oder sich in einem Zwischenzustand befinden. In der Limenistik wird immer von einem Zwischenzustand ausgegangen, mit unterschiedlicher Anpassungsintensität bzw. -bemühung hinsichtlich der jeweiligen Gemeinsamkeit. Dennoch bedeutet Transzendenz eine Aufblähung des IntegrationsWertes im Sinne der Zahl geteilter Gemeinsamkeiten im Agenten und eine entsprechende Änderung des IntegrationsWertes im Sinne der Bewertung der jeweiligen Gemeinsamkeiten. Beachten Sie, dass ein transzendentes Sein in vielen Gemeinsamkeiten mehr Anstrengung des Agenten erfordert als das Ruhen in wenigen vorhandenen, oder das katastrophale "Springen" in neue/andere Gemeinsamkeiten. Dies ist selbst dann der Fall, wenn die Anpassung an jene langfristig schädlich für den Agenten sein sollte.

Phänomenologie

Sehr geehrte Damen und Herren!
Laut Duden [33] definiert sich die Phänomenologie (nach Hegel) als "Wissenschaft, Lehre, die die dialektisch sich entwickelnden Erscheinungsformen des [absoluten] Geistes in eine gestufte Ordnung bringt, die die historisch-dialektische Entwicklung des menschlichen Bewusstseins vertritt. "Bei Husserl wird sie als "Wissenschaft, Lehre, die von der geistigen Anschauung des Wesens der Gegenstände oder Sachverhalte ausgeht, die die geistig-intuitive Wesensschau (anstelle rationaler Erkenntnis) vertritt" definiert. Die Vertreter der Phänomenologie sind, neben Georg Wilhelm Friedrich Hegel, Franz Brentano (* 16. Januar 1838 bei Boppard am Rhein; † 17. März 1917 in Zürich), Edmund Husserl (* 8. April 1859 in Proßnitz in Mähren; † 27. April 1938 in Freiburg im Breisgau), Martin Heidegger), Maurice Merleau-Ponty (* 14. März 1908 in Rochefort-sur-Mer; † 3. Mai 1961 in Paris) und Emmanuel Levinas (* 30. Dezember 1905jul. in Kaunas, Russisches Kaiserreich; † 25. Dezember 1995 in Paris, Frankreich)

Sehr geehrte Damen und Herren!
Die Phänomenologie ist die Fortsetzung von Immanuel Kants Transzendentalphilosophie. Sie geht davon aus, dass die Welt, die uns erscheint, die einzig wirkliche Welt ist. Das, was wir wahrnehmen, sind nicht nur Symbole von etwas Tieferliegendem, völlig anderem. Vielmehr verhält es sich umgekehrt. Selbst die Sprache beruht auf der vorsprachlichen Erfahrung von Phänomenen. Allerdings

muss man sich fragen, ob die Phänomene richtig interpretiert werden. Wie Dan Zahavi in seinem Buch [34] schreibt, bedeutet die Untersuchung von Phänomenen immer auch die Untersuchung der Ich-Perspektive, aus der heraus jede Untersuchung erfolgt. Schließlich erscheint etwas immer "für jemanden".

Phänomenologie bedeutet also immer die Einbeziehung des Subjektiven bzw. der eigenen Subjektivität und welchen Einfluss jene auf das Ergebnis der Untersuchung hat. Die Phänomenologie möchte nicht den Unterschied zwischen dem Phänomen im Bewusstsein und dem wirklichen Ding negieren. Vielmehr offenbaren sich die realen Dinge in den Phänomenen, die sie beim Beobachter erzeugen, und zwar in unterschiedlicher Art und Weise. Um vom Phänomen kommend sich dem realen Gegenstand anzunähern, muss man untersuchen, unter welchen Umständen er sich dem Bewusstsein wie offenbart. Somit unterscheidet sich das Phänomen der Phänomenologen von dem, wie es gemeinhin verstanden wird, nämlich als bloße Erscheinung, welche die Realität möglicherweise sogar verdeckt. Zum Unterschied zwischen einem Naturwissenschaftler und einem Phänomenologen ist zu sagen: Ersterer versteht das Phänomen im Bewusstsein eher als einen Schleier, der das Wahre verbirgt, während Letzterer darauf besteht, dass, falls die realen Dinge sich einem in Form von Phänomenen zeigen, man es mit den Dingen selbst zu tun hat.

Besonders interessant für die Limenistik ist die Entstehung von Begriffen, die den Sinnzusammenhang von Phänomenen beschreiben sollen. Die Begriffe "Ich" und "Du" beispielsweise sind fundamental und eindeutig. Trotzdem interagieren "Ich" und "Du" miteinander. Der Begriff "Ichdu" hätte daher sicherlich einen Sinn. Aus der vorurteilsfreien Betrachtung von "Ich" und "Du" kann man deren begriffliche Verbindung als ein Sein verstehen, das mit der Beziehung beider zueinander identisch ist. Genau hier ergibt sich ein scheinbarer Widerspruch: zwischen der Beziehung zwischen "Ich" und "Du", also ihrem gemeinsamen Sein, und ihrer gleichzeitigen Fremdheit.

Martin Buber wandte sich dem Problem der Andersheit zu, indem er dessen Lösung in Gott suchte [35]. Er zelebriert sozusagen die Andersartigkeit, welche dem Einzelnen nicht ohne den Fremden zur Verfügung stehe, indem er sie als Gott in jenem Fremden ansah. Das "Ichdu" ist also eine Beziehung, die das "Ich" und das "Du" zwanghaft integriert, die beiden also nicht zufällig aneinander vorbeilaufen lässt, und dadurch weitere, ebenfalls integrierte Gemeinsamkeiten erzeugt, die aber nun beide betreffen. Das "Ichdu" ist, im Gegensatz zum "Iches" keine verdinglichte Beziehung. Beim "Ichdu" ist es der Respekt gegenüber der Andersartigkeit, beim "Iches" ist es die Instrumentalisierung, beispielsweise eines Hammers durch den Handwerker. Auch hier gibt es eine zwanghafte Integration jenseits der Zufälligkeit, bei der die Andersartigkeit des Hammers gegenüber dem Handwerker aber keine Rolle spielt: Man kann sich den Hammer immer als Teil des Handwerkers vorstellen. Wie beim Modell des "Ichdu" und "Iches" ist sich die Phänomenologie bewusst, dass es einen Betrachter gibt, einen Gegenstand, den er betrachtet und das gemeinsame Sein, in dem sie durch ihre wechselseitigen Beziehungen befinden. Alle drei Komponenten fließen in das Ergebnis der Betrachtung ein.

Phänomenologie sieht die Welt unabtrennbar vom Subjekt, dem sich das Phänomen offenbart, und das Subjekt unabtrennbar von der Welt [34]. Sie beschäftigt sich deshalb mit der Art und Weise des Zustandekommens von Phänomenen im Bewusstsein, den grundlegenden Eigenschaften der Subjektivität, ihrer Intentionalität, Leiblichkeit, Geschichtlichkeit, Zeitlichkeit, sozialer Verankerung, weil sie herausfinden möchte, wie die erscheinende Welt möglichst erschöpfend beschrieben werden kann, unter welchen Umständen das Phänomen den Gegenstand als solchen wirklich darstellt und nicht nur ein Spiegel der vorhandenen Vorstellungen des Betrachtenden ist. Daher muss, wie bereits gesagt, die Subjektivität des Subjekts, denen die Dinge erscheinen, mit in die Betrachtung einbezogen werden. Der Betrachter betrachtet das Ding nämlich aus einer bestimmten Perspektive heraus, einem Kontext und dichtet ihm einen Sinn an. Um es prägnant auszudrücken: Das Subjekt kann die Welt nur erforschen, indem es sich selbst als ein Subjekt sieht, das die Welt erforscht. Man kann diese Betrachtung auch limenistisch umkehren: Der Betrachter teilt immer die Gemeinsamkeiten mit der Welt, die er analysieren möchte. Wenn man herausfinden möchte, ob es Bakterien auf dem Mond gibt, muss man damit rechnen, dass man sie während der Untersuchung selbst dorthin schleppt.

Edmund Husserl schlägt vor, sich zum Zwecke der phänomenologischen Analyse auf die Dinge selbst zu konzentrieren. Man soll die Phänomene weder als Hirngespinste
abtun, noch soll man sie nur als das verstehen, was wir
aufgrund bisheriger Erfahrungen in sie hineininterpretie-
ren. Man muss an dieser Stelle sagen, dass die bisherige
Erfahrung keinesfalls schädlich ist. Vielmehr darf sie nicht
vor der Betrachtung der Phänomene angewandt werden.
Die Erwartung, dass alle Menschen auf einem Fußballfeld,
mit Trikot und einem Fußball unter dem Arm, wirklich
Fußballer sind, bedeutet, Sinnzusammenhänge vor das
Phänomen zu stellen. Die Sinnstiftung darf aber erst danach erfolgen, wenn man der Wahrheit auf die Spur kommen will. Man muss sich, um nicht unbewusst eine solche
"Vorverurteilung" anzuwenden, in einer bewussten Reflexion fragen: Habe ich den Dingen ihren Sinnzusammenhang fälschlicherweise bereits gegeben und sie halbwegs
passend darin eingeordnet? Der vorgegebene Sinnzusammenhang entsteht aus der intentionalen Struktur des Bewusstseins und wird naiv als reale Welt genommen, in der
die Dinge so als wahr gelten, wie sie uns erscheinen. Die
phänomenologische Betrachtung richtet den Blick auf das
Phänomen in seiner Gegebenheit, also darauf, wie es sinnvoll im Bewusstsein erscheint - als reines Phänomen.

Die "Rückkehr" von der durch vorgefertigte Denkmuster
immer schon sinnhaft interpretierten, verstandenen Phänomenen zu den Phänomenen selbst ist ein schwieriges Un-
terfangen, ganz unabhängig davon, ob das Verständnis
richtig oder falsch ist. Man muss also davon ausgehen,
dass die phänomenologische Methode sehr viel mehr Zeit

beansprucht als die Deduktion aus einer vorgefertigten Meinung heraus. In einer schnelllebigen Welt mit dem Druck der raschen Entscheidungen, kann man daher erwarten, dass die phänomenologische Analyse ins Hintertreffen gerät.

Die Dinge selbst zur Sprache kommen zu lassen, bedeutet auch, sie nicht auf naturwissenschaftliche Gesetze zu reduzieren. Die Gemeinsamkeiten, welche die Neuronen im Gehirn zum Zwecke des Denkens, Liebens, Dichtens etc. ausbilden, sehen die Phänomenologen nicht als Folge von Gesetzen, die letztendlich aus der Physik oder (physiologischen) Chemie stammen: Das Bewusstsein ist irreduzierbar. Weitere falsche Kriterien für die Wahrheit sind beispielsweise wissenschaftliche Exaktheit ohne Zulassen von Unbestimmtheit, Schönheit/Symmetrie, Effektivität, Passfähigkeit zu bisherigen Theorien. Eine Sache ist nicht dadurch wahr, dass wir sie in ihrer Quantität bis auf die zehnte Kommastelle angeben. Ein Prozess ist nicht vernünftig, wenn er besonders reibungslos funktioniert (z.B. effektive Kriegswaffen). Die wissenschaftliche Erkenntnis wiederum entsteht aus vorwissenschaftlichen Evidenzen, die unserer Lebenswelt entstammen. Letztere ist die Sinnquelle, auf welcher aller Erkenntnis gründet. Sie wird wiederum von Wissenschaft, vom sich in der Lebenswelt durchsetzenden Wahrheitsvirus, angereichert. Die Rolle der Phänomenologie ist es dabei, offenzulegen, mit welcher Intentionalität der Mensch an das Betreiben von Wissenschaft herangeht und worauf Intentionalität gründet.

Maurice Merleau-Ponty versuchte, die Frage, was denn Phänomenologie eigentlich sei, in seiner "Phénoménology de la perception" [36] zu beantworten. Zahavi fasst Merleau-Pontys Erkenntnisse wie folgt zusammen [34]: Die Phänomenologie denkt die Welt, die Subjektivität inklusive ihrer Leiblichkeit sowie die Intersubjektivität zusammen. Sie negiert keinesfalls das Sein, sondern will aus NEUEM Zusammendenken - eigentlich einem radikal progressiven Denken, bei dem alles Alte zunächst bei Seite gelegt wird - der Phänomene auf das wirkliche Sein, den wirklichen Sinnzusammenhang jenseits des Selbstverständlichen hinaus. Der Philosoph muss sein eigenes "In-der-Welt-Sein" zunächst verstehen, bevor er sich davon trennen kann, um neu zur Welt zu kommen: Erst kommen die Phänomene und dann die Feststellung von deren sinngebenden Gemeinsamkeiten. Letztendlich ist die Phänomenologie als Wissenschaftsmethode dadurch sogar weniger subjektiv als der Objektivismus, der eine grundsätzliche Abhängigkeit der Erkenntnisse vom Subjekt ablehnt.

Die Limenistik kennt eine Mischform aus Phänomenologie und Objektivismus, nämlich eine begrenzt-universelle Objektivität: Eine Erkenntnis kann objektiv sein, in dem Sinne, dass sie unabhängig von der Person ist, die sie letztendlich erkennt. Dennoch ist sie subjektiv bezüglich der Gruppe von Menschen, die sich mit dem Gegenstand der Erkenntnis beschäftigen. Selbst wenn alle Menschen das Fallgesetz nachmessen können, so ist das Ergebnis doch subjektiv und gleichzeitig objektiv, man könnte sagen sobjektiv, nämlich menschlich bezogen.

Eine der Hauptfragen der Phänomenologie ist die nach der Erkenntnisfähigkeit des Menschen. Um dieser Frage nachzugehen, formuliere ich das phänomenologische Grundprinzip wie folgt: Jedes Ding ist dem anderen seine Erscheinung. Dieses Erscheinen ist sein Sein. Man könnte auch sagen: Jedes Ding ist gleichzeitig Sender und Empfänger von Erscheinung. Die Ausgangsthese bringt, vom erscheinenden Subjekt (aktiv) aus betrachtet, die folgenden alternativen Möglichkeiten hervor:

1. Jedes Ding erscheint dem erkennenden Objekt irgendwann vollständig und detailliert.
2. Jedes Ding erscheint dem erkennenden Objekt nur teilweise. Manche Dinge erscheinen dem erkennenden Objekt niemals.
3. Kein Ding erscheint dem erkennenden Objekt.

Und vom erkennenden Subjekt (aktiv) aus betrachtet:
1. Das erkennende Subjekt erkennt jedes Ding irgendwann vollständig und detailliert.
2. Das erkennende Subjekt erkennt die Dinge nur teilweise. Das erkennende Subjekt erkennt manche Dinge niemals.
3. Das erkennende Subjekt erkennt nichts.

Die Limenistik bejaht, dass jedes Ding begrenzt-universell erkannt werden kann, und zwar bezüglich der Gemeinsamkeiten, die es teilt. Das bedeutet, es lassen sich Gesetze ableiten, die begrenzt-universell wahr sind, d.h., sie sind wahr für eine Gruppe von Dingen, die zwingend bestimmte Gemeinsamkeiten teilen und für bestimmte Gemeinsamkeiten. Man muss nicht die Stringtheorie bemühen, um die zwingende Integration mehrerer Gemeinsamkeiten in eine übergeordnete abzuleiten, beispielsweise, dass es Katzen mögen, wenn man sie krault, auch wenn er Ausnahmen von dieser Regel gibt. Diese Gruppe ist immer begrenzt und daher ist das Gesetz, dem sie folgen induktiv-deduktiv (eduktiv) verifizierbar. Dennoch müssen sich die Zusammenhänge preisgeben bzw. muss man sie aktiv erkennen. Die großen Fragen sind nun, (i) was genau man von einem Ding erkennen kann bzw. was es von sich preisgibt, wenn man davon ausgeht, dass es nur begrenzt-universell erkennbar ist. (ii) wie genau sich dieser Teil des Dinges dem Erkennenden zeigt. (iii) wer der Erkennende ist oder wie er für das Erkennen beschaffen sein muss. Zu Klärung jener Fragen verweist die Phänomenologie auf die Intentionalität.

Franz Brentano ging davon aus, dass alle psychischen Akte ein bestimmtes Ziel haben, sie sind intentional. Man hat sozusagen ein Bild von etwas vor sich, auf das man den psychischen Akt bezieht, beispielsweise von einem Buch, das man lesen möchte oder einen Feind, vor dem man davonlaufen will. Die mentale Einstellung ist auf etwas gerichtet. Die Intentionalität kann jenseits der Beschränkung auf konkrete Aktionsgegenstände erweitert werden, wenn man Gefühle, Gefühlszustände oder eine Tradition als Intention zulässt, z.B. das Schenken zu Weihnachten oder die Suche nach Glück und Liebe, wobei die Gegenstände jener unbekannt sind. Martin Heidegger kritisierte die vermeintliche Universalität der Intentionalität mit dem Verweis auf die Langeweile. Dieses "Grundrauschen der Existenz" [23] berge keinerlei Intentionalität außer der Angst vor dem Nichtverstreichen der Zeit aufgrund von Tätig- und Ereignislosigkeit. In der Langeweile spürt man die Zeit und man spürt, dass sie direkt mit Veränderungen/Erneuerungen verknüpft ist, eben weil sie stillzustehen scheint, als solche also verschwindet. Der Einzelne spürt in der Langeweile außerdem, dass es eine Welt um ihn herum gibt, eben dadurch, dass sie sich von ihm abgewendet hat.

Für Heidegger ist die Langeweile das Tor zu einer Leere, zu einem Nichts, die das Philosophieren erst möglich macht. Langeweile kann im Rahmen einer langweiligen Interaktion erzeugt werden, aber auch gänzlich anonym und - nicht nur ohne Intention - sondern auch ohne jede Ursache. Das Paradoxe ist, dass man die Zeit nicht spüren kann, wenn man sich der Langeweile nicht hingibt, da man ansonsten quasi im Zeitstrom mitschwimmt, so wie man den Hammer in der Hand nicht spürt, während man damit arbeitet. Erst wenn er fehlt, fühlt man ihn. Das Abschalten der Intentionalität durch Langeweile lässt einen die Dinge, die in jenem Strom mit einer relativen Geschwindigkeit vorbeigleiten von außerhalb betrachten. So wie man sich der Existenz räumlicher Ausgedehntheit bewusst wird, wenn man auf Abstand geht, wird man sich der zeitlichen Ausgedehntheit bewusst, wenn man die eigene Geschwindigkeit im Verhältnis zur äußeren drosselt (die Geschwindigkeitserhöhung bewirkt diesen Effekt nicht, da man an den Dingen vorbeigleitet, also mehr mit sich selbst befasst ist, als mit jenen).

Was hat die Intentionalität nun mit Phänomenologie zu tun? Edmund Husserl kritisierte eine bestimmte Herangehensweise an die Logik, nämlich den Psychologismus. Zu seiner Zeit gingen viele Philosophen davon aus, dass die Gesetze der Logik nichts anderes darstellen als nach außen gekehrte, menschliche Denkmuster, was nicht bedeutet, dass jene nicht einer universellen Logik folgen. Dennoch mahnte Husserl an, die Existenz von logisch-notwendigen Zusammenhängen, die unabhängig von der einzelnen menschlichen Psyche und deren Mechanismen funktionieren, anzuerkennen, aber gleichzeitig auch die Tatsache, dass die Dinge immer in einen Bewusstseinszusammenhang gebracht werden und sie nur dadurch erkennbar sind.

Die erste Forderung entspricht heute der Definition von objektiv: Die Beschreibung von Zusammenhängen ist korrekt, unabhängig vom Beschreibenden. Außerdem ergibt sich eine Definition der Erkenntnis objektiv wahrer Gesetze: Diese Gesetze bestimmen die objektive Welt und sind daher wahr, während die Psyche sich irren kann, da die Welt eben nicht primär nach deren Gesetzmäßigkeiten funktioniert. Die zweite Forderung bedeutet, dass es vor der Objektivierung immer eine subjektive Erkenntnis gibt, die Objektivität kann erst nach dieser hergestellt werden. Die Intentionalität setzt nun die Existenz von Zusammenhängen voraus, auf die sich das Subjekt mit seinem Urteil bezieht. Tatsächlich bezieht es sich zwar auf erinnerte Vorstellungen von Zusammenhängen, die aber wiederum auf deren objektiver Existenz beruhen können, es aber nicht müssen: Mein Nachbar hat mir erzählt, dass alle Frösche am Teich rosa Köpfe haben. Also gehe ich gezielt zum Teich, um dies nachzuprüfen. Ohne Intention, die aus der Erfahrung ausschließlich grüner Frösche resultiert, würde ich das nicht tun.

Eine gut verständliche Zusammenfassung der Phänomenologie Husserls findet sich bei Christine Emig [37], auf die ich zurückgreifen möchte. Husserl formulierte mit "Zu den Sachen selbst!" einen Appell für ein voraussetzungsloses Wahrnehmen der "Dinge der Welt" in ihrer unverkürzten Wirklichkeit. "Husserls philosophische Methode setzt ... am unmittelbaren Bewusstseinserleben an: Im Phänomen als dem sich im Bewusstsein Zeigenden (gr. Phainomenon: das Erscheinende) haben wir einen direkten Zugang zu den Sachverhalten so wie sie sich geben. Das Phänomen ist das in der Welt 'an-sich' Seiende, aber rein so, wie es sich aktuell 'für mich' zeigt. 'Wahrheit', 'Evidenz' und 'Objektivität' eines Sachverhaltes werden ausschließlich innerhalb der Wahrnehmung gesucht. Die 'Dinge' und ihr Wesensgehalt offenbaren sich in subjektiven Vollzügen, im Bewusstsein-von-den-Sachen, und sind auf diese Weise einer direkten Analyse zugänglich."

Was die Intentionalität angeht, so schreibt Emig: "Bewusstsein nimmt Außenwelt nicht, wie Nahrung, in sich auf (so vorgängige Theorien), sondern es ist auf sie 'gerichtet'... Der intentionale Akt (die 'Noese'[12], das 'cogito')

---

[12] Bewusstseinsakte, in denen der betreffende Gegenstand dem Bewusstsein erscheint

bezieht sich auf ein intentionales Objekt (das 'Noema'[13], das 'cogitatum'), indem es ihm einen Sinn verleiht: Ich 'vermeine' etwas als etwas. ... Das intentionale Bewusstsein durchbricht die cartesianische Subjekt-Objekt-Spaltung. Phänomenal zeigt sich das 'Draußen' als Erscheinen-von-etwas in der Innerlichkeit des Bewusstseins, eines Bewusstseins, das einen funktional-zielgerichteten und bedeutungsgebenden Charakter hat. Dessen intentionale Struktur impliziert: Es gibt keine isolierbaren Bewusstseinsakte (Noesen) und daneben Strukturen der Gegenstände (Noemata) an-sich, sondern nur Bewusstseinsakte, in denen Gegenstände erscheinen, also noetisch-noematische Strukturen." [37] Was die intendierte Auffassung eines Gegenstandes angeht, so unterscheidet Emig ein bloßes Vermeinen ohne jede Anschauung, ein phantasievolles Ausmalen ohne eine vorhandene Anschauung (z.B. eines Löwen, obwohl man noch nie einen gesehen hat), die Vergegenwärtigung durch Erinnern und die direkte "live" Anschauung. "Das Erlebnis der Evidenz ist dann erreicht, wenn es zu einer Übereinstimmung zwischen dem Gemeinten und dem mir gegenwärtigen Gegenstand kommt." [37] Bei der Evidenz handelt es sich also um einen rein bewusstseinsbezogenen Akt.

Zu Husserls phänomenologische Methode schreibt Emig: "Statt nun im Strom des 'Geradehin-Lebens' mitzuschwimmen, versucht sich der Phänomenologe darüber zu erheben, die reflexive Perspektive des unbeteiligten Beobachters einzunehmen. Es geht darum, alle 'Vor-Urteile' zu verabschieden, alles Wissen zu widerrufen, indem man

---

[13] Ein Gegenstand "im-Wie-seiner-Gegebenheit"

zu einem radikalen Nichtwissen zurückgeht. ...Um vom Seienden als real vermeinten Ding zum Phänomen, dem intentionalen Gegenstand eines konkreten physischen Erlebnisses zu gelangen, ist eine Einstellungsänderung im Wahrnehmenden nötig. Dies geschieht durch eine spezifisch philosophische Haltung, die 'Epoché' (gr.: Enthaltung, Innehalten), dem Einklammern und Suspendieren des allgemein und unreflektiert hingenommenen Glaubens an die Existenz der Welt. Nur die unmittelbar gegebene Sache soll sprechen, alle 'Vorgaben' werden verlassen, um absolute Vorurteilslosigkeit zu erzielen." [37] Das Bewusstsein konstituiert seine Welt also mithilfe der äußeren Welt. "Das Sein der Dinge wird konsequent im 'Wie-ihres-Erscheinens' wahrgenommen." [37]

Emig schreibt zur Wahrnehmung, dass jene ein Akt sei, "welcher den Sinn eines Gegenstandes erst konstituiert. ...Nach Husserl hat der intentionale Akt der Wahrnehmung, die 'Noese', zwei Komponenten, eine sinnlich-stoffliche und eine sinngebende: Bewusstseinsimmanent, und somit unmittelbar, können wir nur einen Komplex von Sinnesdaten empfinden, bei einer optischen Erscheinung also bestimmte Farb- oder Formdaten. Um diese Daten als räumlich ausgebreitete Farbe und Form eines Gegenstandes zu erkennen, muss eine Art 'Beseelung' durch einen 'Auffassungssinn', eine 'Apperzeption' stattfinden. Apperzeption ist also diejenige Bewusstseinsleistung, die den bloß immanenten Gehalten sinnlicher Daten, den sog.

hyletischen oder Empfindungs-Daten, die Funktion verleiht, objektives 'Transzendentes'[14] darzustellen...Die Apperzeption leistet demnach die Sinnbestimmung." [37]

Wir erleben Phänomene immer schon als Teil einer Welt, die wir jedoch selbst durch unsere intentionalen Akte mitkonstituieren. Epoché ist die methodische Einklammerung der natürlichen, selbstverständlichen Weltauffassung (Dinge seien so, wie sie uns erscheinen) inklusive vorgefasster Urteile. Diese erzeugt die Bewusstmachung, Reflexion und Suspendierung jener Urteile. Die "phänomenologische Reduktion[15]" als die andere Seite der Epoché ist die Rückführung des Blicks auf das durch die Epoché "gereinigte" Bewusstsein, welches das "reine" Phänomen erfasst, wie es sich uns von sich selbst her als es selbst zeigt (wenn man alle Vorurteile einklammert). Man kann auch von reinen Bewusstseinsstrukturen sprechen, d.h. von einem reinen Noema (Sinnstruktur des reinen, intentionalen Bewusstseins) und reiner Noese (reiner intentionaler Bewusstseinsvollzug). Aber nichts Eingeklammertes wird "vernichtet". Somit ist die Reduktion keine Vernichtung von Weltbezug, sondern das Aufzeigen der intentionalen Struktur im Bewusstsein. Wir betrachten reflexiv, d.h. unbeteiligt, wie die Welt als Phänomen(e) sinnvoll durch das Bewusstsein konstituiert wird. Epoché (Einklammerung) und phänomenologische Reduktion (positive Freilegung)

---

[14] Im Sinne von Bewusstseinstranszendentem, Äußeren
[15] Vor Husserl war die logische Reduktion bekannt, d.h., das Abstrahieren von allen Erwartungen, Befürchtungen, um eine wissenschaftliche Erkenntnis rein auf Basis von Logik und Vernunft zu gewinnen. Husserl stellt auch letztere in Frage.

machen durch die Einklammerung der natürlichen Einstellung das unmittelbar Gegebene als reines Phänomen sichtbar und thematisieren zugleich das Eingeklammerte - die naiven Vorannahmen als Bedingungen der Sinnzuweisung im Rahmen des Sinnhorizonts. All das erfolgt überlappend: Die Einklammerung beinhaltet bereits diese Analyse. Das reflektive Nachdenken über das "Wie" der Intentionalität ist bereits die Epoché. Eine hermetische Einklammerung oder gar ein Wegwerfen ist nicht möglich, da sonst ein leeres Phänomen übrigbleiben würde, das Bewusstsein jedoch immer gerichtet sein muss.

Bei Husserl bezeichnet die "transzendentale Reduktion" die Rückführung auf das transzendentale Ich als Ursprung des intentionalen Horizonts - das heißt auf die Bewusstseinsleistung, in der die Dinge als SINNVOLLE Erscheinungen mitgemeint, vorweggenommen und im Strom der Intentionalität in ihrer Bedeutung perspektiviert/verändert werden.

Die "eidetischen Reduktion" Husserls bedeutet die geistige Umstellung vom Phänomen zum Wesen eines Sachverhaltes. Man gelangt zu einer "Wesensschau", "indem der phänomenologisch Wahrnehmende von den individuellen Besonderheiten der faktisch ablaufenden Denkakte abstrahiert. Denn die wahrgenommenen individuellen Gegenstände sind mit Zufälligkeiten behaftet (es kann auch anders sein); dem Wesen dagegen ist die Notwendigkeit eigentümlich (es kann nicht anders sein)." [37] Man sieht hier, dass bereits die Definition von "Wesen" ein Problem darstellt und letztendlich nur als Resultat der Reduktionen

Husserls (der Wesensschau), d.h. der Einklammerung von eigenen und anderer Leute Vorurteilen, vorgehenden Theorien und zufälligen Einzelheiten verschiedener Objekte zu verstehen ist.

Ein zusammenfassendes Beispiel: Wenn jemand auf der Straße den Hut zieht, meint man, er würde jemand anderen grüßen. Die Epoché klammert die vermeintliche Objektivität der Beobachtung, den naiven, als unverrückbar vermeinten Weltbezug ein und thematisiert ihn dadurch als intentional bloß zugeordneten Sinnzusammenhang. Die phänomenologische Reduktion als andere Seite der Epoché offenbart die sinngebenden Bewusstseinsstrukturen. Beide Prozesse überlagern sich notwendigerweise, indem sie nicht nur eine bestimmte Interpretation freilegen, sondern die Bedingungen der Sinnkonstitution überhaupt: Warum interpretiere ich das Ziehen des Hutes auf diese oder jene sinnhafte Weise. Noesis ist der intentionale Vollzug der Sinnzuweisung innerhalb des Sinnhorizonts, der Sinn ist das Noema. Nach der Epoché verbleibt das reine Noema, der Sinn des Phänomens, wie es sich uns von sich her unmittelbar zeigt: das bloße Herunterziehen des Hutes. Das Hutziehen im möglichst unmittelbar gegebenen (nicht den spontan zugeordneten!) Sinn zu betrachten ist die Hauptübung der Epoché, um die natürliche Sinnzuweisung zu identifizieren (phänomenologische Reduktion als positive Kehrseite der Epoché). Jemand, der das Grüßen als sozialen Akt nicht kennt, würde der Bewegung eher den unmittelbaren oder einen anderen Sinn geben, selbst die Frage, welchen Sinn das habe, wäre solch ein Zusam-

menhang. Wenn man nun beobachtet, dass sich der Hut-
träger mit einem Taschentuch den Kopf abtupft, bildet sich
ein neuer Sinnzusammenhang: Der Mann hat unter seinem
Hut geschwitzt und ihn deshalb gezogen. Die eidetische
Reduktion geht einen Schritt weiter und legt zufällige Besonderheiten als solche frei, um so zum Wesen(ssinn) des
Hutziehens vorzudringen (z.B. Variationen der Hutform).

Etwas, das wie ein Gruß erscheint, erscheint uns nicht aufgrund reiner Sinneseindrücke, sondern innerhalb eines intentionalen Sinnhorizonts im transzendentalen Bewusstseinszusammenhang. Entpuppt sich das Hutziehen als ver-
meintliches Schwitzen, verschiebt sich dieser Sinnhori-
zont. Dieser natürliche Bewusstseinsprozess legt seine eigene Vorläufigkeit offen. Die voraussetzungsfreie Betrachtung ist nicht unmittelbar (naiv) gegeben, sondern
wird erst durch die Offenlegung der transzendentalen Voraussetzungen mittels Reduktionsvollzug ermöglicht. Somit ist keine Betrachtung voraussetzungsfrei, genausowe-
nig, wie sich die Intentionalität auf ein Nichts beziehen
kann, was durch eine tatsächliche Auslöschung aller Sinnbezüge geschehen würde. Wir haben es in der Phänomenologie immer mit Sinnbezügen zu tun, die aber nicht mit
Erkenntnis deckungsgleich sind. Sinnbildung enthält jede
Erkenntnis, unreflektierte Sinnbildung kann Erkenntnis
torpedieren. Der phänomenologische Reduktionsvollzug
hilft, die Sinnbezüge offenzulegen und so zu erkennen,
wie sich Objektivität im Bewusstsein konstituiert. Der
zentrale "Fallstrick" besteht darin, die Objektivität nicht
als Sinnzuweisung zu verstehen.

Die Limenistik geht davon aus, dass Wissen, welches über bestehendes Wissen hinausgeht, also transzendentes Wissen, nur aufgrund der Anpassung von Denkprozessen an vorhandenes Wissen entsteht. Die Einklammerung des Letzteren öffnet letztendlich die Tür für jene Transzendenz, nur gäbe es die Tür ohne jenes Wissen nicht. Die Voraussetzung der Möglichkeit jener Transzendenz ergibt sich aus einer einfachen Vorstellung. Diese besagt, dass alle neuen Erkenntnisse letztendlich bewusstseinsimmanent sind und nicht Ausdruck des Verlassens des Bewusstseins. Selbst wenn es sich um andere Erkenntnis handelt, die man beispielsweise aus einem Buch lernt, selbst wenn die Erkenntnis zwingender Gemeinsamkeit mit einer emergenten Neuverschaltung innerhalb des Gehirns verbunden ist, muss sie erst in das Bewusstsein eingehen und es verändern. Es bleibt nicht identisch mit sich selbst. Daher wird beim Gehirn gern von einem Muskel gesprochen. Man kann diesen Muskel aber nicht nur dahingehend trainieren, sich Namen gut zu merken, sondern auch darauf, Gemeinsamkeiten zu erkennen und im Übrigen auch herzustellen, sich also "weise" zu machen. Natürlich kann vorhandene oder das generierte Wissen die Dinge in einer falschen Gemeinsamkeit, einer falschen Integration festhalten. Wie in der Phänomenologie muss man daher zunächst versuchen, die Dinge von den Gemeinsamkeiten zu befreien, in die man sie gedanklich vorverurteilend versetzt hat, um tatsächliche Gemeinsamkeiten zu erkennen.

Zurück zu Husserl: An dieser Stelle erkennt man, dass das Konzept der Intentionalität ein transzendentalphilosophisches Konzept ist und kein objektivistisches. In [38, S.

315] wird der Unterschied zwischen diesen beiden Konzepten wie folgt erklärt: "Gemäß dem Objektivismus ist die Natur, die objektive Welt, also vor allem die physische Welt, das ontologisch Erste. Diese Welt begegnet uns in der Erfahrung, wenn auch nicht so, wie sie an-sich ist, und es ist Aufgabe der Wissenschaften dieses "An-Sich-Sein" ausgehend von der Erfahrung zu enthüllen (allgemein verbindlich und definitiv)." und "Gemäß dem Transzendentalismus ist dagegen die Subjektivität, also das Bewusstseinsleben das ontologisch Erste. Alles Objektive, auch das paradigmatisch Objektive, das Physische der Physik, geht daraus erst durch eine rationale Konstitutionsleistung hervor, bleibt also in einem gewissen Sinn subjektives Gebilde." Übertrieben gesprochen: Ein Objektivist geht davon aus, dass man für die absolute Erkenntnis nur eine leistungsfähige Apparatur bauen muss, beispielsweise einen hochauflösenden Bildschirm, der alles an-sich Gegebene erfasst. Das bloße Anschauen jenes Bildschirms würde dann die Wahrheit direkt ins Gehirn transportieren. Der Transzendentalismus hingegen verweist darauf, dass jener Bildschirm zwar hübsche Bilder zeigen würde, aus denen sich ohne die nötigen Bedingungen im Bewusstsein jedoch keine subjektiven Noemata, und ohne die anschließende Objektivierung schon gar keine objektiven Noemata gewinnen lassen. Der bunte Bildschirm gaukelt die Objektivität nur vor.

Die Intentionalität richtet sich immer auf Phänomene. Diese Phänomene stellen evidente Ereignisse dar, durch die sich die Dinge zeigen (und nur durch sie). Bei jenen Ereignissen handelt es sich um Zusammenhänge, durch die uns die beteiligten Dinge bewusst werden, nicht um die Dinge selbst. Ein Beispiel: Die subjektive Erfassung eines Bratens im Ofen bringt sofort mehrere Möglichkeiten hervor, sich auszumalen, in welcher Art der Braten und der Ofen in Beziehung stehen können bzw. welche Gemeinsamkeit sie teilen. Nimmt man an, es würde keine Gemeinsamkeit zwischen beiden bestehen, so müsste man davon ausgehen, dass sich der Braten zufällig darin befindet. Man müsste also gedanklich alle Dinge in der Welt durcheinanderwürfeln, um herauszufinden, wie hoch die Wahrscheinlichkeit ist, dass die Bratenmoleküle sich innerhalb der Ofenatome anordnen. Liegt die Zahl der beobachteten Braten in Öfen oberhalb der zufälligen Wahrscheinlichkeit, geht der Mensch von einer zwanghaften, bewertungsinduzierten Entstehung dieses Phänomens aus.

Um nun den wahren Grund für das Braten-Ofen-Phänomen zu finden, muss der Beobachter, nach Husserl, zunächst alle im Zusammenhang nicht erlebten Zwänge (Vorurteile, Modelle) ausblenden. Man könnte auch sagen: Erkenntnisse (ob richtig oder falsch) entstehen aus der Anpassung an erinnerte Gemeinsamkeiten bezüglich eines Themas, beispielsweise das Bild einer Hausfrau oder auch -mann, die für das sonntägliche Mahl einen Braten in die Röhre schiebt. Das gemeinsame Essen wäre hier der Zwang, welcher das Phänomen wahrscheinlicher macht, als es zufällige Fluktuationen vorgeben würden. Nur muss es nicht genau jener Zwang sein. Um den Zwang richtig einzuschätzen, sollte man jene Bilder ausblenden und das Phänomen zunächst reduktionistisch beobachten.

Zur Verdeutlichung möchte ich auf ein von Stephen King formuliertes Phänomen zurückgreifen: Ein Gemälde zeigt einen Hund, der in einem See vor einem Floß her-schwimmt, auf dem jede Menge fröhliche Kinder sitzen. Findet man diese lachenden Kinder unsympathisch und geht man davon aus, dass der Hund ein gutmütiges Dummerchen ist, das sich von ihnen ausnutzen lässt, kommt man leicht zu der Überzeugung, dass er das Floß mit den blöden Gören ziehen muss, man aber das Seil nicht sieht, weil es unter Wasser ist. Ob diese Annahme falsch oder richtig ist, lässt sich mit den beobachteten Phänomenen nicht belegen. Es gibt sicherlich einen Zwang in die er-dachte Gemeinsamkeit, da der Hund und das Floß nur in einem sehr unwahrscheinlichen Fall in dem See zusammengekommen sein können. Wenn man jedoch ein Detail übersehen hat, gerade weil man eine vorgefasste Meinung vertrat, beispielsweise ein sich blähendes Segel auf dem Floß, so übersieht man, dass der Hund gar nichts ziehen muss, sondern frei vor seinen Freunden schwimmt, während deren Floß vom Wind vorwärtsgetrieben wird. Der Punkt ist aber, dass der Zusammenhang Floß-Segel-Antrieb bereits im Bewusstsein vorhanden sein muss oder sich aus Vorhandenem im Moment der Erkenntnis ergeben muss. Nur, dass es sich nicht um ein Vor-, sondern um ein Nachurteil handelt. Vorurteile werden vielmehr in Situation angewandt, in denen schnelle Entscheidungen getroffen werden müssen. Das sollte in der Wissenschaft nicht so sein.

An dieser Stelle befinden wir uns am vermeintlichen Scheidepunkt zwischen Induktion und Deduktion. Induktion bedeutet, dass eine bestimmte Eigenschaft dann jedem Individuum einer bestimmten Gruppe zu eigen ist, wenn sich aus der Präsenz jener Eigenschaft in einem beliebigen Individuum die Präsenz in dem nächsten Individuum ableiten lässt. Deduktion wiederum bedeutet, dass man aus der Kenntnis allgemeiner Gesetze auf die Eigenschaften der Mitglieder einer bestimmten Gruppe schließen kann. Letztendlich laufen Deduktion und Induktion gleichermaßen auf die Beschreibung von Gemeinsamkeiten hin, die alle Mitglieder einer bestimmten Gruppe zwingend teilen, sie sich für jene Gruppe also bedingen. Der limenistische Grundsatz schreibt vor, dass alle Gemeinsamkeiten, bis auf die Existenz selbst, in ihrer Mitgliederzahl begrenzt sind.

Was folgt nun aus der Begrenztheit? Es folgt, dass Gesetze zwar allgemein formuliert werden können, aber nie allgemeingültig sind. Bei der Deduktion muss man sich also immer fragen, ob das vermeintlich übergeordnete Gesetz, welches man gerade anwendet, wirklich für die betrachteten Individuen gilt. Auf der anderen Seite wird eine Induktion niemals ein Gesetz hervorbringen, welches allgemeingültig ist. Allerdings geben Deduktion und Induktion zwei verschiedene Möglichkeiten zur Prämissenformulierung vor: Einmal aus einer beobachteten Verknüpfung von Gemeinsamkeiten für Beispiele jenseits der Zufälligkeit bzw. erwartbaren Wahrscheinlichkeit und einmal aus der Vermutung ähnlicher Zusammenhänge aus einem Gesetz, welches ähnliche Individuen betrifft. Aufgrund der Selbstähnlichkeit der Welt sind beide Konzepte legitim.

Aber was bedeutet das? Schließlich stellen sowohl der Begrenzungsrahmen als auch die Formulierung des Gesetzes Gemeinsamkeiten dar. Somit ist ein Gesetz nichts anderes als die zwingende Verknüpfung von Gemeinsamkeiten. Hieraus ist abzulesen, dass, je mehr Gemeinsamkeiten verknüpft sind, für umso weniger Individuen das Gesetz gültig ist. Allerdings IST das Gesetz in jenem Rahmen gültig und daher nicht nur falsifizierbar, sondern auch verifizierbar. Ein Gegenbeispiel beweist nur die ohnehin selbstverständliche Begrenztheit des Gesetzes und widerlegt es nicht.

Ein Gesetz bedeutet, dass eine bestimmte, begrenzte Zahl von Gemeinsamkeiten fortdauernd faktisch (*ff*) zwingend in einem zwingend integrierten Gemeinsamkeitenbündel miteinander verknüpft sind. In der Limenistik entspricht die Husserl'sche Reduktion der (R)Eduktion, d.h. es sollen die Gemeinsamkeiten in einem bestimmten Gemeinsamkeitenbündel erkannt werden, die *ff*-zwingend miteinander verknüpft sind und so das Gesetz konstituieren. Solche Gemeinsamkeiten nenne ich (r)eduziert. "Menschen ab 60 brauchen großteils eine Lesebrille", integriert mindestens drei Gemeinsamkeiten zwingend über die Auswirkungen des Alterns, wobei alle anderen Gemeinsamkeiten (groß, klein, Augenfarbe) irrelevant sind. *ff*-zwingend ineinander integrierte Gemeinsamkeiten setzen sich zu einem zwingenden Bündel aus sich auf diese Weise gegenseitig bedingenden Gemeinsamkeiten zusammen, indem sie, neben der integrierenden, übergeordneten Gemeinsamkeit im Zwang eine weitere Gemeinsamkeit hervorbringen, die Eigentlichkeit. Im Beispiel wäre das bessere Sehen durch die Brille die Eigentlichkeit.

Eine (R)Eduktion zur Erkenntnis des (r)eduzierten Zwangs würde daher verlangen, dass man von den Individuen weg, hin zur Betrachtung der Gemeinsamkeiten kommt. Also muss man sämtliche beobachteten Gemeinsamkeiten aus der begrenzten Gruppe von Individuen herausarbeiten und sie auflisten, ohne, in phänomenologischer Tradition, Zwänge hineinzuinterpretieren. Der Nachweis einer zwingenden Verknüpfung von Gemeinsamkeiten, und ob sie *f, ff* oder *j* ist, ist die Eduktion, welche die vollständige Deduktion und Induktion miteinander verbindet. Die Eduktion weist nach, welche Individuen, die bestimmte Gemeinsamkeiten teilen, zwingend auch andere Gemeinsamkeiten teilen. Der Nachweis derjenigen konkreten Gemeinsamkeiten, die zwanghaft in ein übergeordnetes, konkretes Gemeinsamkeitenbündel (*ZIG*) integriert sind und derjenigen Individuen der Gruppe, welche jenem Zwang folgen ist die (R)Eduktion. Die Methoden für die (R)Eduktion können unterschiedlich sein, praktisch hängen sie jedoch wieder an den Individuen. Ideal für die Offenlegung der inneren Zusammenhänge in einem *ZIG* wäre ein Individuum, das nur die zwingend verknüpften Gemeinsamkeiten teilt, die man untersuchen möchte. Ein solches Individuum kann annäherungsweise hergestellt werden, indem man versucht, es von den Gemeinsamkeiten abzuschirmen, welche nicht zwingend zum (r)eduzierten Gemeinsamkeitenbündel gehören. So erhält man schließlich das (r)eduzierte Gemeinsamkeitenbündel, in das die integrierten Gemeinsamkeiten zwingend, für *ff-ZIG* sich bedingend, integriert sind.

Man stelle sich das Verlassen/Betreten einer Gemeinsamkeit wie folgt vor: Der Agent übertritt die Schwelle des *ff-ZIG*, in dem sie zwingend integriert ist. Grundsätzlich betritt/verlässt er damit auch alle integrierten Gemeinsamkeiten inklusive der Eigentlichkeit und des Zwangs (ein weißes T-Shirt, welches in der Buntwäsche rosa wird, gewinnt zwar effektiv die Fähigkeit, die entsprechenden Lichtwellenlängen zu absorbieren, aber es ist definitiv rosa und eben nicht mehr weiß). Diese Herangehensweise folgt im Prinzip denen der Quantenmechanik, die den Übergang von einem Zustand in einen weiteren durch die Vernichtung des älteren und die Entstehung des jüngeren erklärt. Tatsächlich können Gemeinsamkeiten, aufgrund ihrer Schwellen und ihrer Teilbarkeit zwischen *ZIGs*, aus jenem *ff-ZIG* aber im Agenten verbleiben/schon dort gewesen sein, sodass beim Verlassen/Betreten - außer der verlassenen/betretenen Gemeinsamkeit - nur der Zwang und die Eigentlichkeit verschwinden/hinzukommen. Andererseits gewinnen/verlieren die (r)eduzierten, also *ff-* zwingend durch einen bestimmten Zwang sich gegenseitig in jenem Zwang bedingenden Gemeinsamkeiten jenen Zwang, und somit dessen Eigentlichkeit, wenn nur eine von ihnen mit dem Zwang effektiv als letzte zum *ZIG* "hinzukommt/"den Zwang effektiv "verlässt". Dann können die übrigen Gemeinsamkeiten in dem Agenten bereits *f*, *j* oder anderweitig *ff* vorhanden sein bzw. werden.

Somit wird die eduktive Variation, also das Wegnehmen/Hinzunehmen von Gemeinsamkeiten weg von/zu einem Agenten entweder komplette, (r)eduzierte *ff-ZIG* aus ihm entfernen/in ihn einbringen oder effektiv nur jene Gemeinsamkeiten inklusive des zugehörigen Zwangs und der Eigentlichkeit (falls *ff*), wobei (r)eduzierte *ff-ZIG* wiederum Gemeinsamkeiten sind, die mit anderen *ff, f* oder *j* verknüpft sein können. Im ungünstigsten Fall betritt/verlässt der Agent effektiv nur den *ff*-Zwang und damit die Eigentlichkeit. Beispielsweise wäre ein rotes T-Shirt hinsichtlich seiner Farbe eduzierbar, indem man alle einzelnen Wellenlängen effektiv aus dem Rot herausnimmt (tatsächlich das *ZIG* "Rot" verlässt und ein anderes/neues kreiert) und auf diese Weise zeigt, dass die Eigentlichkeit "Rot" des Rot genau die für die Farbe Rot nötigen Wellenlängen des Lichts integriert. Ob das T-Shirt die Größe S oder XL hat, spielt für diese Erkenntnis keine Rolle.

Andererseits kann man Agenten miteinander eduktiv vergleichen. Um uns dies klarzumachen, betrachten wir am besten "Mehrlinge". Teilt ein Individuum mehrere Gemeinsamkeiten über einen längeren Zeitraum, so können sie sich zufällig/einfach faktisch (*f*) in seiner Faktizität vereint haben oder fortdauernd faktisch (*ff*), also in einer Weise zwingend, dass es einen Zwang gibt, der sie universell immer zusammen auftreten lässt (Gesetz). Treten jene Gemeinsamkeiten in einem weiteren Individuum auf, welches ansonsten keine Gemeinsamkeiten mit dem ersteren teilt, steigt die Wahrscheinlichkeit, dass sie *ff*-zwingend sind, d.h., dass es einen *ff*-Zwang gibt, der sie jenseits der einfachen Faktizität eines Individuums miteinander verknüpft.

Modellhafte Mehrlinge sind dadurch gekennzeichnet, dass sie gleichen Zwängen unterworfen sind. Teilen sie Gemeinsamkeiten untereinander, so teilen sie sie aus Zwängen heraus, die über die einfache Faktizität hinausgehen, somit fortdauernd faktisch sind, also universell in der besonderen Zusammensetzung des Gemeinsamkeitenbündels in jedem Individuum auftreten können. Jene Zwänge verknüpfen die Gemeinsamkeiten ff-zwingend miteinander. Zeigen die Mehrlinge Eigenschaften, die keine Gemeinsamkeiten sind, welche sie untereinander teilen, so stammen sie nicht aus einem der Zwänge, welchen die Mehrlinge gleichermaßen unterworfen sind. Der Zwang in den Mehrlingen rührt von Gesetzen, denen sich die durch jene zu Mehrlingen werdenden Mehrlinge unterwerfen, somit entspricht ihr gemeinsames Verhalten jenen Gesetzen. Ihr unterschiedliches Verhalten entspricht anderen Gesetzen, solchen, die sie nicht alle teilen, oder Zufällen. ff-Zwänge können ursächlich-historischen Charakter tragen, wobei die Ursache nicht mehr präsent sein muss, d.h. die Mehrlinge weisen sie aufgrund eines gleichartigen Herstellungs- oder Zeugungsprozesses auf. Sie können aber auch ahistorisch-permanent vorhanden sein, z.B. in Form der Gravitation, die Masse und Gravitationsfeld mit einer Fallbeschleunigung verknüpft. An dieser Stelle können wir uns natürlich fragen, ob es überhaupt Ursachen von Gesetzen gibt oder ob sie nicht nur ein Synonym für den Zwang sind und ob die Ursachen, die es gibt, letztendlich nicht nur Ausdrücke von Zwängen und Bewertungen für die Transzendenz von Gemeinsamkeitengrenzen sind. In diesem Fall wäre es sinnlos, immer nach einer zeitlichen Ursache zu suchen (Wer hat wann die Gravitation gemacht?).

Wichtig ist, dass *ff*-Zwänge begrenzt-universell sind, d.h. das Verhalten ist universell gleich, wenn die sich verhaltenden Individuen, im Idealfall, nur genau jene *ff*-ineinandergezwungenen, (r)eduzierten Gemeinsamkeiten, somit das (r)eduzierte Gemeinsamkeitenbündel teilen. Ist der *ff*-Zwang inklusive der eigentlichen Gemeinsamkeit, die nur durch den Zwang entsteht, für das dadurch (r)eduzierte Gemeinsamkeitenbündel nachgewiesen, so gilt er in jener begrenzten Universalität für alle jene Gemeinsamkeiten (inklusive der Eigentlichkeit) teilenden Individuen. Der Zwang oder die Eigentlichkeit verschwinden nicht spontan, sondern nur dann, wenn eine entsprechende Schwelle überschritten wird, deren Höhe von der jeweiligen Bewertung jener oder anderer Gemeinsamkeiten abhängt. In diesem Fall transzendiert das Individuum in einen anderen/neuen Zwang, wobei der alte prinzipiell nicht negiert wird.

Durch die (R)Eduktion wird schließlich bestätigt, dass es einen Zwang gibt, der die (r)eduzierten Gemeinsamkeiten ineinander integriert. Wie bei Husserl verlangt die (R)Eduktion eine Betrachtung von Gemeinsamkeiten, ohne irgendwelche vorgeurteilten integrierenden Zwänge hineinzuinterpretieren. Die Fehlerquelle bei der (R)Eduktion liegt nämlich einerseits in der gedanklichen Gemeinsamkeitenverknüpfungen, die es faktisch gar nicht gibt

(Menschen können ohne Hilfsmittel fliegen!) oder dem Übersehen von Verknüpfungen (Menschen können nicht schwimmen!). Rassismus ist die falsche Zuordnung pauschaler Gemeinsamkeiten zu Menschen, deren Gemeinsamkeit darin besteht, eine bestimmte Hautfarbe zu teilen. Da eine zwingende Integration immer eine Gemeinsamkeit hervorbringt, die ohne jene nicht existieren würde (Eigentlichkeit), kann man sich auf solche Fehler mit der Frage nach jener Gemeinsamkeit hinweisen, die gleichzeitig eine Frage nach der Sinnhaftigkeit der *ff*-Verknüpfung ist. Das beste Fragewort hierfür lautet: Warum? Warum tötet ein Soldat im Krieg? Warum schnallt man sich beim Eislaufen Schlittschuh unter die Füße? Warum soll ein Mensch bestimmter Hautfarbe schlauer sein als jemand mit einer anderen Hautfarbe? Da *ff*-Verknüpfungen *ff*-zwingend sein müssen, bedeutet die Beantwortung der "Warum?"-Frage durch eine bloße *f*-Verknüpfung (Das haben wir schon immer so gemacht.) oder *j*-Verknüpfung (Weil das der göttlichen Ordnung entspricht.) immer einer falschen Einschätzung jener Verknüpfung.

Husserls ideale Wissenschaft ist transzendentalphänomenologisch, d.h. sie geht von Phänomenen aus, die in der transzendentalen Sphäre des Bewusstseins begrenzt verarbeitet werden. Das transzendentale Ego, welches bei Kant jene Sinnsuche bewerkstelligt, wird von Husserl genauer analysiert. Es entsteht durch die phänomenologische Methode der Epoché, d.h. durch die Einklammerung der gesamten objektiven und ideal-objektiven Welt. Husserl setzt voraus, dass jene im Bewusstsein konstituiert wird.

Wenn man also das Resultat der Konstituierung vom Gesamtbewusstsein abzieht, muss das konstituierende Ego übrigbleiben. "Aufgabe der transzendentalphänomenologischen Wissenschaft ist es, jene Konstitutionsleistung auf allen ihren Stufen von Grund auf zu enthüllen und vollständig zu verstehen (ohne Unbefragtes, ohne Übergänge, denen es an Evidenz mangelt)." [38, S. 316] Die Wissenschaft sollte sich vor allen anderen Dingen mit jenem Prozess befassen.

Hierzu schreibt Christine Emig [37]: "Transzendentale Reduktion nennt man das Zurückführen von Gegenständen und Erfahrungen auf intentionale Akte, in denen diese konstituiert werden. Solche Bedingungen der Erfahrung, die dieser vorausgehen und deren Charakter prägen, nennt man 'transzendental', deren Subjekt ist das 'transzendentale/reine' Ich. Die transzendentale Reduktion ist nichts anderes als die radikale Universalisierung von Epoché und eidetischer Reduktion. ...Indem ... Husserl in der Reduktion noch einen Schritt weitergeht und über das originäre Gegebensein der Dinge selbst nachdenkt, entdeckt er jenseits der Haltung, durch die wir bei den Dingen sind, ein Bewusstsein, dessen Wesen sich zu allem heterogen verhält, von dem es Bewusstsein ist, und durch das der Sinn des Transzendenten selbst gestiftet wird: das transzendentale Ich. Das empirische Ich, das ganz normal in der Welt lebt, wird folglich während der transzendentalen Reduktion verdoppelt in einem phänomenologischen Ich, das als interesseloser Beobachter auftritt. Die transzendentale Reflexion untersucht wiederum dieses Ich des interesselosen Beobachters."

Die Phänomenologie Husserls wurde durch Martin Heidegger, seinem Schüler an der Universität Freiburg, weiterentwickelt. Günter Figal beschrieb diesen Übergang in seinem Vortrag: "Husserl und Heidegger" im Rahmen der Ringvorlesung "Dichter und Denker in Freiburg" vom 08.02.2007. Figal führt Husserls Phänomenologie darauf zurück, dass er den radikalen Neuanfang als Methode etablieren wollte: erst die Phänomene, dann das Verständnis als etwas vollkommen Neues und, vor allem, Eigenes. Husserl wollte auf die Sachen selbst zurückgehen. Keine andere philosophische Konzeption gelten lassen, aus der Beschreibung der Sache die Erklärung selbst entwickeln und sich nicht an einmal in die Welt gekommenen Lehren orientieren. Phänomenologie sollte wirkliche Philosophie sein. Man sollte nicht mehr der Fragestellung und erst recht nicht den Antworten eines anderen folgen. Das bezieht Heidegger konsequent auf seinen Lehrer. Er ging seinen eigenen Weg, eben weil er Husserl so ernst nahm. Eben weil er ein Schüler Husserls war, konnte er kein Schüler Husserls bleiben. Heidegger propagiert die Rücksichtslosigkeit gegen jede vorgefasste Theorie, auch die Husserls. Von der Limenistik aus betrachtet, kann man für diese Einstellung das Konzept der begrenzten Gemeinsamkeiten heranziehen. Da Gemeinsamkeiten begrenzt sind, wird die universelle Beschreibung der Welt mithilfe einer solchen bereits erkannten Gemeinsamkeit irgendwann/irgendwo falsch. Die Begrenztheit impliziert die Notwendigkeit des Neuanfangs in der Betrachtung, da man sich nicht sicher sein kann, ob sich die beobachteten

Objekte noch immer innerhalb einer angenommenen Gemeinsamkeit befinden.

Figal vermutet, dass Husserl Heideggers "Sein und Zeit" [19] erst sehr spät liest (Ende der 1920er Jahre). Husserl glaubt danach, dass Heideggers Philosophie unvereinbar mit seiner eigenen ist. Heidegger mache Psychologie/Anthropologie, nicht Phänomenologie, was die Philosophie im Sinne Husserls unmöglich mache. Während Husserl die Psyche ausblenden wollte, um objektive Wahrheiten zu kommen, mache Heidegger das Gegenteil, indem er sich mit empirisch untersuchbaren psychologisch-anthropologischen Vollzügen des Seelenlebens beschäftigt. Heidegger widerspricht dieser Kritik. Vielmehr erweitere er Husserls Phänomenologie. Laut Husserl ist Phänomenologie die Lehre von Erscheinungen, von dem, was sich zeigt. Die Phänomene werden von ihm nicht als nachrangig gegenüber dem gefasst, was sie auslöst. Täuschungen entstehen nicht durch eine "falsche" Erscheinung des Seienden, sondern durch das Seiende selbst.

Wenn man von Spekulationen absieht, wie denn das nicht vollständig erscheinende Sein des Seienden sein könnte, sondern die Phänomene für bare Münze nimmt, so kann man tatsächlich jenes Erscheinende, so wie es ursprünglich verfasst ist, untersuchen, inklusive des Zusammenhangs mit anderen Erscheinungen. Husserl will hierfür einen Einstellungswechsel. Er klammert nicht nur die vorgefertigten Meinungen über den inneren Mechanismus eines Phänomens ein, sondern auch die Tatsächlichkeit selbst. Husserl nennt das, wie schon bemerkt, Epoché

(Enthaltung). Die Enthaltung bedeutet, von der Wirklichkeit von etwas abzusehen.

Figal nennt ein Fest als Beispiel: Das Fest ist das Tatsächliche, doch ein Phänomenologe muss von diesem Fakt absehen, sich selbst aus ihm lösen, das Verhalten der Gäste nicht in diesen Kontext setzen, und ihr Verhalten unabhängig von diesem Wissen beobachten. Tatsächlich wird er in dieser abgeschlossenen Situation selbst herausfinden, ob hier ein Fest stattfindet oder ob es nur so scheint als ob, z.B. wenn in Wirklichkeit nur ein Fest vorgespielt wird. Tatsächlich handelt es sich hier - in der limenistischen Betrachtung - um eine Induktion, die sich nur auf den abgeschlossenen Bereich der Gäste bezieht. Die Deduktion wiederum würde danach verlangen, von dem Wissen um ein Fest ausgehend herauszufinden, wer von den Gästen nun wirklich an einem Fest im herkömmlichen Sinn teilnimmt und wer nicht. Beide Herangehensweisen sind komplementär (eduktiv). Figal sagt, dass man bei der Beobachtung der reinen Phänomene sogar noch weitere Zusammenhänge wahrnehmen kann.

Husserl sieht die Fähigkeit zur Außenbetrachtung als Ausdruck vollkommener Freiheit. Man hat sich, limenistisch gesprochen, aus den Gemeinsamkeiten, die man untersuchen möchte, selbst gelöst, wird nicht mehr von ihnen bestimmt, sondern hält sich auf deren Schwelle auf, um beobachten zu können, wie andere Individuen von ihnen determiniert werden. Diese Fähigkeit hat der Mensch zu ihrem vorläufigen Höhepunkt gebracht. Heidegger nimmt den Einstellungswechsel nicht als selbstverständlich, sondern er möchte wissen, wie man ihn vollziehen kann. Dieser Einstellungswechsel sei nur im Rahmen des menschlichen Lebens möglich. Somit muss die Fähigkeit hierfür eine Ursache haben, die in diesem Leben liegt.

Heidegger wollte zeigen, wie aus dem menschlichen Dasein die Möglichkeit für Philosophie erwächst. Was aus dem menschlichen Dasein kommt in der Philosophie zur Geltung? Heidegger berücksichtigt nun nicht mehr nur die Phänomene im Bewusstsein, sondern Aspekte des Erfahrens und Erlebens wie Stimmungen und Affekte (Angst, Langeweile). Bildet sich in solchen Stimmungen die Möglichkeit der Philosophie heraus? Gibt es eine spezielle Offenheit des Menschen für Phänomene, deren Existenz die Erscheinung erst ermöglicht? Die Offenheitsfrage sei, laut Heidegger, in der Philosophie nie deutlich beschrieben worden. Laut Figal ergänzen sich Husserl und Heidegger: Husserl nahm die Phänomene hin und wollte die Sinnsuche darauf reduzieren, Heidegger fragte nach dem Wesen der Phänomene.

In "Sein und Zeit" beschreibt Heidegger den Begriff Phänomen wie folgt: "das Sich-an-ihm-selbst-zeigende, das Offenbare. Die 'Phänomene', sind dann die Gesamtheit dessen, was am Tage liegt oder ans Licht gebracht werden kann" [19, S. 28]. Heidegger stellt den Begriff der (bloßen) Erscheinung heraus. Erscheinen sei ein "Sich nicht zeigen". Beispielsweise zeigen die krankheitsinduzierten Schmerzen zwar eine Krankheit an, nur zeigt sich die Krankheit nicht selbst in den Schmerzen. Die Erscheinung ist immer eine Erscheinung von etwas, das sich aber nie an sich selbst zeigt. "Phänomene sind daher nie Erscheinungen, wohl aber ist jede Erscheinung angewiesen auf Phänomene. ...Im Horizont der Kantischen Problematik kann das, was phänomenologisch unter Phänomen begriffen wird, vorbehaltlich anderer Unterschiede, so illustriert werden, daß wir sagen: was in den Erscheinungen, dem vulgär verstandenen Phänomen je vorgängig und mitgängig, obzwar unthematisch, sich schon zeigt, kann thematisch zum Sichzeigen gebracht werden und dieses Sich-so-an-ihm-selbst-zeigende ('Formen der Anschauung') sind Phänomene der Phänomenologie." [19, S. 31]

Der den tatsächlichen (nicht den vorab erurteilten) Sinnzusammenhang der Phänomene konstituierende "Logos" wird von Heidegger als Urteil verstanden, als Rede, und zwar nicht im Sinne einer Stellungnahme, aber im Sinne einer Synthese als Offenbarung von etwas in Bezug auf die Umgebung, das Zusammenwirken. Dabei spielt er mit der Ambivalenz von etwas, dass sich in der Rede sehen lässt und dem Reden als aktiven Prozess des Redenden: "Der *Logos* läßt etwas sehen ..., nämlich das, worüber die Rede ist, und zwar für den Redenden (Medium), bzw. für die miteinander Redenden. Die Rede 'läßt sehen' ... von dem selbst her, wovon die Rede ist." [19, S. 32] "Und weil die Funktion des *Logos* im schlichten Sehenlassen von etwas liegt, im Vernehmenlassen des Seienden, kann *Logos* Vernunft bedeuten." Darüber hinaus kann *Logos* bedeuten: "...das als etwas Angesprochene, was in seiner Beziehung zu etwas sichtbar geworden ist, in seiner 'Bezogenheit', erhält *Logos* die Bedeutung von Beziehung und Verhältnis." [19, S. 34] *Logos* als Sehenlassen bedeutet nicht automatisch Wahrheit. Wahrheit herzustellen entspricht dem Entdecken/Entbergen von etwas als das, was es ist. Falschheit ist Verdecken/Verbergen von etwas Wahrem durch etwas anderes, das es nicht ist, sondern sich als jenes ausgibt.

"Phänomenologie sagt dann: ...Das was sich zeigt, so wie es sich von ihm selbst her zeigt, von ihm selbst her sehen lassen. Das ist der formale Sinn der Forschung, die sich den Namen Phänomenologie gibt. So kommt aber nichts anderes zum Ausdruck als die oben formulierte Maxime: 'Zu den Sachen selbst!" [19, S. 34] (und nicht zu den Erscheinungen, die sie verdecken). "Was ist das, was die Phänomenologie 'sehen lassen' soll? Was ist es, was in einem ausgezeichneten Sinne 'Phänomen' genannt werden muß? ...Offenbar solches, was sich zunächst und zumeist gerade nicht zeigt, was gegenüber dem, was sich zunächst und zumeist zeigt, verborgen ist, aber zugleich etwas ist, was wesenhaft zu dem, was sich zunächst und zumeist zeigt, gehört, so zwar, daß es seinen Sinn und Grund ausmacht." [19, S. 35] An dieser Stelle kramt Heidegger seine ontologische Differenz aus Sein und Seiendem hervor. Er verweist darauf, dass dasjenige, was "verborgen bleibt oder wieder in die Verdeckung zurückfällt nur 'verstellt' sich zeigt" nicht dieses oder jenes Seiende sei, sondern das Sein des Seienden. Der *Logos* der Phänomenologie lässt das Sein sich offenbaren. "Phänomenologie ist Zugangsart zu dem und die ausweisende Bestimmungsart dessen, was Thema der Ontologie werden soll. Ontologie ist nur als

Phänomenologie möglich. Der phänomenologische Begriff von Phänomen meint als das Sichzeigende das Sein des Seienden, seinen Sinn, seine Modifikationen und Derivate."[19, S. 35]

In [39] wird Heideggers ontologischer Bezug zur Phänomenologie genau erläutert: "Heideggers philosophisches Denken wird von Anfang an von der Seinsfrage geleitet. ... Seiner Meinung nach verkennt die Tradition der das abendländische Denken beherrschenden Metaphysik seit der Antike das Sein als ein unveränderliches, stets fix vor den Augen anwesendes Seiendes, das sogenannte 'Vorhandensein'. Daher ist das geschichtlich-faktische Leben nach Heidegger für die Metaphysik nicht der Rede wert. Dementsprechend schließt sie auch die Zeitlichkeit von der Sinnbestimmung des Seins aus." [39, S. 59] Tsai beschreibt, dass nur durch einen neuen Apparat von Begriffen die Zeitlichkeit des Seins erfasst werden kann. "Das Sein ist außerdem aber immer das Sein des Seienden. Wenn man also nach dem Sinn des Seins fragen will, muss man zuerst ein Seiendes nach dem Sein befragen." [39, S. 59] Hierzu sei nur ein bestimmtes Seiendes fähig, welches nach dem Sein Fragen und es verstehen kann, das menschliche Dasein. "Laut Heidegger muss man das Dasein so, wie es ist, betrachten und seinen Seinscharakter phänomenologisch unverzerrt beschreiben, um seine wahre Seinsverfassung zu enthüllen. Daher scheint es ihm, dass man ein Verständnis des Seins nur durch die phänomenologische Betrachtungsweise erreichen kann. ...Die so behandelte Phänomenologie muss dann gleichzeitig eine Ontologie sein, weil sie nach dem Sein des sich zeigenden

Seienden fragt. Da das Verständnis des Seins aber erst durch das Dasein möglich wird, braucht Heidegger hier noch die Phänomenologie des Daseins als Basis für seine eigentliche Aufgabe, nach dem Sinn des Seins zu fragen. ...Anders gesagt lässt sich der vorher versteckte Seinssinn erst durch das phänomenologische Auslegen des Daseins aufweisen." [39, S. 61]

Die Seinsweise des Daseins bezeichnet Heidegger als Sorge. Letztere ist weiter gefasst als Husserls Intentionalität, da sie zuerst den praktischen Umgang mit der Welt beinhaltet und erst danach das erkennende Anschauen von Bewusstseinsphänomenen. Nach der sogenannten "Kehre" Heideggers ist es nicht mehr nur das Dasein, welches die Wahrheit entbirgt/entdeckt, sondern das Sein selbst, welches das Dasein erst möglich macht. Der Mensch kann nun auch eine passive Rolle einnehmen und z.B. beobachten, wie sich Zerstörungen entdecken, welche durch Technologie hervorgerufen werden oder wie sich Heilmittel im Zuge der Krankheit selbst entdecken. Zu diesem Zweck sollte der Mensch nicht nur fähig sein, zu graben, sondern auch offen für das Sein sein, was seine Existenz ausmacht.

Zusammenfassend kann man sagen, dass Heidegger die Phänomenologie, das Finden der Wahrheit über die Phänomene, als das Aufdecken des Seins des Seienden versteht. Er und Husserl wollten dasjenige, was der Mensch in ein zu untersuchendes Objekt als Faktisches im Vorfeld hineininterpretiert, ja das Faktische selbst (natürliche Einstellung), von jenem trennen (z.B. die Bewusstseinsfunktion von deren chemischen Grundlagen), um den wahren

Phänomenen (deren Wesen als Phänomen), dem "Sich-Dem-Bewusstsein-Zeigen", also die Ereignisse "nur-im-Bewusstsein", auf den Grund zu gehen (phänomenologische Einstellung). Das Grün eines Frosches ohne die Vorstellung vom Frosch oder von den Lichtwellen ist phänomenologisches Grün.

Während Husserl das, was nach der *Epoché* übrigbleibt als reines, quasi universelles, jedoch starres "Sich-Zeigen" des Dinges aus sich selbst heraus betrachtet, während er also das übliche Verständnis umkehrt, also nicht vom Phänomen als etwas Vorgaukelndem, Nachgeordnetem auf die "wahre" Natur einer Sache kommen will und stattdessen wissenschaftlich-objektive Formalismen generieren möchte, entsprechend derer sich die Dinge aus sich heraus als objektive Phänomene zeigen, ist das Bewusstsein bei Heidegger selbst ein Sein, nämlich das menschliche Dasein. Bei ihm entsteht eine Phänomenologie des sich (i) selbst zeigenden Phänomens (ii) im Bewusstsein, die durch das "In-Der-Welt-Sein" des Daseins gegeben ist. Also muss das "In-Der-Welt-Sein" des Daseins verstanden werden: Welche Gemeinsamkeiten teile ich selbst, während ich versuche, die Gemeinsamkeiten zu erkennen, in denen sich das untersuchte Objekt mir zeigt? Wie muss ich "In-Der-Welt-Sein", um mich den Gemeinsamkeiten, die sich mir zeigen können, zu öffnen?

Das Sein wird limenistisch als das Sich-Entfalten, das Sich-Anpassen an ein Bündel von Gemeinsamkeiten verstanden, die sich über die Agenten, welche sie teilen, die

Seienden, zeigen. Die limenistische Phänomenologie beinhaltet also die eineindeutige Zuordnung der sich in ihrer Gemeinsamkeit mit dem Beobachter zeigenden Phänomene zu eben jener Gemeinsamkeit. Hierdurch wird die Phänomenologie begrenzt-exakt, weil sie sich eben nur auf die die Gemeinsamkeit teilenden Agenten bezieht. Die Begrenztheit beschreibt, dass Transzendenz in andere/neue Gemeinsamkeiten erfolgen kann, denn dies ist die Vorbedingung für die Anpassung an begrenzte Gemeinsamkeiten (wenn man ihre Grenzen nicht transzendieren könnte, wären sie nicht begrenzt.)

Das Sein ist aber nicht nur das bloße Teilen von Gemeinsamkeit, sondern der Zwang in jene jenseits der Zufälligkeit. Auch diese Zwänge muss die limenistische Phänomenologie aufdecken, und zwar genau jene, welche diejenigen Gemeinsamkeiten ineinanderzwingen, die sich als Phänomene im Rahmen der Entfaltung in ihnen zeigen. Sofern eine Integration jenseits bloßer Wahrscheinlichkeit bemerkt wird, der Zwang jedoch nicht, bedeutet das nicht, dass er nicht existiert. Vielmehr existiert er in diesem Fall immer, wurde jedoch als Teil des Seins nicht aufgedeckt. Bedenken Sie, meine Damen und Herren, dass ich noch immer bei den Phänomenen als solche bin, bei der bloßen Beobachtung einer Mechanik und deren innerer Zusammenhänge, ohne ein vorgefertigtes Modell anzuwenden, sondern das Modell erst aus jenen Phänomenen zu erarbeiten, ohne dass es mit einer Vorgabe übereinstimmen muss.

Mit Heidegger endete die Phänomenologie jedoch nicht. Vielmehr hatten Husserl und er ein ganzes philosophisches Universum hervorgebracht, das viel Aufmerksamkeit auf sich zog und sich im Weiteren ausdifferenzierte. Es wurden nun nicht mehr die Phänomene als solche phänomenologisch betrachtet, sondern einzelne Klassen von Phänomenen. Heidegger beispielsweise betrachtete Begriffe phänomenologisch, er verfolgte eine phänomenologische Hermeneutik, indem er Begriffe von ihrem vermeintlichen Sinn trennte und von Grund auf neu betrachtete. Er suchte nach ursprünglichen Bedeutungen ihrer Teile und erzeugte einen neuen, für seine Betrachtungen richtigen Sinn. Die Neubesinnung der Begriffe oder Aussagen muss selbstverständlich nicht zum Erfolg im Sinne von "richtig" führen. Der alte Sinn kann richtig gewesen sein, der neue falsch. Der alte kann falsch gewesen sein, der neue ebenso nur scheinbar richtig und der neue kann genauso richtig sein wie der alte.

Was die Limenistik angeht, so ließe sich eine Phänomenologie der Gemeinsamkeiten und ihrer Unzulänglichkeiten entwickeln, welche die Fragen nach scheinbarer, richtiger oder falscher Gemeinsamkeit, der Anpassung, Transzendenz, Integration und Wertung beantworten könnte. Wie kann man integrierte Gemeinsamkeiten von ihrem vermeintlichen Integrationszwang trennen, um den in ihrem Zusammenhang richtigen zu erkennen? Wann ist eine Unzulänglichkeit wirklich eine solche? Gibt es Situationen, in denen man sich scheinbar von Gemeinsamkeiten trennt, es aber in Wirklichkeit gar nicht tut? Gibt es Situationen, in denen man noch glaubt, Teil einer Gemeinsamkeit zu sein, ist es aber in Wirklichkeit gar nicht mehr? Leider übersteigt jene Entwicklung momentan meine Möglichkeiten. Stattdessen würde ich gern zum Dasein zurückkommen, welches man in weitere Unterdaseins einteilen kann: Frauen, Männer, Kinder, Fußballspieler, Müllfahrer, Homo-, Hetero- und Transsexuelle, usw. Die dazugehörigen Seinsweisen würden dann Existenzialien entsprechen.

Darüber hinaus gibt es eine weitere Einteilung, die in das Ego und in das andere/fremde Dasein. Emanuel Levinas beanstandete, dass die traditionelle abendländische Philosophie zu stark auf das Ego ausgerichtet sei und sich für den Fremden kaum interessiere. Er sah seine Aufgabe in der Untersuchung des Fremden als Phänomen im Bewusstsein. In [40] hinterfragt der Autor die Motivation zu einer freundlichen Geste dem Fremden gegenüber, ausgedrückt durch den Satz: "Was aber bringt mich dazu, einen Schritt zurückzutreten? Erziehung? ...Die Hoffnung, Freundlichkeit zahle sich aus? Gespürte Zuneigung zum Nächsten? Die Freude an der Dankbarkeit des anderen? Die Genugtuung über seine Verlegenheit? Galanterie? Allgemeine Menschenfreundlichkeit?" Die Fragestellungen enthalten mehrere Aspekte, beispielsweise die erzieherische Prägung, einen ökonomistischen Aspekt aber auch die Möglichkeit einer generellen Empathie dem Fremden gegenüber, eben weil er dazu verdammt ist, mir fremd zu sein oder das genaue Gegenteil, nämlich die Überzeugung, dass der Fremde mir in Wirklichkeit gar nicht fremd, sondern mir sehr ähnlich ist. Die letztere Einschätzung als Begründung der Freundlichkeit hinkt jedoch ein wenig, da sie keinen Unterschied zwischen einem mir bekannten Amerikaner und einem mir unbekannten Amerikaner erzeugen würde.

Der Autor des Artikels [40] verweist nun auf Levinas und dessen Konzept vom Antlitz. Laut Levinas besitzt die Nacktheit des menschlichen Antlitzes eine merkwürdig entwaffnende Autorität. Sie ist entwaffnend durch ihr eigenes Entwaffnetsein. Das nackte Antlitz lädt durch seine Nacktheit zu einem Akt der Gewalt ein und macht ihn gleichzeitig unmöglich: Es entstehen die Versuchung des Mordes und die Unmöglichkeit des Mordes gleichzeitig. Beides gehört zusammen, trotz der Ambivalenz. Jegliche Moral gründet in dem "Du könntest zwar - weil ich nackt bin - aber Du sollst nicht töten". Hieraus wiederum erwächst jede soziale Beziehung. Das Antlitz repräsentiert also eine Nacktheit, welche gleichzeitig die Möglichkeit für mich eröffnet, den Fremden zu verletzen, als auch erheischt, ihn als meinen Bruder zu beschützen. Das Konzept des Antlitzes ist auch auf Tiere anwendbar und auf zerbrechliche, wertvolle Gegenstände. Gegenüber dem Fremden hat man nun die Freiheit, unbedingte Verantwortung für ihn zu übernehmen. Die Präsenz des Antlitzes des Fremden ändert somit die eigenen Verhaltensweisen. Man ist dem Anderen verpflichtet [vgl. 40]. Lóvinas zitiert zur Illustration die 'Brüdern Karamasow' von Fjodor Dostojewski: '...daß jeder von uns allen gegenüber in allem schuldig ist, und ich mehr als alle." [41]

Das bisherig Gesagte lässt sich gleichermaßen sowohl auf den Anderen, mir Bekannten, und auf den Fremden, mir Unbekannten anwenden. Das liegt daran, dass Levinas versucht, die Gemeinsamkeiten mit dem Fremden als Begründung von Hilfsbereitschaft auszublenden. Man hilft einem Fremden nicht deswegen, weil man nach ewigem Herumsuchen an ihm herausfindet, dass er dieselbe Augenfarbe hat, wie man selbst. Levinas versucht, den Anderen/Fremden/Neuen wirklich als Fremden zu denken. In [42, S. 18] schreibt die Autorin: "Die Idee des Unendlichen erfasst das Unendliche nicht. ... Die Idee des Unendlichen setzt die Trennung des Selben vom Anderen, die Trennung vom Sein und dem Seienden voraus, sie bleiben absolut getrennt...Die Idee des Unendlichen, das unendlich Mehr, das im Weniger enthalten ist, ereignet sich konkret in der Gestalt einer Beziehung von dem Antlitz des Anderen her." Man könnte auch sagen: Das Unendliche, das Jenseits des Seins, bleibt mir immer fremd, so wie das wirklich unassimilierbar Fremde im Fremden mir immer fremd bleibt. Daher sehe ich die Unendlichkeit in seinem Antlitz. Die Autorin schreibt weiter auf S. 20: "Das Unendliche im Endlichen, das Mehr im Weniger, das sich durch die Idee des Unendlichen vollzieht, ereignet sich als Begehren. ...Das metaphysische Begehren strebt nach ganz Anderen, nach dem absolut Anderen. ... Charakteristisch für das metaphysische Begehren ist die Tatsache, dass das Begehren ohne Befriedigung auskommen muss, denn dadurch a) öffnet es die eigentliche Dimension des Hohen ...; b) wird die Andersheit des Anderen bezeugt."

Zur Levinas'schen Ethik schreibt sie: "Ein wesentlicher Unterschied zu den bisherigen Theorien der intersubjektiven Beziehungen besteht darin, dass Levinas die Partikel 'wie', das das Subjekt und den Anderen auf eine Vergleichsebene bringt, somit jegliche Unterscheidungsmerkmale nivelliert bis verschwinden lässt, beseitigen will. Die soziale Beziehung besteht nicht 'in gleicher Weise wie' sondern sie ist eine 'absolute Differenz' ..." [42, S. 23] Das Ego sorgt sich um das Sein des Fremden in seiner Fremdheit. Es will seine Fremdheit bewahren. Aus diesem Bewahrenwollen und der Erlaubnis hierfür resultiert die Ethik gegenüber dem Fremden. Vom limenistischen Standpunkt aus gesehen hat Levinas hier zwar nicht die Unendlichkeit im Fremden entdeckt, sondern festgestellt, dass es für eine selbstähnliche Wirklichkeit nicht nur Gemeinsamkeiten zwischen den Individuen geben darf, sondern dass es auch Unterschiede im Sinne von "Nicht-Ganz-Identisch-Sein"geben muss, um das Universum nicht kollabieren zu lassen. Aus Levinas' Fixierung auf das Fremde im Fremden erwächst im Übrigen ein Missverständnis, nämlich dass das Fremde im Fremden mit dem Fremden identisch sei. Dem ist natürlich nicht so. Das Weniger, in dem gleichzeitig das überlappende Mehr steckt, repräsentiert die bestehenden Gemeinsamkeiten zwischen dem Ego und dem Fremden.

Eine weitere Entwicklung hat Husserls Phänomenologie im Rahmen der genaueren Betrachtung der Sinnstiftung genommen. Husserl sieht die Konstitution vom Sinn innerhalb der Phänomene als Leistung eines transzendentalen Bewusstseins an, also eines solchen, welches eben jene Sinnstiftung ermöglicht. Wie bereits erwähnt setzt Husserl diese Möglichkeit voraus. In [43, S. 5] schreibt die Autorin: "Dadurch wird der Leib für Husserls Phänomenologie zu einem Problem. Denn es folgt, dass dieser bei ihm weder dem Bewusstsein angehört, noch in der den Menschen umgebenden Welt anzusiedeln ist. Er ist ein Ding irgendwo dazwischen." Maurice Merleau-Ponty, nahm sich dieses Problems an. Für ihn stellt der Leib den Mittelpunkt seiner Phänomenologie dar. Die Autorin schreibt weiter: "Dem phänomenalen Leib nach Merleau-Ponty kommt hingegen ein Bewusstsein zu." [43, S. 6]

Der Leib stellt eine aktive Form der Sinnstiftung dar, die ihren Ursprung nicht in einem konstruierenden und universalen Bewusstsein hat. "Dieser ständige Weltbezug des eigenen Leibes hat zur Folge, dass er in seiner vieldimensionalen Ganzheitlichkeit nicht von mir betrachtet werden, geschweige denn gänzlich erschöpft werden kann." Der Leib besitzt zwei "Ständigkeiten": Er ist immer bei mir, aber auch immer auf die Welt gerichtet. "Der Leib ist somit Zugang zu der den Menschen umgebenden Welt sowie zu den anderen Menschen, die sich mit ihm in der Welt befinden. Gleichzeitig ist der Leib auch die Welt. ...Durch den Leib wird jeglichem Einwirken von außen Sinn verliehen ..."

Was die Wahrnehmung im Verständnis Merleau-Pontys angeht, so schreibt Lisker [43, S. 8]: "Gegenstände lassen sich immer nur in Bezug zu den anderen sie umgebenden Gegenständen betrachten. Der Grund dafür ist ..., dass die anderen Gegenstände in der Umgebung zu dem Horizont des einen betrachteten Gegenstandes werden. ...Man weiß also um die Begrenztheit des eigenen Wahrnehmungsfeldes und darum, dass außerhalb dieser Grenzen etwas ist, das gerade nicht wahrgenommen wird. Doch diese Grenzen der eigenen Perspektiven versteht Merleau-Ponty als eine konstruktive und überhaupt erst befähigende Freiheit-Etwas-Zu-Tun, indem sie die eigene Welt organisieren." Der Wahrnehmungsakt verleiht den vorhandenen Gegenständen bereits einen Sinn, und zwar vor deren bewusster Gewahrwerdung. Anders betrachtet ist es der Körper, der den Gegenständen jenen Sinn verleiht, und zwar über das sogenannte Körperschema. Merleau-Ponty beschrieb, wie beispielsweise ein Blindenstock Teil des Körpers wird. Lisker erweitert dieses Konzept im zweiten Teil ihrer Arbeit auf das Smartphone, welches ebenfalls zum Teil des Körperschemas wird.

In [44, S. 23] schreibt der Autor: "Bei Merleau-Ponty wird das Körperschema als das 'Zur-Welt-Sein' des Leibes verstanden, d.h., es steht sowohl für die Einheit der gelebten Leiblichkeit als auch für die Einheit des Wahrgenommenen....In Merleau-Pontys Worten muss das In-der-Welt-Sein[16] des Subjekts mit seinem Zur-Welt-Sein einhergehen. Darum muss das Subjekt bei Merleau-Ponty ein leibliches sein, denn nur der Leib vermag jene Doppelauflage zu erfüllen...Merleau-Pontys Theorie der Subjektivität gestaltet sich daher von Anbeginn als Theorie ge- und erleb-

---

[16] Das "In-Der-Welt-Sein" Heideggers und das "Zur-Welt-Sein" Merleau-Pontys ähneln sich stark, nur erhält Letzteres durch die Präposition "zur" eine gewisse Gerichtetheit auf die Welt, die den Ausdruck eher phänomenologisch als ontologisch erscheinen lässt und damit besser zu Heideggers "Sorge" passt. Limenistisch bedeuten solche Vollzüge immer Anpassungsprozesse.

ter Leiblichkeit: Reflexiv ist das Subjekt zu-allererst insofern, als es als ein leibliches zugleich Wahrnehmendes und
Wahrgenommenes ist." Was die genaue Position des Leibes zwischen Bewusstsein und Welt angeht, so ist er "sowohl in der Welt als auch zur Welt. ...Er liegt stets am
Rand meines Wahrnehmungsfeldes."

Das Körperschema ist dabei die Struktur des Leibes, mit
dessen Hilfe der Weltbezug geordnet wird. Es handelt sich
um eine sichbewegende und gleichzeitig sichwahrneh-
mende Leibstruktur. "Dank dem Körperschema ist mein
Leib 'nicht eine Summe nebeneinandergesetzter Organe,
sondern ein synergisches System, dessen sämtliche Funk-
tionen übernommen und verbunden sind in der umfassen-
den Bewegung des Zur-Welt-seins. ... Anstatt eine Entität
vorauszusetzen, die die Einheit der Bewegung verbürgt
(Bewusstsein, Körper etc.), ist es nunmehr die Bewegung,
die dem Leib seine Einheit verschafft." Bewegung ist in
diesem Sinne "seinsenthüllend". "Die fundamentale Beweglichkeit betrifft dabei nicht nur die Lage des wahrnehmenden Leibes im Raum, sondern die Seinsweise aller von
ihm wahrnehmbaren Dinge." [44, S. 29] Jede Bewegung
sei stroboskopisch. Auf diese Weise strukturiert sie Raum
und Zeit. Die Funktion des Körperschemas besteht, laut
Kristensen, also darin, als "vorlogische Einheit" des Leibes dafür zu sorgen, dass der Leib eine Umwelt hat, dass
seine Glieder in ihren Bewegungen koordiniert sind und
dass die Wahrnehmung einheitliche Gegenstände bietet.

Das Körperschema besitzt ein Wahrnehmungsbewusstsein, eine nichtbewusste Vorstellung über den eigenen

Körper und dessen motorische/wahrnehmende Fähigkeiten: "Die Wahrnehmungssynthesis ist, so Merleau-Ponty, an die 'vorlogische Einheit' ...des Körperschemas angelehnt, und auf dieser Anlehnung gründet ihre Unterscheidung von der intellektuellen Synthesis, und von daher auch der Unterschied zwischen dem Wahrnehmungsbewusstsein und dem Bewusstsein im engeren Sinne. Hier liegt auch der Ursprung der Idee, dass die leibliche Motorik eine eigenständige Form von Intentionalität darstellt." [44, S. 31] Für die Limenistik ist die stroboskopische Bewegung gleichbedeutend mit einer Integration zweier Gemeinsamkeiten ineinander, wobei der Zwang zur Bewegung das Zwanghafte an jener ist und die phänomenale Bewegung selbst das Dritte neben der reinen Motorik und der reinen Sensorik darstellt. Die Integration ist futsch, wenn eine davon verschwindet, wenn ich meinen Arm z.B. innehalten lasse, um seine Position genau zu analysieren oder wenn ich ihn nur deswegen Auf und Ab bewege, um seine Reichweite zu studieren.

Merleau-Ponty stellt sich als wahre phänomenologische Inspiration heraus. In [45] stellt der Autor auf S. 54 fest, dass für Merleau-Ponty die Phänomenologie zuvorderst bedeutet, die phänomenologische Vorgehensweise anzuwenden. Er zitiert Husserl, indem er schreibt, dass durch Phänomenologie "die reine und sozusagen noch stumme Erfahrung ... zur reinen Aussprache ihres eigenen Sinnes zu bringen ist." Der Leib stellt für Merleau-Ponty das Zentrum der Weltorientierung dar, wobei er die bisherige philosophische Spaltung des Daseins in die Vernunft des Geistes und die Leiblichkeit, mit dem Primat bei Ersterer, nicht dadurch zu überwinden trachtet, dass er den Leib an die Stelle der Vernunft setzt. Vielmehr lässt er den Leib "zur-Welt-sein".

Der eigene Leib lässt sich nie perspektivisch betrachten, dennoch gibt es die Gegenstände außerhalb des Leibes (im Bewusstsein) erst durch ihn. Während durch ihn die Welt der Gegenstände für das Bewusstsein sinnstiftend konstituiert wird, kann er aber selbst niemals konstituiert werden. Doch wie lassen wir Raum, Gegenstände und Werkzeuge für uns sein? Wie machen wir sie uns zu eigen und wie beschreiben wir den Leib als Vollzugsort dieser Zuordnung? Wie kann der Leib Ursprungsort des Gegenstandes im Innersten unserer Erfahrung, von Subjekt, Objekt, Ich und Welt sein? Zunächst stellt man fest, dass, obwohl die Wahrnehmung durch ihn erfolgt, er bei derselben in den Hintergrund tritt. Man ist sich nicht bewusst, dass man das Erschaute durch das Auge erschaut. Der Leib befindet sich am Rande des Wahrnehmungsfeldes. Das Spiegelbild dessen sind die Phantomglieder, also die vermeintliche Weiterexistenz amputierter Gliedmaßen in der Wahrnehmung. Laut Merleau-Ponty ist dieses Phänomen weder physiologisch noch psychologisch zu erklären. Er bezieht es hingegen auf das "Zur Welt-Sein" des Leibes, das gleichzeitige Wahrnehmen und Sich-Verhalten des Leibes. Zur Erklärung versetzt sich Merleau-Ponty selbst in die Rolle des wahrnehmenden und sich verhaltenden Leibes. Er betrachtet ihn und seine Wahrnehmung nicht aus einer entfernten Perspektive, da dies ja eh nicht funktioniert. Durch diese Herangehensweise verbleibt das Ich in der Welt, ist aber gleichzeitig leiblich gebunden, also "zur-Welt-seiend", wie der Leib selbst.

Die Nichtanerkennung des Mangels durch die Amputation bedeutet, dass man weiterhin für alles Tun, welches das amputierte Körperteil ausführen konnte, offen bleibt. Das Ich wird zum Leib, wie er sich im Ich des Bewusstseins darstellt und konserviert so seine Weltzugehörigkeit, die Möglichkeit, ein bestimmtes Sich-Verhalten zu realisieren. In die Hände zu klatschen gehört zum "Zur-Welt-Sein". Wird eine Hand amputiert, kann sich das Bewusstsein nicht damit abfinden, da es die Fähigkeit des "Zur-Welt-Seins", wie sie Menschen (in meiner Nachbarschaft) haben sollten, nicht aufgeben kann. Nur, indem die Wahrnehmung zum "Zur-Welt-Sein" wird, kann das Zurücktreten des Leibes hinter die Wahrnehmung während der Wahrnehmung erfolgen. Umgekehrt kann der Leib als ein "natürliches Ich", als ein Subjekt der Wahrnehmung betrachtet werden.

Das "Zur-Welt-Sein" des Leibes wird zum bereits erwähnten Körperschema. Die Amputation verwandelt nun den phänomenal-habituellen Leib, an den sich die handhabbaren Gegenstände aufgrund seines Körperschemas (Wissen des Leibes um die räumliche Lage seiner Glieder, das gleichzeitig ein Schema der Körper außerhalb des Leibes konstituiert) zwecks Handhabung direkt wenden können, zu einem aktuellen Körper, an dem ein amputierter Arm beispielsweise fehlt. Der funktionierende Leib existiert in dem Sinne, dass er ständig konstituiert, sich die Strukturen einverleibt, während er "zur-Welt-ist". Er wird als Subjekt der Wahrnehmung begriffen. Gleichzeitig verankert er sich durch das konstituierende "Zur-Welt-Sein" in "seiner" Welt, die er schließlich erschaffen hat, wodurch sie sich mit ihm zwanghaft integriert, wobei der sich gegenseitige Schaffensprozess die neue Gemeinsamkeit darstellt.

Existenz ist bei Merleau-Ponty somit der zeitliche Prozess des "Zur-Welt-Seins". Der Leib ist umgekehrt geronnene Existenz und Letztere ist seine eigene ständige Verleiblichung. Der Punkt ist, dass der habituelle Leib eben nicht der aktuelle ist, denn in ihm ist DIE menschliche Existenz geronnen und nicht die individuelle. Das "Zur-Welt-Sein" des Leibes sieht sich zuerst als ein anonymes, unbedachtes, instantanes sinnliches Sinnstiften in der Welt der Gegenstände. Sie ist leiblich vermittelt und setzt sich in der bewussten Existenz fort. Das bedeutet aber nicht, dass die anonyme und die bewusste Existenz voneinander getrennt sind, vielmehr sind sie organisch miteinander verbunden.

Merleau-Ponty sieht auch die andere Seite des "Zur-Welt-Seins", nämlich die der Welt, besser die des Phänomens der Welt. Der "zur-Welt-seiende" Leib richtet sich auf seine Welt und erkennt dabei, dass er sie zwar konstituiert, sie jedoch zeitlich und ursächlich vor jener Wahrnehmung/Konstitution steht. Also muss sie beständig wahrgenommen und konstituiert werden. Dazu muss der Leib fähig sein, er muss weltoffen sein, um wahrnehmen zu können, um die Transzendenz in andere Welten quasi schon auf dem Schirm zu haben, während er transzendiert. Das schafft er nur, wenn er mehrere Möglichkeiten solcher Welten zur Auswahl hat.

Limenistisch wird davon ausgegangen, dass sich eine solche Fähigkeit nur in einer selbstähnlichen Welt entwickeln kann, dass die Unzulänglichkeit, welche die Transzendenz erst ermöglicht, trotzdem so gering ist, dass sich die möglichen Welten in einem für den Leib überschaubaren Rahmen unterscheiden. Tun sie das bei katastrophalen Ereignissen nicht, verliert der Leib seine konstituierende Kraft, auch wenn er über alle Sinne verfügt. Bermes beschreibt das Verhältnis zwischen dem sinnlich-sinnstiftenden Menschen und der sinnlich-sinnhaften Welt als offenen Dialog. Der Mensch fragt - die Welt antwortet, wobei die Frage bereits die Antwort antizipiert. Merleau-Ponty erweitert den offenen Dialog mit der Welt auf den Dialog mit dem Anderen. Der Dialog schafft eine besondere Welt (limenistisch: ein Gemeinsamkeitenbündel), in die sich der andere zwar nie integrieren kann, in denen sich die beiden Teilnehmer am Dialog dennoch gemeinsam aufhalten.

Zum Schluss möchte ich noch ein paar Worte über die Phänomenologie bei Sartre verlieren und damit zum nächsten Kapitel überleiten: Existenzialismus. Zahavi diskutiert den Bezug Sartres zur Leiblichkeit [34, S. 60 ff.] wie folgt: "Husserl schreibt, dass eine jede Welterfahrung durch unsere Leiblichkeit vermittelt und ermöglicht ist." Merleau-Ponty und Sartre weisen jedoch darauf hin, dass der Leib "mitgegeben als Mittelpunkt der Welt" ist. "Obgleich selbst unerfasst (d.h. nur vor-reflexiv bewusst)", kehren ihm alle Gegenstände ihr Gesicht zu. Sartre spricht von einem von Gebrauchsbezügen strukturierten Raum, in

175

dem die Position und Ausrichtung des einzelnen Gegenstandes auf ein praktisches Subjekt bezogen ist." Ein Messer auf dem Tisch würde immer implizieren, dass ich danach greifen kann. Der Leib sei nicht als trennende Scheibe zwischen der Welt und dem Bewusstsein vorstellbar, sondern umschreibt unser "In-Der-Welt-Sein" als "Zur-Welt-Sein". Laut Sartre gibt es keine andere Art, mit der Welt in Kontakt zu treten, als von der Welt zu sein. Leib (In-Der-Welt-Sein) und Welt können somit kaum getrennt voneinander untersucht werden. Kein Mensch kann eine Welt realisieren, in der er nicht selbst wäre. Die Sätze "Es gibt eine Welt" und "Ich habe einen Leib" sind nach Sartre gleichbedeutend. Die Phänomenologie des Leibes unterscheidet sich somit von der aller anderen Gegenstände. "Sartre sagt sogar, dass der Leib unsichtbar gegenwärtig ist, weil er eben gelebt und nicht erkannt wird." [34, S. 62] Der Körper, den man hingegen beschreibt, ist somit nicht der eigene Leib, so wie er für einen ist (nämlich unsichtbar).

Existenzialismus

Sehr geehrte Damen und Herren!
Der Duden beschreibt den Existenzialismus als eine besonders von Jean Paul Sartre ausgehende Philosophie bzw. Weltanschauung und darüber hinaus eine "davon beeinflusste unbürgerliche, unkonventionelle [und moralisch freizügige] Lebenseinstellung, die auf der Überzeugung von der [verpflichtenden] Freiheit und unausweichlichen Diesseitigkeit des menschlichen Daseins beruht." [46] Vertreter des Existenzialismus waren außerdem Simone de Beauvoir (* 9. Januar 1908 in Paris; † 14. April 1986 ebenda) und Albert Camus (* 7. November 1913 in Mondovi, heute Dréan, Algerien; † 4. Januar 1960 nahe Villeblevin, Frankreich).

Der Existenzialismus beginnt immer mit Sartre, der die Phänomenologie Husserls und Heideggers studiert hat. Dabei schien es ihm die Doppelseitigkeit des Phänomens besonders angetan zu haben, da sich etwas einerseits als sich selbst im Phänomen zeigt und da es sich andererseits jemandem zeigt, und zwar unmittelbar, dessen Fähigkeiten, um im Transzendentalen zu bleiben, ihm die entsprechende Reduktion und die Erkenntnis der wirklichen Zusammenhänge dahinter ermöglichen. Die Grundlagen des Existenzialismus werden in [47] zusammengefasst, auf das ich mich beziehen werde: Sartre lehnte jeden vorgezeichneten Weg ab. Er schob alles beiseite, was den Menschen in irgendeiner Form unentrinnbar determinieren könnte. Weder eher rechte Ansätze wie genetische Vorprägung, Erziehung und Kultur während der Kindheit, ethnische Zugehörigkeit noch linke Ansätze wie momentane Gemeinschaft, Produktionsverhältnisse, Sprache, sozialer Status spielen für ihn eine Rolle. Sartre verabsolutiert das Subjekt: Das einzige, was feststeht, ist, dass ein Subjekt existiert.

Bei Heidegger folgt aus der Möglichkeit des "eigentlichen Seinkönnens", allerdings zum Tode hin, die permanente Schuld des Daseins, und zwar während seiner gesamten Existenz (Führen des menschlichen Lebens), also während seines besonderen "In-Der-Welt-Seins" (Für Menschen typische, besorgende Einbettung des menschlichen Lebens in seine Welt. Notwendige Seinsverfassung menschlichen Lebens). Das Dasein hat aufgrund seiner Todesmöglichkeit die Bringschuld, zu existieren, und macht sich deswegen permanent des Auslassens von Existenzmöglichkeiten schuldig. Dennoch muss das Dasein Verantwortung für sich übernehmen, weswegen es ein Gewissen haben will, einen Ausdruck der Sorge, der es ins Seinkönnen ruft. Dabei wird dem angerufenen Selbst "nichts zu-gerufen, sondern es ist aufgerufen zu ihm selbst, das heißt zu seinem eigensten Seinkönnen. Der Ruf stellt, seiner Ruftendenz entsprechend, das angerufene Selbst nicht zu einer 'Verhandlung, sondern als Aufruf zum eigensten Selbstsseinkönnen ist er ein Vor-(nach-'vorne'-)Rufen des Daseins in seine eigensten Möglichkeiten." [19, S. 273] Doch ist es das eigene Gewissen, welches ruft, d.h. das Dasein hat sich mit seiner Entscheidung selbst gewählt und muss die Konsequenzen tragen [19, S. 287].

Existenz wiederum ist das Sein, wie es das Dasein durchführt. Dadurch unterscheidet sich der Begriff der Existenz vom "In-Der-Welt-Sein", der mit der Welt interagierenden Seinsweise des Daseins. Ein besonderer Aspekt der Existenz ist die Weltoffenheit des Daseins (die Welt steht ihm offen). Der freie Wille verbietet dem Dasein, wie eine genetisch programmierte Maschine zu funktionieren, sondern es muss Optionen frei abwägen. Programmiertes Verhalten - im limenistischen Verständnis: ständige Anpassung/Verfall an die gleichen, vorprogrammierten Gemeinsamkeiten - ist an immer dem gleichen Verhalten zu erkennen, das von den gleichen Auslösern getriggert wird und zu dem immer gleichen, erwartbaren, meist unbefriedigenden Ergebnis führt. Es wirkt auf das Dasein abstoßend und - zurecht - niederentwickelt. Die Ausnahme bildet solch ein Verhalten unter Zwang.

Die Frage nach der Existenz "zielt auf die Auseinanderlegung dessen, was Existenz konstituiert. Den Zusammenhang dieser Strukturen nennen wir die Existenzialität." [19, S. 12], wobei die Existenzialität der Existenzialien bezogen auf die Existenz gemeint ist, also die Seinsstruktur des eigenen Existierens, Letzteres vorangetrieben durch den Menschen selbst. Während die Existenzialen bei Heidegger (Weltlichkeit, "In-Sein" in der Welt, Sorge, Befindlichkeit, Angst, Geworfenheit, Verstehen, Sinn u.a.) die Frage nach dem "Was" der Konstitution des Seins des Daseins beantworten, beantwortet Sartre sehr eindeutig die Fragen nach dem "Wie", dem "Wer" und dem "Warum". Er sieht jene Bringschuldigkeit als ursächlich für das Dasein und Letzteres, in einer logischen Verbindung aus Bringschuld und Verantwortung, selbst als Treiber seiner Existenz. Dabei bezieht er sich auf das jeweilige Subjekt und nicht auf ein abstraktes "man": Die einzige Verantwortung, die ein Subjekt hat, ist, die ihm gegebene Existenz zu realisieren, sich zu dem Fakt, dass es existiert, zu verhalten! Verantwortung ist hier sowohl als abzuleistende Schuld als auch als die selbstverantwortete Freiheit für das "Wie" der Existenz zu verstehen, also der Wahl.

In pessimistischer Betrachtungsweise entfernt der Existenzialismus die Stabilität aus dem individuellen Dasein, in optimistischer setzt er die Möglichkeit vor alles andere, verbindet sie jedoch mit der Notwendigkeit der permanenten Wahl. An dieser Stelle wird bereits klar, dass die Limenistik nicht im Konflikt zu Sartres Existenzialismus steht, im Gegenteil. Gerade die permanente Wahlmöglichkeit zeigt an, dass der Mensch sich die Rahmenbedingungen für seine Entfaltung selbst aussuchen kann, ihre Grenzen transzendieren kann, dass sie aber dennoch begrenzt-universelle Rahmenbedingungen bleiben.

Die gleichzeitige Möglichkeit und Verdammtheit zur Wahl als Konstitution des Seins des Seienden lässt Sartre die Formen des Seins überdenken, die bei Heidegger als Existenz, also das Sein durch das Dasein; als (Dem-Dasein-)"Zuhanden-Sein" und als "Vorhanden-Sein" bezeichnet werden. Sartre benötigt eine Seinsform, die alle Dinge teilen und eine weitere Seinsform, in der nur der Mensch ist und welche seine eigene freie Wahl beinhaltet. In "Das Sein und das Nichts" [48] unterscheidet Sartre zwei Seinsformen, dass "en-soi", also das "An-Sich-Sein" und das "pour-soi", also das "Für-Sich-Sein". Jedes Objekt in der Welt ist "en-soi" gegeben. Nur die Wesen, die sich ihrer Gegebenheit bewusst sind, sind auch "pour-soi". Das "Für-Sich-Sein" bedeutet, das Sein durch Existenz auszufüllen, die Existenz selbstbewusst voranzutreiben, sie fließen zu lassen. Das "pour-soi" beinhaltet die bewusste Wahl- und Transzendenzoption. Da das "pour-soi" immer in Bezug auf das "en-soi" gegeben ist, existiert kein "Für-Sich-Sein", dass nicht "an-sich" wäre. Vielmehr ist das "pour-soi", also die bewusste Seinsweise, gekennzeichnet als"...das seiend, was es nicht ist, und nicht das seiend, was es ist", wohingegen "das Sein ist, was es ist." [48, S. 42]

Johann Gottlieb Fichte nahm hingegen den Satz "Ich bin Ich" als ein unbedingtes Setzen des Ichs durch sich selbst. D.h. er radikalisierte das Ich in freiheitlicher Richtung, sowohl hinsichtlich des Setzens als auch der Verantwortung dafür. Bereits Schelling gibt jedoch an, dass der Satz "...wenn Ich bin, so bin Ich" [49], eine Bedingung formuliert (wenn Ich bin), die das Bedingte (so bin Ich) voraussetzen muss, um eben jene Bedingung zu sein.

Hölderlin wies darauf hin, dass die der Satz "Ich bin Ich" keine Selbstidentität $a-a$ ist [50], die ein absolutes Sein setzen würde. Vielmehr ist das Ich, welches diesen Satz zu sich sagt, das denkende Ich, welches nur aus der Distanz, also wie über einen anderen über sich selbst urteilen kann. Anders gesagt: Indem das Ich über sich urteilt, wird es gegenüber dem Ich, über das es urteilt, zu einem anderen Ich, weil es jenes an einem fixen, vergangenen Zeitpunkt festhalten muss. Sartre brachte die menschlich-zeitliche Komponente als ein permanent unvollendetes Sich-Selbst-Setzen-Wollen in die Philosophie ein. Der Mensch befindet sich in seinem Sein als Mensch in einem permanenten Selbstentwurf. Er strebt also danach, der Mensch zu sein der er nicht ist. Der Mensch ist daher genau jener Prozess.

Das Bewusstsein als Bindeglied zwischen dem "en-soi" und dem "pour-soi"[17] ist selbst nicht wesenhaft, d.h. es ist

---

[17] Heidegger versteht die Bewusstheit des Todes als Katalysator für die individuelle Existenz des Daseins jenseits des "Man": "Der Tod ist die eigenste Möglichkeit des Daseins. Das Sein zu ihm erschließt dem Dasein sein eigenstes Seinkönnen, darin es um das Sein des Daseins schlechthin geht. Darin kann dem Dasein offenbar werden, daß es in der ausgezeichneten Möglichkeit seiner selbst dem Man entrissen bleibt, das heißt vorlaufend sich je schon ihm entreißen kann." [19, S. 263] Sartre lehnt Heideggers Verständnis des Daseins als "Sein-Zum-Tode" ab. Schließlich ist der Tod keine neue Seinsweise, auch wenn man ihn wählen kann. Sartre verbannt den Tod aus dem "Für-Sich-Sein". Er bezweifelt, dass der Tod es ist, der den Menschen aus dem "Man" in seine Individualität ruft, sie ihm bewusst macht, da niemand anderes dem Einzelnen den Tod abnehmen kann. Vielmehr ist es das individuell verantwortete Nichten im Rahmen des "Für-Sich-Seins", welches das Dasein "vereinzelt". Sartre schließt, dass wir, im Sinne von vereinzelt, auch endlich blieben, wenn wir unsterblich wären, denn wir "machen uns endlich, indem wir uns wählen." [51, S. 60] Somit resultiert die Bringschuld bei Heidegger aus dem Bewusstsein der Existenz aufgrund des Todes, während sie bei Sartre axiomatischen Charakter hat. Die Limenistik tendiert bei dieser Frage eher in Heideggers Richtung, wobei es weniger der individuelle Tod ist, der die Existenz bewusstmacht, sondern die positive Bewertung des individuellen "en-soi", das bei Sartre eher eine untergeordnete, wenn nicht sogar profane Rolle spielt. In der Limenistik hat das "en-soi" das "por-soi" erfunden, um sich noch effektiver konservieren zu können.

nicht "an-sich" (Nur der Bewusstseinsträger ist "an-sich".) noch "für-sich". Es bezieht sich nämlich immer auf ein Objekt. Verschwindet das Objekt aus dem Bewusstsein, verschwindet das Bewusstsein von ihm und damit das Bewusstsein an-sich, wenn es dies gäbe. Anders gesagt: Durch das Bewusstsein von einem Gegenstand ist das Bewusstsein in der Seinsweise des "pour-soi", d.h., man ist sich bewusst, dass man sich eines Gegenstandes bewusst ist und man ist sich bewusst, dass man es selbst ist, der sich des Gegenstandes bewusst ist. Die Gegenstandsbezogenheit passt gut zu Husserls Intentionalität des Bewusstseins, negiert aber dessen Idee vom transzendentalen Ich als dessen Träger.

Das Bewusstsein von einem Gegenstand (inklusive des Menschen selbst) ist also dadurch bestimmt, dieser Gegenstand nicht zu sein. Vom "geworfenen" Objekt bleibt im Bewusstsein nur noch ein "Entwurf", d.h. die ursprüngliche "Geworfenheit" in die Welt, auf die das Seiende inklusive des Daseins keinen Einfluss hat, wird zu einem "Entwurf" aus der Welt. Das Bewusstsein realisiert also die "Entworfenheit" bzw. "Entworfen-Sein", das ein "Nicht-Sein" ist. Dem Gegenstand wird dadurch das "en-soi" entzogen, er wird aus seinem starren Seinszusammenhang herausgeholt. Das "Entwerfen" als Nichtung seines "en-soi" macht den Gegenstand zu einem tatsächlichen Entwurf, mit dem das Bewusstsein ungezwungen weiterarbeiten kann. Diese Nichtung des Gegenstandes (ihn zu sich ins "Nicht-Sein" zu holen) entspricht genau dem "Für-

Sich-Sein" als Seinsweise des Bewusstseins. Was die Erkenntnis angeht, so ist sie ein notwendiger Teil der Phänomenologie, da man so die Möglichkeit hat, den Gegenstand auch aus dem Seinszusammenhang herauszuholen, den man ihm zuvor möglicherweise nur angedichtet hat.

Postiv betrachtet gibt das Bewusstsein dem Menschen sogar die Möglichkeit, das starre, durch Natur- und soziale Gesetze festgelegte Sein der Dinge aufzulösen und ihnen ein anderes/neues Sein zu verpassen. Ich denke, dass Sartre dies nicht nur auf eine virtuelle oder Phantasiewelt bezieht, sondern auch auf die Realität, wo der Mensch die Naturgesetze als Werkzeuge zu verwenden sucht, um sie nach seinem Gutdünken, in einer freien Wahl, zu nichten. Das Gleiche gilt für das Subjekt selbst. Das "Für-Sich-Sein" kann sich selbst, wie jedes Objekt, nichten, d.h. seine eigene Gegenwart und sich in seinem Bewusstsein auf die Zukunft hin entwerfen. Trifft es die Wahl, diesen Schritt zu tun, transzendiert es. Sartre erklärt diese Zusammenhänge am Beispiel der Angst. Er definiert Angst als das Verhältnis zwischen dem, was man in einem bestimmten Moment ist und dem, was man sein wird.

Zwischen diesen beiden Zuständen liegt die Wahl, die durch nichts bestimmt ist, also der Freiheit entspricht, ähnlich wie das in der Limenistik für die von der Gemeinsamkeit zwar nicht losgelösten, jedoch nicht durch sie bestimmten Unzulänglichkeiten der Fall ist. Sartres "Geist der Ernsthaftigkeit" als Gegenspieler der Wahl versucht nun, den Blick auf die Wahlmöglichkeiten zu verstellen und nur bestimmte Handlungsalternativen zuzulassen, oft sogar nur eine alternativlose. Alle Unternehmungen, die ich nicht gerade unternehme, werden als unmöglich beiseitegelassen. Dieser "Geist der Ernsthaftigkeit" entspricht in der Limenistik dem IntegrationsWert. Allerdings ist hier die freie Bewertung gleichzusetzen mit einer freien Motivation, Werte können sonstwie benutzt werden, um sich zu motivieren, während Sartres Geist eher von außen an das Subjekt herangeführt wird, beispielsweise in Form eines festen Wertegefüges.

Sartre sieht es als Pflicht des Menschen an, die Freiheit uneingeschränkt anzuwenden, d.h., ständig zu wählen. Der "Geist der Ernsthaftigkeit" verhindert dies, da er dem jeweils Vorgefundenen etwas Schicksalhaftes verleiht und dessen Transzendenz unterbindet. Demgegenüber steht die "mauvaise foi", die mitunter als "Unaufrichtigkeit" übersetzt wird (Ich bleibe bei dem Begriff). Galle beschreibt sie als Verschmelzung des Lügners mit dem Belogenen in einem Selbstbelügen. Da der Lügner die Wahrheit eigentlich kennt, muss er sie, als Belogener, sehr gut vor sich verstecken, damit er an die Lüge glauben kann. Woher aber kommt überhaupt die Fähigkeit hierfür? Der Mensch kann mithilfe seines Bewusstseins externe Gegenstände nichten, aber auch zu sich selbst in ein Negationsverhältnis treten. Das Bewusstsein von etwas ist es nicht selbst. Das Bewusstsein von sich selbst ist man nicht selbst. Somit ist der Mensch immer etwas, dass er nicht ist. Er hinterfragt sich, ist sich seiner nicht sicher, denn wenn er jedes Ding auf der Welt nichten kann, wie kann er wissen, ob das Bild, das er von sich hat, das richtige ist. Verstanden als Hegelsche Negation der Negation, bestimmt dieses Nichten die Eigenzeit des Menschen.

Zur Erläuterung führt Galle Sartres Beispiel des Kellners an. Der Kellner versucht, sein Verhalten den Erwartungen der Gäste, eben an einen Kellner, gerecht zu werden. Er könnte diese Verhaltenserwartung jederzeit transzendieren und, beispielsweise, sich wie ein Zirkusartist im Restaurant von Kronleuchter zu Kronleuchter schwingen. Stattdessen nimmt er die Rolle des Kellners an und geht schließlich in ihr auf. Er schreibt der Kellnerrolle Faktizität zu. Genau diese Fähigkeit des Kellners ist die "Unaufrichtigkeit". Sartre setzt nun voraus, dass diese einzige Variante des Lebens, nämlich Kellner zu sein, nicht authentisch ist. Der Kellner würde seine Authentizität als nichtendes Subjekt dadurch wiedergewinnen, wenn er sich dazu entschlösse, Kellner zu sein, im Modus, es nicht zu sein. Kellner zu sein ist dann nach wie vor eine Rolle für ihn, die, da sie per se transzendierbar ist, transzendiert werden muss, zumindest als innerliche Negierung der Faktizität. Das menschliche Sein ist, laut Sartre, ein Dualismus zwischen Transzendenz und Faktizität[18], ganz in Übereinstimmung mit dem Prinzip der begrenzten Univer-

---

[18] Laut Heidegger bedeutet der Begriff der Faktizität "das In-der-Welt-sein eines 'innerweltlichen' Seienden, so zwar, daß sich dieses Seiende verstehen kann als in seinem 'Geschick' verhaftet mit dem Sein des Seienden, das ihm innerhalb seiner eigenen Welt begegnet." [19, S. 56] Der Begriff beinhaltet bei Sartre ein Annehmen und sich Abfinden mit der Rolle, die ihm eine Gemeinschaft zuweist.

salität von Gemeinsamkeiten in der Limenistik. Die Unaufrichtigkeit will jenen Dualismus nicht koordinierend intern versöhnen, sondern Identitäten fixieren, nur um der Identität willen, indem sie die beiden Aspekte als unversöhnlich darstellt.

In der Limenistik ist es nicht die permanente Transzendenz, welche das Dasein ausmacht, nicht die Entscheidung für einen bestimmten Weg, den ich gerade eben nicht beschreite, sondern die Wahl zwischen dem Verharren und dem Transzendieren der Gemeinsamkeit, wobei natürlich ebenfalls keine ewige Faktizität impliziert wird. Für Sartre kann die "Unaufrichtigkeit" dennoch zum permanenten Zustand eines Menschen werden. In erster Näherung in Form einer eineindeutigen Identität und in zweiter Näherung als eine permanente Flucht vor sich selbst, der die Angst vor dem, was man eigentlich ist, zugrunde liegt. Sartre übersieht an dieser Stelle den Zufall. Er sieht das "An-Sich-Sein" als starres Gefüge. Der Zufall würde zwar Teil jener Starrheit, wenn man Freiheit nur auf den Willen des Menschen bezieht, also seine Unkontrollierbarkeit durch den Menschen als Starrheit betrachtet. Allerdings führt der Zufall dem Menschen vor Augen, dass auch die Natur die Nichtung kennt. Vom limenistischen Standpunkt ist anzufügen, dass der Mensch sich am Ende eines Lebens zwar nur eine begrenzte Menge von Gemeinsamkeiten versuchsweise angepasst haben wird, dass diese am Anfang des Lebens jedoch nicht feststehen. Dennoch ist diese Menge begrenzt und durch einen, für das Individuum geltenden, Sinn in ihrer Zusammensetzung sinnhaft.

Neben den Seinsformen "en-soi" und "pour-soi" definiert Sartre noch eine weitere, die "être-pour-autrui", das "Für-Andere-Sein". Tatsächlich streckt die "mauvaise foi" bereits ihre Fühler in Richtung der Intersubjektivität aus, indem der Kellner sich in seinem "Kellner-Sein" daran orientiert, welche Erwartungen die Gäste denn an einen Kellner haben. Somit gibt es ein "Für-Andere-Sein", welches das eigene Sein signifikant beeinflussen kann. Sartre betrachtet das Wechselspiel zwischen den drei genannten Seinsformen. Das "pour-soi" ist dabei klar über die Forderung definiert, zu sein, was es nicht ist bzw. nicht zu sein, was es ist, wodurch es kein eigenes Sein darstellt. Das "pour-soi" löst Objekte aus ihrem starren "en-soi", aus ihrem Sein und macht sie zu etwas, das sie in ihrem Sein eben nicht sind.

Das "pour-soi" ist befähigt, Objekte zu nichten, worauf die menschliche Freiheit beruht. Die "être-pour-autrui" ist hingegen dialektisch definiert und manifestiert sich als "Blick", "Scham" und "Liebe". An dieser Stelle sei daran erinnert, dass die Fähigkeit zum "pour-soi" letztendlich nur Subjekte besitzen. Ein Subjekt ist dasjenige "en-soi", welches gleichzeitig "pour-soi" ist und Objekte nichten kann. Objekte sind lediglich "en-soi" und nichtbar durch das Subjekt. Nur, was geschieht, wenn zwei Subjekte einander gegenüberstehen. Eines von ihnen, der Host, wird zunächst versuchen, den Eindringling als Objekt zu betrachten und ihn in das Zusammenspiel der anderen Objekte in seinem Wahrnehmungsfeld sinnvoll einzuordnen. Hierzu zieht sich der Host oft ganz in sein "pour-soi" zurück, vergisst sein "en-soi", um sich beim Nichtungsprozess nicht durch die eigene Leiblichkeit, das Wissen um die eigene Begrenztheit ablenken zu lassen. Nur ist der Eindringling kein Objekt, sondern ein Subjekt und wird das gleiche mit dem Host versuchen. Der lässt sich das jedoch nicht gefallen. Da er selbst Subjekt bleiben und nicht zum Objekt des Eindringlings werden will, dreht er den Spieß um.

Sartre nennt dieses Hin- und Her zwischen Subjektivierung und Objektivierung "Kampf um Anerkennung". Damit ist, in dialektischer Weise, sowohl die Anerkennung des Eindringlings als Subjekt und die Degradierung des Hosts zum Objekt als auch die Anerkennung des Hosts als Subjekt und die Degradierung des Eindringlings als Objekt gemeint, und zwar jeweils von Host und Eindringling bzgl. ihrer jeweiligen Rollen. Diese Art von Miteinander konstituiert die menschliche Interaktion, gleichzeitig kennt sie keine Brüderlichkeit. Es ist der Kampf um die Realisierung der eigenen Ansprüche, fast so wie durch Nietzsches fraktionierte Machtwillen, die letztendlich Gestaltungswillen sind. Die Zurückgezogenheit der Subjekte in ihr "pour-soi" während der Interaktion erläutert Galle anhand der Augen. Diese werden in diesem Zustand nicht als Objekte wahrgenommen. Der Blick verdeckt sie quasi. Erst wenn eines der Augenpaare zum Objekt wird (das kann auch aufgrund vorheriger Absprache erfolgen, beispielsweise beim Augenarzt), erkennt das Subjekt deren objekthafte Eigenschaften.

189

Dieses Prinzip lässt sich verallgemeinern: Wird uns bewusst, dass wir von einem anderen Subjekt als Objekt betrachtet werden, macht uns das unsere eigene Leiblichkeit bewusst. Wir werden aus dem bloßen "pour-soi" herausgeholt und in unser "en-soi" zurückgeworfen. Das macht uns ebenfalls unsere Begrenztheit und unsere Sterblichkeit bewusst. Der "Blick" als Fähigkeit, seine Leiblichkeit in den Hintergrund treten zu lassen und als reines "pour-soi" zu sein sowie die plötzliche Vernichtung jenes "Blickes" durch einen Anderen, macht das "être-pour-autrui", nämlich plötzlich Objekt für einen Anderen zu sein, zu einer Methode, uns unserer eigenen Leiblichkeit und Sterblichkeit bewusst zu werden. Die Anerkennung des Anderen als Subjekt ist mit der Anerkennung der eigenen Leiblichkeit verbunden.

Durch das Anerkennen der Fähigkeit des Anderen, mich zu objektivieren, wird mir wiederum bewusst, dass ich être-pour-autrui" für ihn bin und auch alle anderen Subjekte in seinem Wahrnehmungsbereich. Im Rahmen des Kampfes um Anerkennung kommt es aus der Warte des Hosts nun zu zwei möglichen Situationen: Einerseits kann der Eindringling als Subjekt agieren, was den Host zum Objekt macht. Andererseits kann dem Host, der als Subjekt agiert, plötzlich klar werden, dass er den Eindringling zum bloßen Objekt degradiert hat, und zwar ohne jegliche vorherige Absprache. In beiden Situationen entsteht ein Schamgefühl. Das erste ist primär, das zweite entsteht dadurch, dass ich mich in den Gegenüber hineinversetze und ihm die Unannehmlichkeiten ersparen möchte, die ich selbst für solche halte. Scham entsteht also bei der plötzlichen Gewahrung der eigenen Leiblichkeit, der Negierung des reinen "pour-soi", in dem man sich wähnte und durch den Rückwurf in das eigene "en-soi". Man ist plötzlich wieder Teil der Objektwelt und der Andere hat wahrscheinlich nichts Besseres zu tun, als mich auf meine sterbliche Leiblichkeit zu reduzieren. Deswegen schämt man sich immer vor jemand Anderem und niemals ohne ihn.

Aus diesem Grund führt die Scham dazu, dass ich den anderen als von mir verschiedenen "pour-sui" erkenne und akzeptiere. Da ich mich unter seinem "Blick" schäme, wird klar, dass es sich bei ihm um einen Menschen wie mich handelt und nicht um einen Roboter. Der Sensor hierfür ist wiederum mein Leib, denn nur durch ihn schäme ich mich. Er ist gleichzeitig der Sensor für das heimliche Beobachtetwerden. Sartre vermutet, dass der Drang des Menschen, sich durch Kleidung zu verhüllen, den Versuch darstellt, seine ungewollte Objektivierung durch andere zu verhindern. Selbst vollkommen nackt kann man sich davor schützen, zum Objekt zu werden, nämlich dann, wenn alle Anderen ebenfalls nackt sind, man sozusagen in der Menge verschwindet. Der Drang von Personen und Personengruppen, sich besonders sittsam zu verhüllen, würde dann, nach meiner Interpretation, bedeuten, dass sie von den Anderen ständig und rücksichtslos zu Objekten gemacht werden.

Schließlich macht Galle klar, dass das Auftauchen des Eindringlings und die damit verbundene Bewusstwerdung des "être-pour-autrui" das "pour-soi" des Hosts zu einem innerweltlichen An-Sich-Sein, zu einem Ding unter Dingen werden lässt. Das "pour-soi" wird sozial eingebunden, es versteinert, wodurch das Ich-Bild sozial festgeschrieben wird. Die große Frage ist natürlich, ob uns der Eindringling erst dazu bringt, uns unserer selbst bewusst zu werden. Diese Frage bleibt bei Sartre, meiner Meinung nach, unbeantwortet. In der Limenistik definiert sich der Mensch über die zwanghafte Integration seiner inneren Eigentümlichkeiten, die grundsätzliche Gemeinsamkeiten mit anderen Menschen darstellen bzw. darstellen könnten. In diesem Verständnis wäre die These korrekt, denn nur durch die Präsenz des Anderen kann man sich der Gemeinsamkeiten bewusst werden, die man mit ihm teilt.

Was die limenistische Interpretation des bisher Gesagten angeht, so stellt die Umgebung eines Menschen seine äußere Gemeinsamkeitensphäre dar, an die er sich anzupassen trachtet, um jene Gemeinsamkeiten zu erinnern und zu seinen Eigentümlichkeiten zu machen. Ein zusätzliches Subjekt, der ein ähnliches Anpassungsbestreben verfolgt, stört die gemeinsame Ordnung der Dinge natürlich. In dem Moment, da er mich darüber hinaus anblickt, d.h. zum Objekt macht, stellt er, und nicht mehr die begrenzt-universelle Ordnung der Objekte, die Grenze meiner Anpassung dar. Was ist nun, wenn jene Gemeinsamkeit, in welcher der Andere die Grenzen setzt, eine bessere Gemeinsamkeit ist als ohne ihn? Was ist, wenn das Gleiche für ihn gilt, und zwar in Bezug auf mich? Was, wenn zwei Partner die Gemeinsamkeiten, die sie teilen, jeweils für sich und den Anderen als für sie beide bessere gestalten? Klar! Dann muss es Liebe sein. Sartre bzw. die Limenistik verstehen die Konstellation der Liebe also wie die eines Konkurrenzkampfes. Es geht immer darum, den jeweils anderen zu unterwerfen und dadurch seine eigene Wahlfreiheit wiederzubekommen. In einer Liebe oder Partnerschaft versucht der jeweils Freie den Unterworfenen in eine für beide bessere Gemeinsamkeit zu zerren, wozu auch die beidseitige Freiheit gehört. Beim ökonomischen Konkurrenzkampf wiederum versucht der Freie, den Anderen in eine für ihn falsche Gemeinsamkeit zu drücken, um ihn in den Bankrott zu treiben.

Sartres Existenzialismus bezieht sich hauptsächlich auf das Bewusstsein, das "für-sich ist", wenn es einen Gegenstand "entwirft". Das Bewusstsein ist immer ein Bewusstsein von etwas. Aus dieser Formulierung lässt sich ein totales Bewusstsein eines Subjekts bezogen auf einen Gegenstand konstruieren: Das totale Bewusstsein ist sich bewusst,

(i) dass es sich eines bestimmten Gegenstandes bewusst ist,

(ii) dass es selbst es ist, der sich dieses Gegenstandes bewusst ist,

(iii) wie es sich des Gegenstandes bewusst geworden ist,

(iv) was die strukturellen Voraussetzungen für die Bewusstwerdung des Gegenstandes sind,

(v) warum bzw. zu welchem Zwecke genau es sich des Gegenstandes bewusst sein soll,

(vi) wer sich sonst noch des Gegenstandes bewusst ist und ob dessen Bewusstsein das Subjekt beeinflusst.

Bewusstsein von etwas Seiendem bedeutet dessen Nichtung, was den Träger des Bewusstseins und das Bewusstsein von etwas, das auch dessen Träger sein kann, miteinschließt. Die Weiterentwicklung der Art des Bewusstseins von etwas ist die Entwicklung von dessen Seinsweise, des "Für-Sich-Seins", somit des Nichtens, was das totale Bewusstsein von etwas zum Idealzustand der Phänomenologie macht. Andererseits bedeutet Wahl eine bewusste Wahl, also eine Wahl durch das Bewusstsein selbst. Doch handelt es sich auch hier um das Bewusstsein von etwas und nicht das Bewusstsein selbst, dass es "an-sich" und "für-sich" ja nicht gibt. Genau hier sitzt der phänomenologische Kern von Sartres Existenzialismus: Es ist nämlich der bewusste, erkennende Blick auf den Gegenstand, der sich in seiner Seinsweise durch die Nichtung verändert und so in Richtung des totalen Bewusstseins von sich transzendiert, um der Wahrheit über die Zusammenhänge auf die Spur zu kommen. Der Blick auf sich selbst funktioniert ganz ähnlich: Man versucht, sich selbst in seinem permanenten Sein zu verstehen, indem man das totale Bewusstsein von sich zu erlangen trachtet. Das Nichten als Verstehen ist dabei gleichzeitig das Nichten durch das Entwerfen (von sich selbst) in die Zukunft.

Praktisch sollte man bei der Interaktion mit einem unbekannten Objekt (soweit keine Gefahr im Verzug besteht) zunächst allen auftauchenden, halbbewusst entstandenen Vorurteilen freien Lauf lassen, um diese schließlich umso besser "einfangen", sich bewusst zu machen, und nichten zu können. Mit dem bewussten Blick auf das eigene Bewusstsein von etwas ändert sich die Situation, denn jener

Blick wird zu einer impliziten mathematischen Gleichung. Das Bewusstsein vom eigenen Bewusstsein von etwas bedeutet nicht etwa, jenes Etwas zu nichten, sondern dass Bewusstsein davon, also das Nichten selbst. Tatsächlich handelt es sich hier aber nicht um die bewusste Nichtung des Bewusstseins von etwas im wörtlichen Sinn, was zu einem unlösbaren Paradoxon führen würde, sondern um die strukturelle und sinnhafte Umkonstitution von dessen Sein, also des "pour-soi", wodurch die Frage nach dem "Wer" jener Konstitution beantwortet wäre. Der bewusste Blick auf die Dinge ändert sich durch eine freiwillige Wahl aus sich auftuenden Alternativen, was mit einer nichtvorgelagerten Veränderung der Existenzialien des "pour-soi" verbunden ist. Die Selbstkonstitution des Bewusstseins unterscheidet sich von der kategorialen Konstitution des nichtdaseinsmäßigen Seins dadurch, dass letztere zwingend von außen, also durch das Dasein, vorgegeben wird. Die möglichen Alternativen des "pour-soi" mögen, wie bei der Besichtigung mehrerer Wohnungen, ebenfalls äußerlich vorgegeben sein, allerdings wählt sie der Mensch frei aus und ist dadurch verantwortlich für seine Wahl. Doch erst mit der Wahl findet die Umkonstitution statt, die das gewählte "pour-soi" in seine Existenz bringt, d.h. den Menschen im Rahmen seiner Möglichkeiten danach handeln lässt.

Begreift man Sartres Existenzialismus als Erkenntnislehre, speziell, als Hermeneutik im Sinne der Auslegung von Texten, so muss man sie als freie Transzendenz aus einem in ein anderes Verständnis begreifen, wobei das Ziel jener Transzendenzen das richtige Verständnis bzw.

die Wahrheit sein sollte, wobei jene Wahrheit ein "pour-soi" ist, dessen Grundlagen mit der Transzendenz entsprechend umgestaltet wurden. Die Sartresche Erkenntnis ist somit nicht transzendental bezogen auf die jeweilig begrenzten Möglichkeiten eines Menschen und auch nicht transzendent-transzendental über einen Wahrheitsvirus wie in der Limenistik, sondern frei transzendent: Ich kann jederzeit in eine neue Verständnissphäre übergehen, allerdings auf eigene Verantwortung. Eigentlich zerstört Sartre hier das Spiegelbild des Zerlegens in die Einzelphänomene als Erkenntnisverfahren, nämlich das Verständnis der Begrenztheit der Möglichkeiten des menschlichen Bewusstseins zur Eliminierung von Fehlerquellen. Sartre sprengt stattdessen den Rahmen jeglicher Erkenntnis.

Das Nichten der strukturellen Konstitution bedeutet deren Umbau, also etwas Konstruktives und Bewahrendes, was, problematischerweise, durch den radikalen Begriff des Nichtens nicht impliziert wird. Der Existenzialismus trägt zwar die vermeintliche Machtlosigkeit von Individuen gegen das Überstülpen von systemerhaltenden Strukturen, so wie es der Strukturalismus tut, nicht in sich. Dennoch bereitet Sartres extrem antikonservatives "Nichten" den Boden für die Vorstellung einer tabula rasa im Individuum und damit für dessen Befüllung mit allen möglichen Seinsweisen. Die Nichtberücksichtigung des konservativen Aspekts erzeugt ein stärkeres Freiheitsgefühl, rückt den Sartreschen Existenzialismus aber stark nach links und in den Progressivismus, weswegen es zu Auseinandersetzungen mit anderen Existenzialisten kam.

Das extrem linke Moment des Sartreschen Existenzialismus wird dadurch verstärkt, dass die Alternativen des "pour-soi", in die der Mensch frei transzendieren kann und muss, offenbar ursachelos permanent erscheinen, so wie die Süßigkeiten im Schlaraffenland. Man kann zwar, in der einfachsten Stufe, einen Gegenstand im Bewusstsein nichten und ihm so einer neuen Bestimmung zuführen, doch woher diese neue, sinnvolle Bestimmung kommt, ist unklar. Die Erarbeitung der Alternativen eben durch die Möglichkeit der freien Wahl wird bei ihm zwar impliziert, allerdings beschränkt er sich auf die Vorstellung der Nichtung des Vorhandenen. Die Limenistik sieht die möglichen Alternativen der (Nicht)Transzendenz grundsätzlich als ähnlich an, d.h. sie unterscheiden sich nur in wenigen Eigentümlichkeiten, welche neu (noch nicht vorhanden) oder anders (schon vorhanden, aber vom Individuum noch nicht geteilt) sind. Mögliche Quellen neuer Gemeinsamkeitensphären sind der Zufall, aber auch der Mensch selbst, indem er Zufälligkeit verstärkt, die Auslese lenkt (Züchten), Vorhandenes negiert und dadurch Nichtvorhandenes erzeugt oder indem er Vorhandenes aus einem Bereich in einen anderen Bereich überführt, in dem es noch nicht vorhanden ist.

Noch eine Anmerkung zum "pour-soi". Wie die Gemeinsamkeitensphären der Limenistik ist es dadurch gekennzeichnet, dass sich ein Mensch erst darin befinden muss, um seine Grenzen transzendieren zu können, weswegen er sich grundsätzlich immer darin befindet. Die Transzendenz bedingt die zu transzendierenden Grenzen. Sartre sieht die Schwellen zwischen den Alternativen des "pour-soi" voraus, ohne sie zu benennen. Der erste diesbezügliche Unterschied zur Limenistik ist, dass die unzulänglichen Gemeinsamkeiten in ihrer Notwendigkeit für die Existenz universell sind, selbst jedoch begrenzt, also begrenzt-universell. Sie beziehen sich nicht nur auf Menschen. Der zweite Unterschied ist, dass das "pour-soi" nur "für-sich ist", d.h. ungeteilt mit der Umgebung. Interaktion bedeutet bei Sartre die gegenseitige Objektivierung. In der Limenistik sind die Gemeinsamkeitensphären in Untergemeinsamkeiten fraktioniert, von denen jede mit einem anderen Individuum geteilt wird und die insgesamt einen bewertungsinduzierten Sinn ergeben. In der Limenistik kommt die freie Bewertung jedoch vor der freien Wahl zu (Nicht)Transzendenz, ähnlich wie bei Sartre.

Der zweite große Vertreter des Existenzialismus französischer Prägung war Albert Camus. Der Einstieg in seine Philosophie erfolgt in [47] über sein Werk "Der Mythos des Sisyphos" [52] aus dem Jahr 1942. Der Mythos behandelt die Unvereinbarkeit verschiedener Vorstellungen von Sinn. Aus der Alltagserfahrung weiß man, dass Tätigkeiten aus irgendeinem Grund, d.h. mit Hinblick auf einen Sinn ausgeführt werden. Es hat einen Sinn, dass ich zur Straßenbahnhaltestelle gehe, denn ich muss ja zur Arbeit fahren. Es hat einen Sinn, dass ich zur Arbeit fahre, denn meine Kollegen brauchen mich, außerdem macht es mir Spaß und ich muss Geld verdienen. Das Problem ist nur, dass diese Kette kein Ende und keinen Anfang hat. Außerdem bewegt sich die Sinnsuche immer weiter ins Abstrakte, sodass man irgendwann nach dem Sinn des eigenen

Lebens als Kette bewusster Handlungen und des bewussten Lebens an-sich stellen muss.

Auf die letzte Frage hat die Limenistik eine klare Antwort: Die Existenz, auch die bewusste, ist ein Selbstzweck. Der Sinn des Seins ist es, das Seiende zu erhalten, denn sonst würde es ja nicht Sein. Tatsächlich handelt es sich um den Erhalt des Seins durch den Erhalt sich wandelnder Gemeinsamkeiten. Ohne Gemeinsamkeiten - kein Sein. Camus hingegen versucht, die Sinnlosigkeit, die Absurdität zu akzeptieren. Im "Sisyphos" geschieht das in zwei prägnanten Sätzen, die Galle in [47] auf Seite 54 anführt:
(i) "Es gibt nur ein ernstes philosophisches Problem: den Selbstmord."
(ii) "Wir müssen und Sisyphos als einen glücklichen Mann vorstellen".

Um die vermeintliche Absurdität des letzten Satzes zu verstehen, hier eine kurze Zusammenfassung des Mythos: Sisyphos war der König von Korinth und galt als sehr verschlagen. Er trickste sogar die Götter aus. Zeus schickte daraufhin Thanatos, den Tod, zu ihm, um ihn zu holen. Doch Sisyphos trickste auch ihn aus, machte ihn betrunken, fesselte ihn und aufgrund dessen starb niemand mehr auf der Welt. Dem Kriegsgott Ares gefiel das gar nicht und er befreite den Tod. Sisyphos entführte er in die Unterwelt zu Hades. Dem Gott der Unterwelt wiederum machte Sisyphos weis, dass er noch einmal zu seiner Frau gehen müsse, um sie anzuweisen, das Totenopfer darzubringen. Natürlich kehrte er nicht zu Hades zurück. Nachdem er schließlich doch verstarb, bestraften ihn die Götter: Er wurde gezwungen, einen schweren Stein auf den Gipfel eines Berges zu rollen, doch kurz vor dem Gipfel entglitt er ihm und rollte den Berg wieder nach unten, wo Sisyphos von vorne beginnen musste. Solch sinnlosen, absurden, aber anstrengende Arbeiten nennt man daher Sisyphos-Arbeiten. Nicht-anstrengende, aber dennoch absurde Arbeiten gibt es natürlich auch. Ich erinnere mich an den alten DDR-Witz über zwei Männer auf einem Feld, von denen einer mithilfe eines Spatens ein kleines Loch gräbt und der andere es wieder zuschüttet. Auf die Frage eines Passanten, was der Quatsch denn solle, erklären sie, dass sie eigentlich zum Bäumepflanzen abkommandiert seien, derjenige, der die Bäumchen mitbringen und in das Loch stellen sollte, sei jedoch nicht aufgetaucht.

Galle geht zur Beschreibung des Absurden vom Anspruch des Menschen an die Welt aus: Wie der Alltag des Menschen müsse die Welt doch sinnorientiert sein. Tatsächlich erscheint sie aber blind und willkürlich, scheinbar sinnlos. Der nette Typ von gegenüber stirbt plötzlich bei einem Unfall, der Tunichtgut nebenan kommt für seine Taten nicht einmal in den Knast. Genau diese Aporie konstituiert den Sisyphos-Mythos. Daraus leitet Camus nun das Konzept der Revolte ab. Camus beschäftigt sich nämlich mit der Frage: Wenn ich mich plötzlich in einem (in Teilen) absurden Leben wiederfinde, wie gehe ich damit um? Geht man davon aus, dass das Absurde ein zwingender Teil des Lebens ist, so ist eine Möglichkeit der "Selbstmord". D.h., man versucht, die Absurdität zu umgehen, indem man sich ihr physisch oder gedanklich (Glaube an einen Sinn, den wir nur noch nicht erkannt haben) entzieht. Gerade im letzten Fall bleibt die Absurdität aber immer vorhanden. Die zweite Möglichkeit ist die Annahme der Absurdität als Unumgänglichkeit. Sisyphos Schicksal hat in diesem Verständnis keinen Sinn als solches. Es gibt überhaupt keine göttliche Strafe, das absurde Schicksal bedeutet nicht, dass hier irgendeine Schuld eingelöst wird. Er hat sich die Götter nur eingebildet, um sein absurdes Dasein zu erklären. Mancher fühlt sich besser, wenn er einen Schicksalsschlag als Strafe für vergangene Sünden betrachtet. Dann macht jener Schicksalsschlag Sinn. Da das Absurde unausweichlich ist, müsste man jedoch vorher jede Menge Sünden begehen, eine Art Sündenkonto füllen, um den definitiv eintreffenden absurden Schicksalsschlag plausibel zu machen. Ich würde dies als eine weitere Variante des Selbstmords begreifen.

Mit dem Annehmen der Absurdität meint Camus keinesfalls eine defätistische Ergebenheitshaltung gegenüber dem Schicksal. Vielmehr muss der Mensch aktiv alle Ausreden, Deutungen, Ideologien, Verstellungen abstreifen, mit denen er sich das Absurde zu erklären versucht. Denn ein solcher Apparat aus Sartreschen Unaufrichtigkeiten beeinflusst sein gesamtes Leben, auch das nichtabsurde, wenn er ihn für wahr erachtet. Dieses Abstreifen gelingt dem Menschen jedoch nur dann, wenn er das Absurde als solches erkennt und sich auch zwingt, es als solches zu erkennen und vom Nichtabsurden zu trennen. Die Revolte gegen das Absurde besteht darin, sich gegen die Modelle zu wehren, die es dennoch zu erklären versuchen und dadurch das gesamte individuelle Leben bestimmen. Wie bereits gesagt kann der Existenzialismus fälschlicherweise in einen Fatalismus abgleiten, wenn man grundsätzlich alles, auch das klar Selbstbestimmte als unausweichliche Absurdität ansieht. Dieses Abgleiten hat mit Faulheit oder der Unfähigkeit zu tun, das Absurde vom Berechenbaren zu trennen.

In seinem Essayband "Der Mensch und die Revolte" [53] legt Camus dar, dass durch die Omnipräsenz des Absurden auch die Revolte zum menschlichen Dasein gehört: "Ich empöre mich, also sind wir." Die Revolte erscheint zwar auf den ersten Blick negativ, doch in Wirklichkeit offenbart sie, was im Menschen solidarisch zu verteidigen ist. Sie separiert nämlich zu allererst das Absurde vom Nichtabsurden, dem zu Verteidigenden, wodurch beide Aspekte als solche erkennbar werden. Insbesondere durch die Erkenntnis des Absurden wird der gemeinschaftliche Versuch vermieden, es vermittels diverser Denkmodelle doch noch zu etwas Sinnvollem zu erklären. Ich halte die Textstelle in "Ben Hur" [54], in der beschrieben wird, wie der Titelheld seinen Dienst als Sklave auf einer römischen Galeere versieht, als Ausdruck einer solchen Revolte. Ben Hur versucht nicht etwa, von der Galeere zu fliehen, sondern er bittet den Aufseher, abwechselnd auf der rechten und der linken Seite rudern zu dürfen, damit er seinen Körper gleichmäßig trainieren kann. Ben Hur erkennt die Absurdität des Tuns, das ihm als Sklave aufgetragen wurde. Er steigert sich nicht mehr dahinein, im Rudern für die Römer einen Sinn sehen zu wollen, sondern wendet sich von jenem Sinn ab in Richtung eines anderen Sinnes, der den ursprünglichen negiert.

Camus untersucht, in wieweit Revolten gegen das Absurde sowie deren (damals) moderne Ausdrucksform, die Revolution, zu bewerten sind. Zunächst einmal identifiziert er die Revolution nicht als eine Art der Annahme von Absurditäten. Vielmehr handelt es sich um einen uneingeschränkten Fortschrittsglauben, mit dem man der Absurdität zu entrinnen glaubt. Tatsächlich beruht die Revolution auf dem Glauben, dass die Absurdität doch in eine absolute Nichtabsurdität umwandelbar sei. Die gewaltbasierte Umsetzung des unbedingten Fortschritts sieht Camus schließlich in der Unterdrückung und der Vernichtung der Menschen enden. Wie gesagt geht es hier nicht um einen praxisbezogenen, partikularen Fortschritt, wie die Verbesserung medizinischer Operationsgeräte, sondern um die Erpressung des Fortschritts um des Fortschritts Willen. In diesem Moment ist Camus, meiner Meinung nach, als Konservativer im Sinne der Ablehnung des unbedingten Fortschrittsglaubens zu betrachten, was zum Bruch mit der eher freiheitlich-transzendenten Philosophie Sartres geführt hat. Ihm gegenüber sieht Camus die Opfer des Fortschrittsgläubigen, angefangen bei den französischen Jakobinern bis zu den Kommunisten, nicht als unumgehbaren Kollateralschaden. Er sieht die zentrale Verwirrung der Neuzeit in dem Anspruch auf das Recht, als Herr der Geschichte zu fungieren und die gewählten Ziele unter der Hinnahme von menschlichen Opfern durchzusetzen.

Camus sieht hier noch etwas anderes, nämlich das Bestreben der Modernisten, die Geschichte und damit auch die

staatlich organisierte Gesellschaft zu einem autark funkti-
onierenden Mechanismus machen zu wollen, der mit den
Menschen, aber ohne ihr Eingreifen funktionieren soll.
Das Mittel gegen solche modernistischen Auswüchse sieht
Camus in der Eingliederung menschlicher Aktivitäten in
ein von der Natur bestimmtes Maß. Letzteres würde Sart-
res Lebensdefinition als permanente Wahl dann wider-
sprechen, wenn man die Konvergenz nicht als Teil jener
Wahl sieht. Sieht man die Konservierung aber als Teil der
Wahlfreiheit, wird der Konservative zum Teil der Revolte.
Limenistisch betrachtet bedeutet Camus Absurdität die
Unzulänglichkeit der Gemeinsamkeiten und die Revolte
verlangt, sich dem Kampf gegen jene Unzulänglichkeit als
solche zu widersetzen, sie vielmehr als Chance zu sehen.
Kampf gegen Unzulänglichkeit (und nicht deren Nutzung,
um sie zu neutralisieren) bedeutet nämlich einen massiven
Anstieg von Gewalt. Das heißt nicht, dass man immer den
Weg der geringsten Gewalt gehen muss, vielmehr, dass
der Weg der höchsten Gewalt nicht zwangsläufige der
richtige ist. Gewaltbasiertes Verharren in falscher Gemeinsamkeit oder der Zwang in eine neue, die, obwohl sie
neu ist, falsch sein kann, ist, laut meiner Interpretation von
Camus, letztendlich Selbstmord.

Strukturalismus

Sehr geehrte Damen und Herren! Laut Duden [55] ist der Strukturalismus ein "wissenschaftliche Richtung, die Sprache als ein geschlossenes Zeichensystem versteht und die Struktur dieses Systems erfassen will", eine "Forschungsmethode in der Völkerkunde, die eine Beziehung zwischen der Struktur der Sprache und der Kultur einer Gesellschaft herstellt und die alle jetzt sichtbaren Strukturen auf geschichtslose Grundstrukturen zurückführt" bzw. eine "Wissenschaftstheorie, die von einer synchronen Betrachtungsweise ausgeht und die allem zugrunde liegende, unwandelbare Grundstrukturen erforschen will." Die Vertreter des Strukturalismus waren Ferdinand de Saussure (* 26. November 1857 in Genf; † 22. Februar 1913 Kanton Waadt, Schweiz), Claude Lévi-Strauss (* 28. November 1908 in Brüssel, Belgien; † 30. Oktober 2009 in Paris) und Louis Althusser (* 16. Oktober 1918 in Bir Mourad Raïs, heute Algerien; † 22. Oktober 1990 in La Verrière, Frankreich).

Der Strukturalismus stellt eine fächerübergreifende, mehrdeutige Fachrichtung dar, die sich sowohl auf Naturwissenschaften, Mathematik, Sprachwissenschaften als auch Philosophie bezieht. Der Begriff spiegelt die Tatsache wider, dass Phänomene nicht für sich allein stehen, sondern bestimmten Strukturen folgen, die fächerübergreifend sogar sehr ähnlich sein können. Die Wissenschaft von jenen Strukturen ist der Strukturalismus. Laut [56] geht der Strukturalismus in der Sprachwissenschaft auf Ferdinand de Saussure zurück. Letzterer postulierte die "Freiheit" des

Zeichens, d.h. das bezeichnende Zeichen hat originär nichts mit dem bezeichneten Objekt zu tun. Die sinnvolle Wahl des Zeichens hat andere Ursachen. Die wichtigste ist die Forderung nach der Unterscheidbarkeit von Zeichen auf der einen, aber auch die Vermeidung einer Zeicheninflation auf der anderen Seite. Die Philosophen beziehen sich heute eher auf den Ethnologen Claude Lévi-Strauss, wenn es darum geht, die Prinzipien des Strukturalismus zu erklären. Er begründete die strukturelle Anthropologie. Er wandte die strukturalistischen Methoden der Sprache, genauer, der Phonologie, auf Verwandtschaftsbeziehungen und Mythen an [vgl. 56, S. 28]. Die Phonologie basiert auf Phonemen, das sind Laute, die bei einem minimalen lautlichen Unterschied einen Bedeutungsunterschied erzeugen, beispielsweise "mein" und "dein", "so" und "sie" oder "Rose" und "Riese".

Die genannten Wortpaare bezeichnet man als Minimalpaare [vgl. 57]. Minimalpaare müssen sich zwar lautlich durch ein Segment unterscheiden (kontrastieren), nicht jedoch durch die Schreibung, z.B. bei Fee/Reh. Weiterhin gibt es Laute (Phone), die aufgrund ihrer Position in den Wörtern nie kontrastieren können. Sie sind an eine bestimmte Lautumgebung gebunden. Der "Ich"-Laut beispielsweise steht immer nach einem Konsonanten, am Wortanfang (Chemie) oder nach einem vorderen Vokal (z.B. i, e, ä, ö) und der "Ach"-Laut steht immer nach einem hinteren Vokal (z.B. a, u, o). Beispielsweise steht das artikulierte [h] immer am Silbenanfang (Uhu) und das [ng] immer am Silbenende (Gang). Solche Laute können keine

Phoneme voneinander sein, da sie in der gleichen Lautumgebung nicht austauschbar sind. Sind sich solche Laute in ihrer Aussprache ähnlich, so werden sie als Allophone eines Phonems betrachtet. Der "Ach"-Laut und der "Ich"-Laut werden als Allophone des "Ich"-Lauts betrachtet, da letzterer häufiger vorkommt [vgl. 57]. Neben den Phonemen unterscheidet man Morpheme, das sind die kleinsten Lautfolgen aus Phonemen, die einen Sinn tragen. Beispielsweise sind "Frau" und "Fräu" Morphene (z.B. in "Frauenbewegung" und "Fräulein"), die aber die gleiche Bedeutung haben. Man nennt sie daher allomorph.

An der Phonologie ist nun zu erkennen, dass die Objekte/Elemente eines Systems nicht etwa eine übergeordnete Struktur aufbauen, sondern von der (funktionalen) übergeordneten Struktur bestimmt werden, die durch sie gebildet werden. Das Phonem ist zu allererst ein funktioneller Begriff, der bezüglich seiner Funktion definiert werden muss [vgl. 56, S. 29]. Die wissenschaftliche Bestimmung des Phonems erfolgt nicht primär über seine innere Struktur, sondern über die Funktion, die es erfüllen muss. Beispielsweise müssen Phoneme sprachlich sehr deutlich kontrastieren, damit es nicht zu Missverständnissen kommt. Daher gibt es keine Minimalpaare wie Kätzer/Ketzer oder Hund/Hond. Selbst für Mund/Mond wird das "o" zur besseren Unterscheidung lang gezogen. Andererseits ist es vollkommen egal, ob das Minimalpaar Kante/Tante oder Kante/Fante heißt. Man könnte den Begriff "Tante" in der gesamten deutschen Literatur durch "Fante" ersetzen und nirgendwo würde ein Sinnverlust entstehen.

In der Ausrichtung auf die Funktion liegt der Kern des Strukturalismus. Sie führt insbesondere dazu, dass sich Ähnlichkeiten aus der realen Welt nicht direkt in die Sprache übersetzen müssen. Bei "Oma" und "Opa" wäre das der Fall, bei "Pferd" und "Fohlen" nicht. Lévi-Strauss wandte die Erkenntnisse aus der Phonologie auf die Ethnologie an. Er begann mit der Untersuchung von Heiratsregeln in verschiedenen Kulturen [58]: "Ebenso wie die Linguisten arbeitet Lévi-Strauss mit Oppositionspaaren." Er begreift "...die Heirat als ein Prinzip der Gegenseitigkeit, als ein Austauschverhältnis zwischen einer Geber- und einer Nehmergruppe. ('Gegeben' werden dabei die Frauen.) Um dieses reziproke Verhältnis sichtbar zu machen, geht er über die 'Kernfamilie' (Mutter-Vater-Kind) hinaus, indem er sie um den Bruder der Mutter (Frau) als Vertreter der Gebergruppe erweitert. Diese Konstellation nennt er Verwandtschaftsatom. Es ist die kleinste gesellschaftliche Einheit, weil die entscheidenden zwei Verwandtschaftsgruppen (Geber und Nehmer) repräsentiert sind. Dem liegt die Erkenntnis zugrunde, daß erst durch das reziproke Verhältnis von Geber und Nehmergruppe Gesellschaft konstituiert und deren Erhalt gesichert wird." [58, S. 342]

Lévi-Strauss isoliert nun mehrere Konfigurationen im Verhältnis der Komponenten jenes Atoms, nämlich das von Vater, Mutter, Sohn und Mutterbruder zueinander. Die patrilinearen Europäer des Mittelalters zeigen ein positives Verhältnis zwischen Vater und Mutter, ein positives zwischen Vater und Sohn, ein negatives zwischen

Mutter und Mutterbruder, ein negatives zwischen Sohn und Mutterbruder, sowie ein für alle Kulturen positives Verhältnis zwischen Mutter und Sohn sowie ein konstant negatives zwischen Vater und Mutterbruder. In anderen Kulturen sieht die Situation anders aus. Hier kann das Verhältnis zwischen Vater und Mutter negativ, das zwischen Mutter und Mutterbruder positiv sein. "Daraus läßt sich ein allgemeines Gesetz ableiten: Die Beziehung Mutterbruder/Sohn verhält sich zur Beziehung Mutterbruder/Mutter wie die Beziehung Vater/Sohn zur Beziehung Vater/Mutter." [58, S. 343] Woher stammen diese Regeln? Die Beziehungen werden nicht durch die persönlichen Sympathien und Antipathien zwischen Vater und Mutterbruder bestimmt, sondern durch ihre Funktionalität. Lévi-Strauss begründete sie im Wesentlichen aus dem Inzestverbot und dem Exogamiegebot (Heirate Frauen der anderen Gruppe!). Durch das Inzestverbot wird das Verwandtschaftsatom unreduzierbar und durch jene Unreduzierbarkeit entsteht der Tauschzwang, meist der Frauen. Besonders die Exogamie, d.h. das Heiraten außerhalb des jeweiligen Familienclans, führt, beginnend vom dualen Tausch, zu jeder Menge Komplexität in den Beziehungsgeflechten [59].

Das Verwandtschaftsatom muss man sich wiederum als größte irreduzible Einheit vorstellen, die sich bei einem Schnappschuss des Geflechts sämtlicher Verwandtschaftsbeziehungen eines Volkes ergibt. Es enthält sowohl die Allianz (Vater-Mutter), die Blutsverwandtschaften (Eltern-Kinder, Mutter-Mutterbruder) als auch die Verbindung zwischen zwei Clans (Mutter-Mutterbruder) [60, S.

29]. Innerhalb dieses Schnappschusses tauchen für wilde Völker weltweit sehr häufig Allianzen zwischen dem Sohn des Verwandtschaftsatoms (Ego) und dessen matrilaterale Kreuzkusine auf. Zur Erklärung: Kusinen sind die Töchter von Egos Onkel oder Tante. Sind Onkel oder Tante Bruder oder Schwester der Mutter, spricht man von matrilateralen Kusinen. Sind Onkel oder Tante Bruder oder Schwester des Vaters, spricht man von patrilateralen Kusinen. Parallelkusinen wiederum sind entweder Töchter der Schwestern der Mutter oder der Brüder des Vaters. Kreuzkusinen hingegen sind die Töchter der Brüder der Mutter oder der Schwester des Vaters. In wilden Gesellschaften wird die Beziehung zur Parallelkusine als Inzest gesehen, zur Kreuzkusine ist sie legitim, ja sogar ideal. Jenseits des Inzestverbots bzw. des Exogamiegebots stellt die Empfehlung der Kreuzkusinenheirat ein sehr konkretes Gebot dar.

Michael Walitschke [60] verweist auf die berechenbare Maximierung des allgemeinen Frauentausches durch die matrilaterale Kreuzkusinenheirat, also Tauschprozessen mit langen, unidirektionalen Zyklen, bei denen man die Frau nie von dem Clan erhält, an dem man seine eigene Schwester abgibt. Die Clans sind durch jene Art der Allianz für lange Zeit durch einen zyklischen Tausch miteinander verbunden, der die gesamte Gemeinschaft miteinbezieht. Für Levi-Strauss ist die Maximierung des Tauschs übrigens der einzige Grund für das Inzestverbot, da Tausch die Garantie für eine funktionierende Gesellschaft darstellt, nicht nur, was den Frauentausch angeht. Die patrilaterale Kreuzkusinenheirat hingegen erzeugt keinen langen zyklischen, sondern einen Zickzacktausch der

Frauen. Der Zyklus ist nur kurz, er beträgt eine Generation. Die matrilaterale Kreuzkusinenheirat führt hingegen dazu, dass man immer von einem anderen Clan eine Frau bekommt, als von dem, welchem man die eigene Frau abgetreten hat, was den solidarischen Zusammenhalt innerhalb der gesamten Gemeinschaft erhöht und der Fraktionierung entgegenläuft (Reziprozitätsideal). Die patrilaterale führt hingegen zu einem Frauentausch zwischen immer denselben Clans. Lévi-Strauss kontert die Kritik einer viel geringeren Übersichtlichkeit der matrilateralen Kreuzkusinenheirat im Vergleich zur patrilateralen mit dem Argument, dass diese Regeln nicht bewusst von den Akteuren angewandt werden, sondern unbewusst in die sozialen Systeme einprogrammiert sind. Hier tritt der Strukturalismus zutage, der die Individuen (Agenten), deren Beziehungen (Gemeinsamkeiten) und deren Bewertungen der Funktionalität eines Systems unterordnen.

Michael Walitschke führt aus, dass die Analogie zur Sprache und den Phonemen sehr vage ist. In der Sprache setzen sich Worte aus Phonemen zusammen. Der Frau entspräche hier das Wort in der Kommunikation zwischen Männergruppen und die Kommunikation dem Aufbau und der Instandhaltung des Verwandtschaftsnetzes. Tatsächlich schleppt die Frau innerhalb des Verwandtschaftsatoms ein Gemeinsamkeitenbündel mit sich, sie ist nämlich Ehefrau, Sohnesmutter und Bruderschwester, wobei das Atom natürlich selbst auch ein verwandtschaftliches Gemeinsamkeitenbündel darstellt. Das Verhältnis dieses Bündels zur getauschten Frau könnte man nun mit dem Verhältnis vom

Phonem zum Wort gleichsetzen. Tatsächlich ist das Phonem ein Teil eines Ganzen, des Wortes, was auch für die Frau im Verhältnis zum Verwandtschaftsatom gilt. In Lévi-Strauss Modell ist sie jedoch identisch mit dem Verwandtschaftsatom und nicht nur ein Teil davon. Die Notwendigkeiten der Beziehungen innerhalb determinieren die Beziehungen, welche die Frau mit den anderen Mitgliedern des Atoms aufbaut.

So, wie die Notwendigkeit der Wortunterscheidbarkeit die Phoneme konstituiert, konstituiert die Notwendigkeit des allgemeinen Austauschs die Empfindungen der Frau zu den Mitgliedern ihres Verwandtschaftsatoms, die von ausgeglichenem Abstand (-) und Nähe (+) zueinander bestimmt werden. Es gibt insgesamt nur vier Konfigurationen von Beziehungsbewertungen [vgl. 60, S. 342], das bereits genannte mittelalterlich- europäische (Vater/Mutter+; Vater/Sohn+; Mutter/Mutterbruder -; Sohn/Mutterbruder -), aber auch (-;-;+;+), beispielsweise, wenn der Mutterbruder die beschützende Rolle im Verwandtschaftsatom einnimmt, da der Vater nicht mit in derselben Hütte wohnt, (+;-;-;+), z.B., wenn der Sohn die Autorität des Vaters nicht akzeptiert und der Onkel zum "Guten" wird, (-;+;+;-) in einer Art von Scheidungskonfiguration.

Lévi-Strauss hat die Anwendung der Phonologie auf die Ethnologie noch weitergetrieben, indem er Totemismus und Mythen verschiedener Völker untersuchte. Er leitete Naturreligionen, Tabus, Riten und Bräuche bezogen auf die Natur sowie Assoziationen von fremden Gruppen, Ahnen, mystische Erzählungen über die Herkunft der Gruppe aus strukturalistischen Betrachtungen ab. Was Mythen angeht, so nimmt Lévi-Strauss an, dass sie aus dem Denken des Menschen selbst stammen und nicht eine tatsächliche Begebenheit reflektieren. d.h., die vermeintliche Erzählung ist eigentlich bedeutungslos. Bevor wir uns näher mit den Mythen beschäftigen, müssen wir an dieser Stelle feststellen, dass wir auf etwas ganz Grundlegendes gestoßen sind: Das Verhältnis aus Symbol und Inhalt, wobei dieser Inhalt eine Bedeutung oder ein Wert im Sinne einer Bewertung sein kann. Eine Variable "a" kann in der Informatik beispielsweise mit Zahlenwerten oder auch mit "wahr/falsch" bestückt werden, ohne dass das Zeichen "a" irgendetwas mit seinem möglichen Inhalt zu tun haben muss. Ja sie kann sogar ihren momentanen Wert besitzen, erhöht um eins, was sie nur temporär bestimmt macht.

In der Limenistik kann einer bestimmten Gemeinsamkeit Unzulänglichkeiten zugeordnet werden, bis hin zu einer Bewertung. Dies kann selbstverständlich auch strukturalistisch erfolgen. Der strukturalistische Grundsatz: "Ein Element erhält seinen Wert, insofern es mindestens einem Element entgegensteht" funktioniert in einfacher Weise bei der Abwesenheit von intrinsischen Werten, die nicht auf der Funktion basieren. Sehr häufig haben gleiche Gemeinsamkeiten ähnliche Bewertungen, da das Universum selbstähnlich ist. Was aber geschieht, wenn zwei Dinge, die fast gleich sind, dennoch stark unterschiedlich bewertet werden? Wie lässt es sich vereinbaren, dass zwei sich komplett entgegenstehende Dinge, wie schwarz und weiß, gleich bewertet werden?

Mythen sollen dazu dienen, solche Kontraste, soweit sie die Gesellschaft betreffen, logisch zu überwinden. Der ursprüngliche Gegensatz wird dabei in eine Analogie übersetzt. Zu diesem Zweck werden die erfundenen Gegensatzpole strukturalistisch konstituiert. Kann der Gegensatz niemals gelöst werden, dient die Analogie dazu, zwischen den Gegensatzpolen zu vermitteln, wodurch die Akzeptanz des Gegensatzes möglich wird. Die Nichtlösbarkeit des Gegensatzes, die bloße Schlichtung eines Analogons, führt dazu, dass der Mythos in Varianten ständig wiedererzählt wird. In Mythen entsprechen die Phoneme meist ganzen Sätzen. Lévi-Strauss nennt sie Mytheme. Sie besitzen, wie die Phoneme, für sich genommen keinen Sinn, jedoch erzeugen sie einen im Kontext des Mythos, nämlich dann, wenn sie mit anderen Mythemen in oppositive Korrelation treten [vgl. 61, S. 251].

Als Beispiel soll hier die Untersuchung des Ödipusmythos dienen. [vgl. 62, S. 197]. Lévi-Strauss identifizierte den grundlegenden Gegensatz in diesem Mythos als den zwischen der angenommenen autochthonen Genesis des Menschen (und im Weiteren seiner eigenen Ideen) und der heterogenen Fortpflanzung (und im Weiteren der fremden Ideen). Brügge [62] zitiert Lévi-Strauss wie folgt: "Der Ödipusmythos drückt eine Aporie aus, vor der eine Gesellschaft steht, die an die Autochthonie des Menschen zu glauben vorgibt nämlich die Unmöglichkeit, von dieser Theorie zu der Anerkennung der Tatsache zu kommen, daß jeder von uns aus der Vereinigung eines Mannes mit einer Frau geboren wird. Die Schwierigkeit ist unüberwindlich. Aber der Ödipusmythos liefert eine Art logisches Instrument, das es ermöglicht, eine Brücke zu schlagen zwischen dem Ausgangsproblem - wird man aus einem oder aus zweien geboren? - und dem abgeleiteten Problem ...: wird das Selbst aus dem Selbst geboren oder aus dem Anderen?" [62, S. 200] Man kann davon ausgehen, dass den Zuhörern des Mythos dieser Konflikt nicht bewusst ist, unbewusst jedoch schwelt und die Menschen beschäftigt. Limenistisch gesagt wäre hier eine zwingende Integration nötig, die aber aufgrund des Gegensatzes nicht möglich scheint, also denkt man sich die Figuren so aus, dass eine Art von Vereinbarkeit oder zumindest eine Reflexion der Aporie erfolgen kann.

Der Ödipusmythos besagt, dass König Laios von Theben verflucht worden sei. Sollte er jemals einen Sohn zeugen, so wird er von jenem Sohn getötet, der wiederum seine eigene Mutter heiraten würde. Iokaste, Laios Frau, bekam dennoch einen Sohn. Laios ließ seine Beine durchstechen, sie zusammenbinden und ihn von Hirten im Gebirge aussetzen. Die Hirten hatten Mitleid und übergaben das Kind König Polybos von Sikyon und dessen Frau Periboia, die es adoptierten. Als Ödipus erwachsen wurde, begann er daran zu zweifeln, der leibliche Sohn von Polybos zu sein. Auf seiner Suche nach Antworten traf er an einer Weggabelung zufällig auf seinen leiblichen Vater, den er aber nicht erkannte. Nach einem Streit erschlug er seinen Vater.

In Theben angekommen löste er das Rätsel des Ungeheuers Sphinx[19] und vernichtete es dadurch. Daraufhin erhielt er den leergewordenen Thron seines leiblichen Vaters und die Hand von dessen Frau, also seiner leiblichen Mutter, die er als solche ebenfalls nicht erkennen konnte. Als die Wahrheit durch die Aussage der Hirten schließlich ans Licht kommt, erhängt sich Iokaste und Ödipus sticht sich die Augen aus. Laut Brügge führte Lévi-Strauss die Analyse des Mythos wie folgt durch: In einem strukturalistischen Schema werden einzelne Elemente (Mytheme) aus dem Kontext aufgelistet. "In diachroner (horizontaler) Lesart werden solche Elemente (symbolische Motive, Handlungen, Personen) aufgeführt, die in inhaltlich sukzessive Verbindung zu anderen Elementen treten, in synchroner (vertikaler) Lesart dagegen übergeordnete Motive, die bestimmte Relationen der diachronen Elemente synchron verorten." [62, S. 198] Brügge schlägt vor, in vertikaler Gegenüberstellung diejenigen Motive aufzulisten, welche die autochthone Genesis des Menschen (i) verneinen bzw. (ii) bejahen, während er in horizontaler Richtung der Erzählung folgt.

Zu (i) gehören die Motive der Verfluchung des Laios; der schlechten Bewertung der Heterosexualität; der langen Kinderlosigkeit der Iokaste; der Zeugung des fluchbeladenen Ödipus; der Bestrafung Thebens durch die Sphinx; des Inzests mit Iokaste bzw. des Verbots der Heterosexualität in der inzestuösen Beziehung.

---

[19] Die Sphinx fragt nach einem Wesen, das am Morgen auf vier Beinen, am Tage auf zwei und am Abend auf drei Beinen gehe. (Antwort: der Mensch)

Zu (ii) gehören die Motive der Homosexualität des Laios als Motiv einer verweigerten Heterosexualität; der Verführung des Chrysippos durch Laios, Sohn des Pelops, der daraufhin den Fluch ausspricht; des "Schwellfuß" als chthonisches Mythologem der "Schwierigkeit, aufrecht zu gehen"; der Aggressivität: Ödipus erschlägt unwissentlich seinen Vater Laios. [62, S. 200]

Was das Rätsel der Sphinx angeht, so führt Brügge an:
Zu (i) gehört der Mensch als zweifüßiges Wesen und heterosexueller, zur Fortpflanzung fähiger Erwachsener ohne körperliche 'Anomalie'.
Zu (ii) gehört der "Mensch als vier- und dreifüßiges 'Wesen' (jeweils 'asexueller', zur Fortpflanzung unfähiger 'krabbelnder' Säugling und Greis - mit Stock ..." [62, S. 200]
Resultat: "Ödipus löst das Rätsel und tötet so die Sphinx - Aufhebung bzw. Bewußtwerdung des Mythos" [62, S. 200]

Die Ödipusgeschichte ist aus heutiger, säkularer Sicht wahrscheinlich schwer nachzuvollziehen. Eine noch immer aktuelle Aporie ist dagegen die von der Gleichheit und gleichzeitig der Unterschiedlichkeit von Menschen (Dieser Dualismus ist Ausdruck der Selbstähnlichkeit). Das Märchen "Frau Holle" der Brüder Grimm scheint geradezu geschaffen für die Verdeutlichung dieses Konflikts und ist von seiner Struktur her wie für Lévi-Strauss gemacht. Mit den beiden Schwestern Goldmarie und Pechmarie, welche wie Zwillinge anmuten, jedoch zur besseren Unterscheidung für den Leser mit goldenen und schwarzen Haaren dargestellt werden, wird das Gleichheits-/Unterschiedlichkeitsproblem vorab formuliert. Im ersten horizontalen Erzählstrang landet die fleißige Goldmarie bei Frau Holle, wo sie die Betten aufschüttelt, damit es schneit und die auch ansonsten freundlich und hilfsbereit ist. Dafür erhält sie Gold als Geschenk. Der zweite, vertikal unterscheidbare Erzählstrang berichtet von der faulen Pechmarie, die ebenfalls bei Frau Holle landet, dort aber nichts tut, sich wie ein verwöhntes Gör benimmt und dafür mit Pech "belohnt" wird.

Die Moral von der Geschichte ist, dass Menschen, die von Geburt gleich geschaffen worden sind (was man auf die Schaffung durch Gott ausweiten kann) trotzdem unterschiedlich sein müssen, was man im Wesentlichen an ihren Taten, aber auch an ihrem Aussehen erkennt. Das Aussehen ist in diesem Märchen sekundär, es dient nur zur Imagination der beiden Schwestern. Das Märchen hebt aber auch auf allgemeinere Unterschiede ab und überbrückt letztendlich die Frage, warum denn nicht alles gleich ist, sondern vielmehr unterschiedlich. Diese Frage kann man in ihrer Tragweite mit der Frage vergleichen, warum denn etwas existiert und nicht vielmehr nichts.

Erzählungen, die auf dem Mythos der gleichzeitigen Gleichheit und Ungleichheit aufbauen, tauchen in der jüngern Geschichte sehr häufig auf, beispielsweise "Der Prinz und der Bettelknabe" von Mark Twain oder "Das doppelte Lottchen" von Erich Kästner. Heute resultiert die Aporie der gleichzeitigen Gleichheit und Ungleichheit, meiner Meinung nach, aus dem bewusst oder unbewusst missverstandenen Idee der Menschenrechte. "Alle Menschen sind frei und gleich an Würde und Rechten geboren." [63]. Um heute einen Mythos zu konstruieren, der die Vereinigung der Unterschiedlichkeit in Gleichheit zum Ziel hat, würde man eher von Personen ausgehen, die in ihrem Äußeren und ihrem Tun maximal unterschiedlich sind, aus unterschiedlichen Kulturen stammen bzw. unterschiedlichen Nationen. Eine Methode, aus Unterschiedlichkeit Gleichheit werden zu lassen besteht darin, eine metaphorisch gemeinte Feindschaft in eine Freundschaft übergehen zu lassen. Die Moral der heutigen Geschichten besagt also eher: Menschen die unterschiedlich geschaffen worden sind, sind dennoch gleich. Diese Aussage ist im Vergleich zu abgeschlossenen Gemeinschaften früherer Zeiten aufgrund globaler Migration und offenen Gesellschaften eher von Relevanz als das Herausstellen der Unterschiedlichkeit vermeintlich gleicher Personen.

Der Strukturalismus kann prinzipiell als universalistisch-links bzw. marxistisch verstanden werden. Wie in der Produktion von Waren geht man davon aus, dass sich die damit einhergehenden Gemeinsamkeiten während der Arbeitsteilung über die Menschen stülpen und sogar ihre Psyche bestimmen. Der Strukturalismus widerspiegelt analog das spätkapitalistische Selbstverständnis der horizontalen Flexibilität: Jeder Mensch kann in den gerade für den Profitschaffungsprozess nötigen Arbeiter, Verwalter oder Konsumenten verwandelt werden, gleich einer

Stammzellenkultur. Hierbei kann man sich darüber streiten, ob die Menschen jene Kolonialisierung durch die notwendigen Verhältnisse einfach so hinnehmen, sich mit
ihnen anfreunden oder in Konflikt mit ihnen geraten. Genau in Letzterem liegt auch die Kritik am Strukturalismus:
Die Annahme des Menschen als bloßer Garant einer bestimmten Form von sozialem Miteinander, das sich letztendlich nur daran misst, ob es so ausgestaltet wurde, dass
das System überleben kann anstatt den Ausgestaltungs-
wünschen freier Menschen ein funktionierendes gemein-
schaftliches System anzudenken. Nimmt man an, dass es
potenziell unendlich viele solcher Systeme gibt, kann man
von einer potenziellen unendlichen Freiheit des Menschen
ausgehen, die der Strukturalismus so oder so ausschließt.
Somit steht der Strukturalismus im Widerspruch zum
Existenzialismus Sartres. Tatsächlich führen Widersprüche durch den Ausbruch eines offenen Kampfes um Anerkennung zum strukturellen Zusammenbruch eines Systems mit strukturalistisch definierten Agenten.

Für psychologische Analysen spielen solche Zusammen-
brüche eine große Rolle, die z.B. bei Paul Watzlawick (*
25. Juli 1921 in Villach, Österreich; † 31. März 2007 in
Palo Alto, USA). Für Watzlawick [64] entsteht psychi-
scher Stress, sogar Krankheit, wenn die durch den Einzelnen für ihn selbst konstruierte Welt (die Wirklichkeit ist
immer konstruiert) nicht mit der eines oder mehrerer anderen übereinstimmt, insbesondere, wenn jene Personen
durch erstere hoch bewertet sind. Die Weltkonstruktion
bei Watzlawik basiert nicht auf dem Unterbewussten/der
Vergangenheit des Individuums wie bei Sigmund Freud (*

6. Mai 1856 in Freiberg/Mähren, Kaisertum Österreich; †
23. September 1939 in London, Vereinigtes Königreich),
sondern auf Kommunikation im Hier und Jetzt. Der Vergleich der verschiedenen Welten erfolgt durch die gleiche
Kommunikation. Der Konstruktions-Vergleich erfolgt
aufgrund der Beziehungen, die ein Individuum während
der Kommunikation zwangsläufig eingeht, also strukturalistisch, d.h. innerhalb des Systems kommunizierender Individuen. Watzlawik geht davon aus, dass die Welten jener Individuen sich aufgrund der Kommunikation nicht
vollständig angleichen, sondern, dass jedes seine eigene
Wirklichkeit und damit auch Wahrheit konstruiert, somit
durch Konstruktions-Vergleich immer in Konflikte gerät,
wobei man "nicht nicht kommunizieren" kann, d.h. immer
in Beziehung und somit auch Konflikten steht, ob nun bewusst oder unbewusst.

Die strukturalistische Betrachtung des Marxismus stammt
von Louis Althusser. Sein Ausgangspunkt ist die Untersuchung von Ideologien. Laut [65, S. 82-98.] unternimmt
Althusser "... den Versuch zu begründen, auf welche
Weise Individuen dazu gebracht werden, sich bestimmten
Strukturen zu unterwerfen." Althusser unterscheidet zwei
Arten von Ideologie. Borst [65] schreibt zur ersten Art, der
Ideologie im Allgemeinen: "Entsprechend vertritt Althusser die Überzeugung, dass 'die Menschen ihre Handlungen, die die klassische Tradition üblicherweise der Freiheit und dem 'Bewußtsein' zuschreibt, in der Ideologie,
über und durch die Ideologie leben; kurz, daß das 'gelebte'
Verhältnis der Menschen zur Welt [...] über die Ideologie
geht, besser noch, die Ideologie selbst ist." [65, S. 9] Den

Menschen ist die Ideologie im Unterschied zur Marxschen Definition nicht bewusst. Sie drängt sich den Menschen in Form von Strukturen auf, die nicht bewusst fixiert und als solche erkannt werden können, ähnlich wie Lévi-Strauss' Heiratsstrukturen. Die zweite Art von Ideologien sind diejenigen, "die historisch veränderbar sind und von den Ideologischen Staatsapparaten repräsentiert werden. Als Beispiele für Ideologische Staatsapparate wären etwa zu nennen: Schule, Familie, Kirche, Medien etc." [65, S. 10] Ein repressiver Staatsapparat kann sich nur "solange an der Macht halten, solange er die Hegemonie ... über und in den Ideologischen Staatsapparaten ausübt und auf diese Weise die politischen Bedingungen für die Arbeit der Ideologischen Staatsapparate schafft." Ziel des Apparates ist, laut Althusser, die Reproduktion der Verhältnisse. "Althussers These ist, dass die Ideologie die Individuen als Subjekte anruft, dass Subjektsein bedeutet, in und durch die Ideologie zu sein. Jedes konkrete Subjekt ist somit, tautologisch ausgedrückt, ein ideologisches Subjekt, Effekt der Ideologie." [65, S. 12]

Was nun die Unterwerfung des Individuums unter autoritäre Strukturen betrifft, so schreibt Borst [65]: "...das Individuum, das in das Antlitz der Autorität blickt und augenblicklich zum Subjekt wird, tut dies nicht nur im Hinblick auf das Versprechen, eine Existenz verliehen zu bekommen, sondern in der Hoffnung auf uneingeschränkte Anerkennung eben dieser Existenz in der Sicherheit eines sozialen Zusammenhangs. Diese ist aber stets im Rahmen eines Ideologischen Apparates vorzustellen, der die Anerkennung nur in der Unterwerfung gewährt und damit seine

Herrschaft konstituiert, eine Herrschaft, an die die Subjekte über die Ideologie gebunden bleiben." [65, S. 13].
Um das Verhältnis zwischen Autorität und Subjekt zu beleuchten, verweist Borst auf Nietzsche: "Das Subjekt hat ihm zufolge seine Freiheit der Gemeinde verpfändet, die es im Umkehrschluss vor Schädigungen und Feindseligkeiten schützt. ... Umgekehrt aber stellt sich die Frage nach der Kohärenz eines Gemeinwesens, das seinerseits nicht in der Lage oder willens ist, das Versprechen nach Schutz einzulösen." [65, S. 13] In diesem Fall droht der Vertrauens- und Zivilisationsbruch vonseiten derjenigen, die die Autorität durch ihre Unterwerfung erst legitimieren. Ihre Anrufung durch die Autorität (Mach dies!) geht ins Leere. Denn erst das Vertrauen der Subjekte, alles würde für sie gut werden, wenn sie sich doch nur unterwürfen, ist für Althusser die Voraussetzung für das Funktionieren der Ideologie/Ideologischen Staatsapparate.

Im neoliberalen Kapitalismus unterwirft sich das Individuum den Marktanforderungen und bewegt sich in deren Rahmen frei. (Platt ausgedrückt weist das dominierende System - die kapitalistische Profitmaschine - den Menschen, je nach ihren Möglichkeiten und vorhandenen Fähigkeiten, diejenige Rolle innerhalb jenes Systems zu, die es für maximale Profitgenerierung braucht.) Er bringt seine freien Interessen mit denen des kapitalistischen Konkurrenzkampfes in Übereinstimmung. Die Anrufung durch die neoliberale Autorität macht ihn zum Subjekt, das frei durch dessen Ideologie agiert. Limenistisch gesehen entsteht hier jedoch ein Problem. Die Anpassung an die neoliberale Gemeinsamkeit ist immer unzulänglich, d.h., egal wie viele horizontale Alternativgemeinsamkeiten zur Verfügung stehen, eine vertikale, welche auf die Konkurrenzerfordernisse pfeift, stehen dem Individuum nicht zur Verfügung. Sie wird blockiert (Alternativlosigkeit) oder durch das horizontale Hüpfen verdeckt. Das Subjekt gibt sich aber erst dann mit seiner Unterwerfung nicht mehr zufrieden, wenn "...das Versprechen auf Lebenssicherheit zur Disposition gestellt und das narzisstische Begehren der Subjekte nach Anerkennung nicht mehr befriedigt ..." wird. [65, S. 15] Dann zerstört sich die Autorität.

Dennoch gibt es von linker Seite erhebliche Kritik am Strukturalismus. Besonders dessen Ignoranz gegenüber der Geschichte wird angegriffen, er erscheint als zu starr. In diesem Zusammenhang werden die Starrheit und die Willkürlichkeit im Verhältnis zwischen Zeichen und Bezeichnetem infrage gestellt. Außerdem bezweifelt man die Abgegrenztheit der Zeichen untereinander. Aus dieser Kritik entstand der Poststrukturalismus[20] [66]. Poststrukturalismus stellt die Begriffe stärker in den Vordergrund.

---

[20] Poststrukturalismus stellt eine Hegelsche Aufhebung des Strukturalismus dar. Strukturalismus besagt, dass Begriffe lediglich Symbole (Signifikante) für Dinge darstellen, die selbst nichts mit den Dingen gemein haben, die sie bezeichnen (Signifikate). Die Sprache bildet sich dennoch als Struktur zur Beschreibung der tatsächlichen Wirklichkeit heraus, hauptsächlich deswegen, weil für unterschiedliche Dinge unterschiedliche Symbole verwendet werden, die entsprechend jener aufeinander verweisen. Allerdings ist diese Wirklichkeit immer nur die Wirklichkeit von Symbolen. Auch im Poststrukturalismus ist die Wirklichkeit des Menschen die der Symbole und deren Aneinanderreihung. Im Gegensatz zum Strukturalismus vermutet der Poststrukturalismus, dass die durch Begriffe/Narrative/Mythen geschaffene Wirklichkeit nichts mit der wahren Realität zu tun hat. Sie ist eine

Begriffe sind, und hier stimmt er mit dem Strukturalismus überein, in ihrem Sinn bezuglos zu dem, was sie bezeichnen. Ihre Logik entsteht daher nur in Bezug auf den begrifflichen Kontext, d.h. zu anderen Begriffen. Begriffe bilden daher Netz-Strukturen, denen sich die Menschen, im Verständnis des Poststrukturalismus, letztendlich unterwerfen. Anders gesagt: Begriffe widerspiegeln nicht

---

Ineinanderschachtelung von Symbolen und stößt daher nie auf einen realen Grund. Sie reflektiert lediglich den Einfluss der Mächte, die den Diskurs zur Wahrheitsfindung durch jenen Einfluss begrenzen, weshalb sie grundsätzlich aufgrund falsch strukturierter Diskurse gebildet wird, die Falschheiten mit strukturellem Charakter hervorbringen. Da der Poststrukturalismus primär kritisch ist, zeigt er keinen Weg zur tatsächlichen Wahrheit, sondern deckt "nur" Falschheiten auf. In letzter Konsequenz würde er alle falschen Mächte im Diskurs offenlegen, sodass keine Aussage, auch keine tatsächliche (unverfälschte) Wahrheit zurückbleibt, denn jene besitzt aufgrund ihrer Entkoppelung von den Symbolen entweder selbst keine Macht (bzw. wird nie frei von der des Diskurshegemons sein). Ein Beispiel: Eine den wissenschaftlichen Diskurs dominierende Macht gehe davon aus, dass nur Männer Wissenschaftler sein können. Also unterscheidet sie männliche und weibliche Wissenschaftler, indem sie die Symbole für Wissenschaftler und männlich/weiblich miteinander verbindet. Im Diskurs wird aber nur der Begriff für den Wissenschaftler verwendet. Unter diesen strukturellen Voraussetzungen entsteht eine Wirklichkeit, in der nur die wissenschaftlichen Gedanken von Männern erwägenswert sind, weshalb sich die männliche Dominanz in der begrifflichen Diskursstruktur verfestigt. Der Poststrukturalismus kann diese falsche Wirklichkeit und die Macht dahinter erkennen, ist aber nicht dazu imstande, Strukturen zu schaffen, die den Diskurs in die tatsächliche Wirklichkeit führen, denn jede Änderung der Diskursstruktur spiegelt wiederum nur die Macht des anderen Diskurshegemons wider.

nur die Wirklichkeit, sondern sie formen sie: Die Trennung von Signifikant (Bezeichnendes) und Signifikat (Bezeichnetes) wird aufgehoben. Jacques Derrida (1930-2004) sagt aus, dass die Begriffe das Bezeichnete nicht etwa vertreten, sondern verdrängen. Bei Derrida folgt aus den Prämissen des Poststrukturalismus die Notwendigkeit der Dekonstruktion von Texten, die sich klar von der Hermeneutik absetzt. Er geht davon aus, dass die konstituierende Kraft der Sprache einem Autor einen Widerstand entgegensetzt, dass, was er meint, wirklich sprachlich auszudrücken. Daher birgt ein jeder Text Widersprüche, welche die Dekonstruktion aufdecken möchte. Letztendlich ist es über die Schrift jedoch nicht möglich, das vom Autor Gemeinte in das Bewusstsein des Lesers zu transportieren. Die Möglichkeit, hinter dem Text die Ideen des Autors zu finden, scheint nicht gegeben, wodurch aber auch Doppeldeutigkeiten und Ironie möglich werden.

Es folgt ein einfaches Beispiel: Das Fragment "das Alte im Süden und das Neue im Norden" lässt sich strukturalistisch in die (logisch aufeinanderfolgenden) Syntagmen Altes/Süden und Neues/Norden und die Paradigmen Alte/Neues und Süden/Norden aufteilen. Hinzu kommt eine bewertungsabhängige Hierarchie. Wer das Neue mehr mag als das Alte, wird den Norden dem Süden überlegen wähnen. Entsprechend wäre das Fragment: "Das Alte im Süden, das Neue im Norden, dem schönen Athen überlegen" zu verstehen. Allerdings verpasst man so dem vermeintlich unterlegenen südlichen Athen eine Aufwertung durch "schön", was der scheinbar intendierten Hierarchie widerspricht. Mit der Erweiterung des Fragments auf "Das Alte im Süden, das Neue im Norden, dem schönen Athen überlegen, will's doch nur Feuer und Morden" erscheint die Verwirrung um die Hierarchie selbst intentional. Man ist hin- und her gerissen. Letztendlich handelt es sich aber um ein interpretationsoffenes Fragment. Es könnte das "schön" ironisch meinen und hoffen, dass das Neue aus dem Norden das Alte im Süden in Schutt und Asche legt. Eine rein strukturale Analyse hätte hingegen nur die Syntagmen Altes/Süden/schön/Athen und Neues/Norden/überlegen/ Feuer/Morden sowie die Paradigmen Altes/Neues, Süden(Athen)/Norden, schön (überlegen)/Feuer(Morden) offengelegt, nicht den Widerspruch in der Bewertung.

Was die Sprache im Allgemeinen angeht, so sieht die Dekonstruktion jeden Begriff als ein Bündel an Bedeutungen, die sie aus Kontexten mit anderen Begriffen erhält. Ein Begriff teilt jede Menge Bedeutungsgemeinsamkeiten (nicht) mit anderen Begriffen, wodurch er in seinem Sinn individuell und eindeutig wird. Diese Eindeutigkeit ist jedoch nicht ewig und überall gleich gegeben, der Begriff streut in seiner Bedeutung. Außerdem haben gleiche Begriffe oft einen unterschiedlichen Sinn. Laute und deren Kombinationen müssen sich nämlich häufig wiederholen, einerseits aus physiologischen und zeitlichen Gründen, andererseits, damit man sie sich gut merken kann. Es gibt daher viel mehr unterschiedliche Dinge als unterschiedliche Begriffe, die sie erfassen und viel mehr Begriffe als Objekte sind nötig, Letztere zu beschreiben. Daher kann kein Individuum eindeutig durch Begriffe beschrieben werden und ein Begriff beschreibt nicht alle Individuen, die er durch sich kategorisiert.

An dieser Stelle wird gern der Begriff "Frau" angeführt. Das Paradoxon liegt nun darin, dass "Frau" zwar ein individueller Begriff ist, es das Individuum "Frau", das er bezeichnet, jedoch erstens nicht gibt und dass sich die Bedeutung von "Frau" im Sinne des Gemeinsamkeitenbündels, welches er mit sich schleppt, mit den Epochen ändert. Während des Biedermeiers hat man die Frau eher als Hausfrau gesehen, heute sieht man sie, zumindest im Westen, eher emanzipiert und dem Mann in ihren Fähigkeiten gleichgestellt, in dem Sinne, dass man immer ein Mann-Frau-Paar finden kann, die eine definierte menschliche Gemeinsamkeit in der Anpassung an jene gleich bewerten, beispielsweise gleich stark sind oder gleich klug. Häufig entsteht jedoch das Missverständnis, alle Menschen als gleich stark und klug ansehen zu wollen, um Diskriminierung vorzubeugen. Das ist sicher lieb gemeint, führt aber zum kompletten Gegenteil, nämlich der Ablehnung der Emanzipation. Die Dekonstruktion des Begriffs "Frau" beläuft sich also nicht nur auf die Feststellung der Gemeinsamkeitenbündel, die er zu einem bestimmten Zeitpunkt repräsentiert und damit jede Frau zwingt, sie ebenfalls zu teilen. Vielmehr macht die Dekonstruktion durch Aufzeigen von Widersprüchen den Unterschied zwischen dem Individuum und dem vermeintlich bindenden Gemeinsamkeitenbündel klar: Die "Frau", die dem gleichnamigen Begriff entspricht, existiert, wie gesagt, nicht.

Die Formung der Wirklichkeit durch Sprache ist der heute am häufigsten diskutierte Aspekt des Poststrukturalismus. In einem eher marxistischen Duktus bedeutet er: Produktionsbedingungen erzeugen Sprache, die wiederum die alltägliche Wirklichkeit erzeugen und dadurch die Produktionsbedingungen reproduzieren. Sind die Produktionsbedingungen repressiv, ist es auch die Sprache und damit die Wirklichkeit, d.h., Menschen werden permanent gezwungen, sich an die falschen Gemeinsamkeiten anzupassen, was zu Unglücksgefühl, Depression, körperliche Schäden usw. führt. Man kann sich jetzt noch darüber streiten, in wieweit diese Gemeinsamkeiten aufgrund einer "richtigen" Prägung oder eines "richtigen" Umgangs miteinander in der momentanen Situation falsch sind, also ob die Argumentation eher in eine rechtere oder eine linkere Richtung gehen muss. An der Idee des Zusammenhangs zwischen den Repressionen in Arbeitswelt, Sprache und Wirklichkeit ändert dies aber nichts. Der Poststrukturalismus versucht nun, im Gegensatz zur rein marxistischen Herangehensweise, der Sprache selbst das Primat zu geben, d.h., wenn die Repression in der Sprache reduziert wird, verringert sich die Repression im Alltag und auch in der Arbeitswelt. (Die Sprache wird zu Gott selbst, der die Realität infolge eines Sprechaktes erzeugt hat).

Heute ist diese Tendenz hauptsächlich an modifizierten Begriffen zu erkennen, welche die männliche Dominanz der Sprache durchbrechen sollen, beispielsweise wird aus "Student" die Bezeichnung "Studierende". Das Problem der Bedeutungsflexibilität bleibt jedoch: Obwohl der Begriff "Studierende" nicht zwischen Männern und Frauen unterscheidet, kann man ihm einen Kontext angedeihen lassen, der den ursprünglich gemeinten Sinn willkürlich verändert oder ihn (bzw. den Sprechenden) mit einer pauschalen Wertung versieht. Limenistisch gesehen wäre der Ausdruck "Studentinnen und Studenten" wünschenswerter, da hier die zwingende Integration der beiden Geschlechter besser hervortritt, auch wenn das im täglichen Gebrauch wohl etwas unpraktisch ist.

Die oft verkündete Universalität des Strukturalismus bzw. Poststrukturalismus lässt sich durch ein Gegenbeispiel brechen, welches gleichzeitig deren Gegnerschaft zum Existenzialismus zeigt: Vornamen. Vornamen werden nicht strukturalistisch vergeben noch üben sie Repression gegenüber ihren Trägern oder deren Umgebung aus. Ihre Vergabe ist vielmehr ein Akt der freien Wahl und sie beinhaltet die Verantwortung, welche die Eltern für jene Wahl tragen. Im Übrigen zeigt der Strukturalismus zwei extreme Pole auf, die limenistisch relevant sind. Zum einen die fremdbestimmte, depressive Tätigkeit, da man zu jemandem gestempelt wird, dessen Inneres nichts zählt oder das nicht vorhanden ist und der in dasjenige Zahnrädchen verwandelt wird, welches das fremde System braucht, um sich zu reproduzieren. Das andere Extrem, welches der Strukturalismus eher negiert, aber dennoch impliziert, ist die selbstbestimmte, optimistische Erzeugung von Etwas, ja sogar dessen freiwillige Reproduktion, aufgrund der Fähigkeiten und Interessen der Individuen, die dies tun.

Limenistisch gesehen kann man sagen, dass es sich in beiden Fällen um die Anpassung an Gemeinsamkeiten handelt, einmal an die als falsch und einmal an die als richtig empfundene. Der Punkt ist jedoch, dass die Gruppe immer mit der Anpassung an eine bestimmte Gemeinsamkeit beginnen kann. Durch die Anpassung erzeugt sie wiederum jene Gemeinsamkeit und stabilisiert sie. Selbst wenn sich nun herausstellt, dass es sich um die falsche Gemeinsamkeit handelt, erfordert es wegen der Schwellenhaftigkeit ihres Randes einigen Aufwand, sie wieder zu verlassen. Doch woher rührt die Schwellenhaftigkeit von Gemeinsamkeitsrändern überhaupt? Geht man davon aus, dass jedes Teilen von Gemeinsamkeit durch mehrere Individuen jenseits der statistischen Zufälligkeit letztendlich eine zwanghafte Verknüpfung mehrerer Gemeinsamkeiten darstellt, ist der Zwang in die Gemeinsamkeit auch ein wechselseitiger Zwang, eine Kohäsion, die in der Limenistik als Kadhäsion bezeichnet wird. Das Sich-Lösen aus der Gemeinsamkeit ist insbesondere für den Einzelnen schwer, weil es ein Sich-Trennen von den anderen Individuen ist, mit denen man die Gemeinsamkeit teilt. Geben all sie Teilenden die Gemeinsamkeit auf, ist dies weniger schwer als für den Einzelnen.

Freitag

"Da sie geteilt werden, sind viele Eigentümlichkeiten ein hohes Maß an Gemeinsamkeiten."

Hermeneutik

Sehr geehrte Damen und Herren!

Willkommen zurück! Es geht mit der Hermeneutik weiter. Laut Duden bedeutet Hermeneutik die "Lehre von der Auslegung und Erklärung eines Textes oder eines Kunst- oder Musikwerks" sowie das "das Verstehen von Sinnzusammenhängen in Lebensäußerungen aller Art aus sich selbst heraus (z. B. in Kunstwerken, Handlungen, geschichtlichen Ereignissen)" [67]. Die Hauptvertreter der Hermeneutik waren Friedrich Daniel Ernst Schleiermacher (* 21. November 1768 in Breslau, Schlesien; † 12. Februar 1834 in Berlin), Wilhelm Dilthey (* 19. November 1833 in Biebrich; † 1. Oktober 1911 in Seis am Schlern, Südtirol) und Hans-Georg Gadamer (* 11. Februar 1900 in Marburg; † 13. März 2002 in Heidelberg).

Die Hermeneutik beschäftigt sich also mit dem richtigen Verstehen von Texten und Gesprochenem (und setzt die Erreichbarkeit dieses Zieles somit voraus). Die Schwierigkeiten bei der Übertragung von Gemeintem über die Sprache in das Bewusstsein eines anderen Menschen existieren natürlich schon seitdem es Sprache gibt. In [39] heißt es zur Geschichte der Hermeneutik: "Früher wurde Hermeneutik als die Kunst der Auslegung angesehen. Sie wurde als Technik nur dann angewandt, wenn man bei der Lektüre von klassischen, juristischen oder heiligen Schriften auf Verständnisprobleme traf. Es ging um sachspezifische Texte. Deshalb wurde damals das Verständnisproblem in der Alltagssprache, in der man 'eindeutig' untereinander kommunizieren kann, aus der hermeneutischen Diskussion ausgeschlossen. ... Schleiermacher – als anerkannter Gründer der modernen Hermeneutik – unterscheidet sich von seinen Vorgängern zuerst einmal darin, dass er das Ziel zur Erreichung des Verständnisses anders interpretiert. Unter der Erreichung des Verständnisses versteht er nicht so sehr die Beseitigung des Unverständnisses als die des Missverständnisses." [39, S. 22-23]

Schleiermacher sieht das Problem des Missverständnisses als grundlegend an und universalisiert dadurch die Hermeneutik. Mit der durch ihn erzeugte Wende wurden "nicht nur bestimmte Schriften, sondern auch alle schriftlichen Texte und mündlichen Reden" [39, S. 23] als Gegenstände der hermeneutischen Analyse gesehen. Außerdem geht er davon aus, dass hermeneutische Regeln allgemein verwendet werden können, "um alles Unverständliche oder alle Missverständnisse zu beseitigen; sie sind nicht mehr Aggregat von Observationen, nur um spezielle Verständnisprobleme zu lösen ... Hinsichtlich des hermeneutischen Prozesses hat Schleiermacher ferner für das hermeneutische Vollziehen eine systematischere Methode vorgestellt." [39, S. 23] Er unterteilte sie in eine grammatische und eine psychologische Auslegung, "...um jeweils die Beziehung des einzelnen Textes zur Ganzheit der Sprache und die Beziehung zum ganzen Geist des Urhebers zu bearbeiten.

Die Durchführung der psychologischen Interpretation schließt drei Momente ein: das Sichversetzen in das ganze

Gemüt des Autors, das Zurückführen auf das Redeverfahren des Autors und das Rekonstruieren seines ursprünglichen Gedankengebildes." [39, S. 24] In [68] schreibt Hubig, Schleiermacher habe "Sprache und Geist als unbestimmte Instanzen der Ermöglichung von Rede angenommen und ihnen die grammatische respektive psychologische Interpretation zugeordnet. ...Um die Sprache aus dem Status ihrer Möglichkeit herauszuführen, bedarf es der Rede. ...Andererseits liegt gerade in dem Faktum, daß die Rede ein ständig variierendes Modifikationsresultat ist, begründet, daß zu dieser Rede eine Distanz besteht, daß der historische Abstand eine Fremdheit bedingt, denn unsere Modifikationen von Sprache und Geist können nicht einfach für ferne und zeitlich zurückliegende Reden als gleiche unterstellt werden." [68, S. 73] Schleiermacher bringt hier die Individualität ins Spiel und deren geschichtliche Veränderlichkeit, die besondere Modifikation des Geistes und der Sprache des Sprachverwenders. Jene Individualität bestimmt "...den Menschen einerseits als Organ der Sprache, andererseits diese nur als Organ des Menschen, im Dienste seiner Individualität. ...Erst die Individualität des Menschen ... vermag durch Herstellung Sprache in der Rede zu aktualisieren." [68, S. 72]

Was das Verstehen des individuell hervorgebrachten Gesprochenen oder Geschriebenen betrifft, so gilt Letzteres als unendlich im Sinne von "Anders-Sein-Können", als man es glaubt, verstanden zu haben. Man könnte die Unendlichkeit der Möglichkeiten nur dann in die Endlichkeit holen, wenn man das individuelle Denken des Autors zum Zeitpunkt des Schreibens sowie die verwendete Sprache genau kennen würde, was unmöglich ist. Dennoch müsse man in der Auslegung die spezifische Modifikation "umkehren", um den durch sie erzeugten Text verstehen zu können. "Verstehen ist somit die Konstruktion eines endlichem Bestimmten aus einem unendlichen Unbestimmten" [68, S. 74], nämlich aus dem unendlichen Geist, der sich durch das Reden individuell-endlich entäußert. Diese romantische Herangehensweise erinnert stark an Schopenhauer und seinen unteilbaren Willen, der gezwungen ist, sich frustriert im Stückwerk der realen Welt zu entäußern. Man kann sie ebenfalls als einen Rettungsversuch für Gott sehen: Man bejaht die Existenz eines die Welt überströmenden Geistes, sieht seine Spiegelung im Menschen jedoch als begrenzt an. Die Methode der Auslegung führt Hubig auf die Fähigkeit des Vergleichens zurück, d.h., divinatorisch unikale Eigentümlichkeiten (im Autor) zu entdecken, indem man sich in ihn hineinversetzt. Gleichzeitig muss der Autor mit anderen verglichen werden (Komparation), um sich der Individualität des entdeckten Aspekts sicher zu sein.

In [69] werden die divinatorische und die komparative Verstehensweisen wie folgt erläutert: Zunächst vergleichen sich zwei sehr ähnliche Menschen. Unter dieser Bedingung treten Unterschiede besonders deutlich hervor, da sie seltener sind als die Gemeinsamkeiten. Das komparative Verfahren bleibt jedoch bei den Einzelheiten in ihrer Verschiedenheit stehen. Das divinatorische Verfahren wiederum versucht, eine unmittelbare Anschauung von der Individualität des Autors aus seiner Gesamtheit zu erlangen, den inneren Hergang herauszufinden, der zur Individualität und zur individuellen Äußerung geführt hat. Man könnte dies Methode mit einer medizinischen Diagnose vergleichen: Die Symptome werden durch die eine oder die andere Krankheit bedingt auf die aus dem Auftreten der Symptome geschlossen werden muss. Aus dem divinatorischen Verfahren lassen sich nun Prophezeiungen treffen, die dabei helfen, das durch das komparative Verfahren gewonnene Material an verschiedenen individuellen Aspekten zu ordnen. Das setzt aber voraus, dass der Leser nach der Hälfte des Buches den begrenzten Geist des Schreibers soweit erfasst hat, dass er dessen Gedankenfluss zuverlässig voraussagen kann. Das psychologische Interpretieren zur Auslegung muss also immer beide Verfahren einsetzen.

Obwohl die Verfahren in grammatischer und psychologischer Hinsicht angewendet werden müssen, wird die Divination von Schleiermacher methodisch fast nur auf der sprachlichen Seite erläutert, d.h. mit Hinblick auf Redetypen, Stile, Techniken und konkrete Ausdrücke, die divinatorisch herausgebracht und komparativ in ihrem Charakter bestätigt werden [68]. Es handelt sich um einen Zirkelschluss. "Und dieser gesamte Apparat von Modifikationsbeziehungen ist gerade derjenige, so Schleiermacher, der das Denken modifiziert, d.h. den Zusammenhang zwischen dem Geist als Möglichkeit und dem Denkakt als Wirklichkeit ausdrückt. ...Daher kann im Nachhinein erwiesen werden, wann die Konstruktion einer bestimmten Einzelheit als Basis einer dann beginnenden Auslegung von Wert war, dann nämlich, wenn sowohl das divinatorische wie das komparative Verfahren und die sprachlichen und psychologischen Modifikationen sich nicht mehr wechselseitig korrigieren, sondern dieser Prozeß vorläufig abgeschlossen ist." [68, S. 77] Zusammenfassend kann man festhalten, dass Schleiermacher das Verstehen im Isolieren der Individualität des Autors durch den Lesenden sucht. Die Individualität geht bei ihm auf ein endliches Denken zurück, dass sich der Denkende aus der Unendlichkeit des Geistes im Verlaufe der Zeit "herausgepickt" hat.

Was die Individualität des Textes, also Abweichungen von permanenter Wiederholung betrifft, so schreibt Hubig: "Zum Gegenstand einer Auslegung, also einem Verstehensversuch, werde erst ein Etwas, wenn es entweder originell oder klassisch oder beides, d. h. genial sei. Dies sind drei Typen von Abweichungen. Ihnen ist gemeinsam, daß sie zunächst Gegenbegriffe zur 'Wiederholung sind. ...Das 'Originelle' ist definiert als bloße Eigentümlichkeit, die nicht gemein ist. ...Das 'Klassische' ist ebenfalls nicht wiederholend, jedoch produktiv: Die Abweichung vom Allgemeinen, die der Klassiker vorführt, wird selbst zur Regel. ...Während das Originelle durch seine Vereinzelung zur Nichtigkeit werde, könne das Klassische seinerseits zum leeren Mechanismus entarten. Das 'Genialische' hingegen vereine die Vorteile beider im Gleichgewicht." [69, S. 76] Das Genialische ist offenbar das Neue, das für viele Menschen interessant, ja anziehend ist, wobei man sich streiten kann, ob und für wen es nur deswegen attraktiv ist, weil es neu ist. Somit ist der geniale Autor ein Künstler im Sinne Nietzsches.

Es gibt noch einen wesentlichen Aspekt, der aus Schleiermacher zurückgeht: den bereits erwähnten hermeneutischen Zirkel. Nimmt man an, dass sich Äußerungen eines Autors aufgrund der Kenntnis seiner Individualität voraussagen lassen, dann lassen sich diese abgeleiteten Voraussagen dazu nutzen, jene Individualität zu bestimmen, indem man sie mit den tatsächlichen Aussagen vergleicht. In einem zirkulären Prozess kann so Selbstkonsistenz erreicht werden, welche die inneren individuellen Zusammenhänge, aus denen sich die Voraussagen ableiten lassen, bestätigt. Anders gesagt: Wenn man die Einzelideen eines Autors in seinem Sinne verstehen will, muss man seinen gesamten Text lesen, der wiederum aus Einzelideen zusammengesetzt ist, die man in seinem Sinne verstehen muss um weitere Aussagen vorherzusagen.

Ein anschauliches Beispiel für einen hermeneutischen Zirkel habe ich in einer aktuellen Fernsehserie entdeckt [70]. Dort geht es darum, dass Bewusstsein von Menschen in Roboter zu verpflanzen, um ihnen ein Weiterleben nach dem physischen Tod zu ermöglichen. Zu diesem Zweck entwickelte man Verhaltensmodelle anhand von Messungen an den Gehirnen der Menschen und deren gleichzeitiger Beobachtung im Alltag. Diese Modelle, es handelte sich pro Person mehrere Millionen, wurden genutzt, um das zukünftige Verhalten der Personen vorauszusagen. Diejenigen Modelle wurden verworfen, welche dieses Verhalten nicht konkret vorhersagen konnten. Auf diese

Weise wurde schließlich eine Sammlung von Verhaltensalgorithmen ausgewählt, die das Bewusstsein des einzelnen Menschen ausmachten. Das Bewusstsein wurde also gleichgesetzt mit den abgespeicherten Algorithmen des "Sich-Vorweg-Sein", oder, "...voller gefaßt: Sich-vorweg-im-schon-sein-in-einer-Welt." [19, S. 192]. Das Faszinierende an dieser Vermutung ist, dass Heidegger möglicherweise bereits entschlüsselt haben könnte, wodurch der Mensch sich selbst bewusst ist.

Stellen Sie sich zum besseren Verständnis ein Säugetier vor, vielleicht ein Raubtier. Wir nehmen an, dass es zwar über ein Körperschema verfügt, mit dem es seine Bewegungen koordiniert, aber dass es über jenes Schema sich nicht seiner selbst bewusst wird. Wohl aber ist es sich seiner Beute bewusst und es ist sich bewusst, dass es sich um seine Beute handelt. Sie ruft es ihm aus der Entfernung quasi zu. Was wäre nun, wenn der Mensch permanent ein Abbild von sich selbst erschafft, das in der Zukunft liegt. Die Selbstbewusstheit des Menschen wäre dann genau die gleiche wie die Bewusstheit der Beute im Raubtier und des Raubtiers im Gehirn der Beute. Der geworfene Mensch würde den entworfenen sehen und ihn gleichzeitig rufen und der entworfene den Geworfenen. Dem Menschen die Möglichkeit zu nehmen, sich zu entwerfen, würde ihn also entmenschlichen.

In der Limenistik wird als "Sich-Vorweg-Sein" das permanente gedankliche Transzendieren in Parallelwelten verstanden, die durch zufälligen Austausch weniger Eigentümlichkeiten kreiert werden, sowie deren gleichzeitiger Bewertung anhand von erinnerten Ähnlichkeiten: Warum sollte das nicht hier funktionieren, wenn es da und da so ähnlich funktioniert hat? Man könnte von einer "Transwertung" sprechen. Aufgrund der nichtstrikten Verlinkung zwischen Gemeinsamkeit und ihrem Wert gibt es keine Garantie für das Funktionieren. Aufgrund der Selbstähnlichkeit der Welt besteht aber eine Chance. Der hermeneutische Zirkel entspricht also einer Kombination aus Induktion und Deduktion, die in der Limenistik als Eduktion bezeichnet wird. (R)Eduktion bedeutet, dass man die zwingende Integration mehrerer Gemeinsamkeiten dadurch erkennt, dass sie verschwindet, wenn man eine Gemeinsamkeit entfernt, die zwingend integriert wurde. Der hermeneutische Zirkel ist eine andere Möglichkeit, die (R)Eduktion zu formulieren: Aus dem Integrationszwang lassen sich die zwingend integrierten Gemeinsamkeiten ableiten. Leitet man die richtigen ab, was durch den Vergleich mit dem vorhandenen Text verifiziert werden kann, so ist der Integrationszwang korrekt formuliert. Wie immer in der Limenistik bezieht sich das entstehende Gesetz auf einen abgeschlossenen Bereich, in dem das Gesetz aufgrund der Selbstähnlichkeit der Welt jedoch begrenzt-universell stabil ist.

Ein Beispiel: Über der Tür eines Gemeindesaales hängt ein Schild mit der Aufschrift: "Montags und freitags ab 17:00 Tanztee für über Sechzigjährige!" Jemand, der das Schild übersieht, wird über die Woche ein gemischtes Publikum beobachten. Nur montags und freitags ab 17:00 wird er ältere Leute beim Tanztee beobachten. Also folgert er die entsprechende Regel. Durch die richtige Voraussage des nächsten Tanztees bestätigt er sie als begrenzte Universalität. Bei der limenistischen (R)Eduktion würde man beispielsweise den Älteren verbieten, sich im Gemeindesaal einzufinden. Entsprechend würde kein Tanztee stattfinden. Die zwingende Integration: Tanztee+Mo+Fr+17:00+Über-Sechzigjährige wäre nach weiteren solchen Variationen ebenfalls bestätigt. Die Limenistik kennt darüber hinaus Gemeinsamkeiten, die erst durch die Integration entstehen und sie gleichzeitig legitimieren, eine Art Sinnzusammenhang generieren. Hier wäre es der Umgang miteinander beim Tanzen, welches den Tanztee erst zu einem solchen macht, aber selbst nur Teil des integrierten Gemeinsamkeitenbündels ist.

Die nächste Wende in der Hermeneutik kam es Anfang des zwanzigsten Jahrhunderts. Man fragte sich "Was ist das Verstehen?" Die Hermeneutik entwickelte sich durch diese Frage zur Lehre vom Verstehen selbst [vgl. 39, S. 24]. Sie wird zur Kunst der Interpretation des menschlichen Geistes. In [68] schreibt Hubig, dass Wilhelm Dilthey die idealistische Grundannahme Schleiermachers nicht teilt. "Ihn interessieren die Bedingungen der Möglichkeit menschlichen Seins, und deshalb versucht er, analog zu Kants Rekonstruktion der Erkenntnisbedingungen der Natur, solche für das Erleben und das Verstehen zu gewinnen." [68, S. 74]

Dilthey fokussierte seine Hermeneutik auf das historische "Erleben". In [71] schreibt der Autor: "Die einfachste Form, in der sich eine 'zu einem Mittelpunkt zentrierte'

Gestalt aus dem Leben heraushebt, ist das Erlebnis. Das Erlebnis ist so die kleinste Einheit des Lebens. ...Die einzelnen Erlebnisse stehen aber nicht unabhängig nebeneinander, sondern schließen sich zum Ganzen des Lebensverlaufs zusammen, in dem jedes einzelne Erlebnis seine besondere Bedeutung hat. ...Aber wichtig ist nun, daß diese Bedeutung im Ganzen des Lebens nicht schon im Augenblick des Erlebens vorhanden ist, sondern sich erst nachträglich im rückwärts gewandten Blick der Erinnerung bildet." - Also im Bezug auf das bisher geschehene - "So ist für Dilthey erst die Erinnerung das Bedeutung Wirkende."[71, S. 8] Jene Bedeutung ändert sich jedoch im Verlaufe des Lebens und man "...müßte erst die Todesstunde abwarten, um die Bedeutung eines Ereignisses im Leben des betreffenden Menschen endgültig beurteilen zu können. Man müßte erst das Ende der Geschichte abwarten, ehe man die Bedeutung eines bestimmten geschichtlichen Ereignisses endgültig bestimmen könnte. Weil das aber utopische Konstruktionen sind, folgt daraus, daß jede Bedeutung, die wir erkennen, nur vorläufig ist und wir sie in dieser Vorläufigkeit belassen müssen, um offen zu sein für die nicht voraussehbaren neuen Aspekte, die sich in der Zukunft ergeben."[71, S. 8]

Von besonderer Bedeutung für Dilthey sind die sogenannten Erlebnisausdrücke, also die Art, wie ein Erlebnis vom Autor beschrieben wird. Ihm kommt eine besondere Stellung zu: "Die große Leistung des Erlebnisausdrucks liegt nämlich darin, daß in ihm die unbewußten Untergründe des Seelenlebens erkennbar werden." [71, S. 9] Der Mensch erkennt sich in seiner Besonderheit nicht oder nur in einem beschränkten Maß "durch den nach innen gerichteten Blick der Selbstbesinnung." Vielmehr erkennt er sich "nur auf dem Wege über das Verstehen des objektivierten Ausdrucks." [71, S. 9] Der Erlebnisausdruck fördert etwas zutage, das erst durch jenen Ausdruck erkannt wird, nicht aber, solange es vage und unausgesprochen im Unbewussten schlummert. Zur Klarstellung: Es geht hier nicht darum, welche konkreten persönlichen Probleme erörtert werden, sondern es geht darum, wie die eigenen Erlebnisse wiedergegeben werden, denn diese Wiedergabe enthält bereits ihre besondere, innen angelegte Betrachtungsweise durch den Autor. Bollnow bezeichnet dies als "Wendung von der Begründung durch eine auf Selbstbesinnung beruhenden Psychologie zu der durch eine auf die Objektivationen des menschlichen Geistes bezogenen Hermeneutik." [71, S. 14-15] In [68] heißt es dazu: "Eine Kette ausgedrückter Erlebnisse ist eine Biografie. Diese Biografie verlangt ihrerseits nach einem Kriterium, nach dem die Erlebnisausdrücke zusammengefügt werden." [68, S. 79]

Die Motivation für das Zusammenfügen von Autobiografien kann (i) von außen, (ii) von innen im Gegensatz zu etwas Äußerem und/oder (iii) harmonisch zwischen außen und innen gestiftet sein. Doch welcher Zusammenhang besteht zwischen Erlebnissen und Erlebnisausdrücken? "Erlebnisausdrücke sind, wie Dilthey es formuliert, Leistungen der Intentionalität, mittels derer diese Erlebnisse beobachtbar werden, indem sie sich isolieren lassen, ...die Erlebnisse liegen nicht hinter ihren Ausdrücken, sondern letztere sind die Voraussetzungen für sie. ...Das Erleben, so Dilthey, schließt bereits in sich elementare Denkleistungen ein." [68, S. 79] Hubig verweist hier auf Schleiermachers Differenz, d.h. er sieht Erleben erst dann als solches, wenn ein Bewusstsein des Unterschiedes zwischen Vorhergehendem und Nachfolgendem vorausgesetzt ist. Dies gelte erst recht, wenn man sich an ein Erlebnis zu erinnern versucht, wenn das Erlebte aus dem Erlebnisstrom abgekoppelt werden soll. Verinnerlichung und Beobachtung sind bei Dilthey also ähnlich deutbar.

Diese Argumentation ähnelt sehr stark den Körperschemata Merleau-Pontys: Der Leib strukturiert das Zur-Welt-Sein" als Erleben, nicht eine von der Körperlichkeit losgelöste Psyche. In [72] heißt es entsprechend, Dilthey lehne die dualistische Vorstellung von geistigen Inhalten ab, die losgelöst und unabhängig von ihren physiologischen Repräsentationen existieren. Geistige Phänomene seien zunächst physiologische Vorgänge, die keine eigenständige Existenz jenseits dieser physikalischen Instanziierung besitzen. Dennoch könnten geistige Phänomene nicht durch die Rekonstruktion ihrer physiologischen Seite erschöpfend erkannt werden [72, vgl. S. 166].

Dilthey verneint also den naturwissenschaftlichen Reduktionismus. Die Bedingung der Möglichkeit des Erlebens basiert auf bereits vorhandenen Fähigkeiten, den Ausdrücken, ganz so, wie es Kant für das bewusste Verstehen anmerkte. Die Nähe Diltheys zu Kant gilt unabhängig von seiner Kritik an Kants starrem *a priori*. Das Verstehen ist nicht das erlebende Herausgreifen von Erlebnissen aus dem Erlebnisstrom. Über Diltheys mögliche Antwort auf die Frage, was denn Verstehen sei, schreibt Bollnow: "Was ich in der Umwelt verstehe, das sind nicht nur die Objektivationen als solche, ...sondern das ist die Umwelt als ganze, in der sich unser tägliches Leben abspielt, insofern sie durch die Tätigkeit des Menschen aus der unbearbeiteten Natur zu einer Kulturwelt umgeschaffen ist. Es ist dasjenige, was Husserl dann als Lebenswelt bezeichnet hat. Dilthey nimmt hierfür den ... Namen des objektiven Geistes auf. Er versteht darunter 'die mannigfachen Formen, in denen die zwischen den Individuen bestehende Gemeinsamkeit sich in der Sinnenwelt objektiviert hat.' ...Insofern ist alles elementare Verstehen des Lebens und der Welt ein Verstehen im objektiven Geist." [71, S. 15] - oder jener Gemeinsamkeiten und deren zwanghafter Verbindungen, wenn man limenistisch antworten würde.

Eine weitere Wende in der Hermeneutik geht auf Hans-Georg Gadamer zurück. Gadamer war Schüler Martin Heideggers, wobei letzterer die sogenannte "hermeneutische Phänomenologie" entwickelte. Phänomen bedeutet bei Heidegger das "Sich-an-ihm-selbst-zeigende", das Offenbare [19, S. 28]. Phänomenologie lässt das, was sich zeigt, so wie es sich von ihm selbst her zeigt, von ihm selbst her sehen [19, S. 35]. Vom vulgären Phänomen, also dem Sich-Zeigen bloß des Seienden durch empirische Anschauung, unterscheidet Heidegger das (darunter versteckte) phänomenologische Phänomen: "Der phänomenologische Begriff von Phänomen meint als das Sich-zeigende das Sein des Seienden, seinen Sinn, seine Modifikationen und Derivate. Und das Sichzeigen ist kein beliebiges noch gar so etwas wie Erscheinen." [19, S. 35]

Begreift man Phänomenologie als Zugangsart zu dem und die ausweisende Bestimmungsart dessen, was Thema der Ontologie werden soll: des Seins des Seienden, so ist Ontologie nur als Phänomenologie möglich [19, S. 35].

Natürlich sind auch Phänomene, die das individuelle Dasein erzeugt, Erscheinungen dessen, was sich am Dasein selbst zeigt. Gleichzeitig *ist* das Dasein (im Gegensatz zu allem anderen Sein) "in der Weise, seiend so etwas wie Sein zu verstehen." [19, S. 17]. Dasein ist das wesenhafte "Wie" des Menschen, es sucht denkend Sinn, interpretiert, legt aus, nicht nur als Methode, sondern als seine primäre Seinsweise. Die phänomenologischen Phänomene des Daseins, aber auch die Phänomenologie des Daseins, sind daher "Hermeneutik in der ursprünglichen Bedeutung des Wortes, wonach es das Geschäft der Auslegung bezeichnet." [19, S. 37] Das Dasein interpretiert nicht wie ein Computer, sondern setzt an sich selbst Phänomen mit Phänomenologie gleich, wodurch dem "zum Dasein selbst gehörigen Seinsverständnis der eigentliche Sinn von Sein und die Grundstrukturen seines eigenen Seins kundgegeben wird" [19, S. 37]

Hermeneutische Phänomenologie bedeutet, auslegend den grundlegenden Seinscharakter des Daseins am konkreten Dasein durch es sehen zu lassen, der wiederum nichts anderes ist als hermeneutische Phänomenologie, die wiederum nichts anderes ist als der Seinscharakter des Daseins. Hermeneutische Phänomenologie, sowohl des interpretierenden als auch des interpretierten Daseins, wird stets in aktiver und passiver Form des Genitivs zugleich ausgeführt. Wenn Hermeneutik aber die Auslegung des Daseins im Sinne des Aufdeckens seines Seins und seiner Grundstrukturen ist, dann deckt sie auch den Horizont auf, in welcher der Mensch ontologische Forschung betreiben kann, also die "...Bedingungen der Möglichkeit jeder ontologischen Untersuchung" [19, S. 37]

Martin Heidegger hat die Phänomenologie, die Hermeneutik und die Ontologie des Daseins miteinander verbunden und ihr einen transzendentalphilosophischen Rahmen verpasst. Darüber hinaus hat der den Philosophiebegriff neu definiert: "Philosophie ist universale phänomenologische Ontologie, ausgehend von der Hermeneutik des Daseins, die als Analytik der Existenz das Ende des Leitfadens alles philosophischen Fragens dort festgemacht hat, woraus es entspringt und wohin es zurückschlägt." [19, S. 38] Das beste Beispiel hierfür ist immer noch ein zu interpretierender Text, wobei das Dasein grundsätzlich immer, alles und jeden auslegt. Beim Text jedenfalls bringt der Interpret dessen Seinscharakter, bzw., den des verfassenden Daseins durch Auslegung zum Sich-Zeigen, was identisch mit dem Verstehen des Textes ist. Dieses kann natürlich nur aufgrund der Kenntnis der gesellschaftlichen und sprachlichen Gepflogenheiten derjenigen Zeit geschehen, in der der Verfasser den Text schrieb, bzw. die Zeit, über die er schreibt. Dieser transzendentale Rahmen umreißt die Möglichkeiten der Interpretationsurteile des Textes.

Heidegger bezieht das Transzendentale jedoch nicht nur auf die Möglichkeiten des interpretierenden Menschen, sondern er sieht den 'letzten' Rahmen im Sein selbst, wobei er gleichzeitig die 'Mindestanforderung' an eine transzendentale Erkenntnis stellt: "Sein und Seinsstruktur liegen über jedes Seiende und jede mögliche seiende Bestimmtheit eines Seienden hinaus. ...Jede Erschließung von Sein als des transcendens ist transzendentale Erkenntnis." [19, S. 38]. Heidegger meint damit, dass Sein grundsätzlich die (zeitliche) Transzendenz des Seienden aus sich heraus bedeutet, ähnlich wie in der Limenistik bezüglich der Gemeinsamkeiten. Erkenntnis des Seins ist Erkenntnis von Transzendenz und im (zeitlichen) Horizont des Seins transzendente Erkenntnis. Hieraus folgt, positiv gesprochen, dass sich in einem verstandenen Text die Grundstruktur des Seins des Autors "an-ihm-selbst" im Horizont des Daseins zeigt. Hermeneutik als Auslegung des Seins des Daseins wird zur "Analytik der Existenzialität der Existenz" [19, S. 38], wobei die Auslegung eines spezifischen Textes die jeweils spezifische Existenz, das transzendente Sein im Horizont des Seins des Autors betrifft. Ein Prosatext wird lebendig, wenn er nach Auslegung das Leben des Helden an sich zeigt. Nicht nur den Istzustand, sondern auch den Seinscharakter überhaupt als dessen transzendente Möglichkeiten.

Um uns der hermeneutischen Philosophie Hans-Georg Gadamers auf der Grundlage Heideggers zu nähern, beginnen wir mit Gadamers ursprünglichster Prämisse, mit der er sich auf Platon bezieht. Sie besagt, dass jedes Denken ein Gespräch ist. Im einfachsten, individuellen Fall ist es ein Selbstgespräch, ein innerer Dialog der Seele mit sich selbst [73]. Somit ist Denken immer Sprechen. Wenn wir jeden Sprecher als Autor seines Sprechtextes ansehen, ist jede Art von Denken, insbesondere das Verstehen, letztendlich Hermeneutik. Sieht man Hermeneutik als Auslegung eines gesprochenen Textes an, nimmt außerdem man an, dass alles Denken Gespräch ist, nimmt man weiter an, dass der Mensch die Zusammenhänge, auch in der Natur, durch Denken begreift, dann ist jedes Begreifen eines Objektes Ergebnis eines Gesprächs, also gegenseitiger Hermeneutik mindestens zweier Texte, deren Urheber immer Menschen sind. Verstehen ist immer sprachlich in einem Gespräch aus Fragen und Antworten. Verstehen ist außerdem immer Einverständnis, wobei bloßes Einverständnis als Kriterium der objektiven Wahrheit kritikwürdig ist. Einverständnis bedeutet zwar Verstehen, allerdings muss dieses Verstehen nicht der objektiven Wahrheit entsprechen. Möglicherweise gilt diese Wahrheit nur innerhalb einer subjektiven Meinungsblase.

Auf Heidegger aufbauend begreift Gadamer die Hermeneutik nicht als Methode, sondern als universelles ontologisches Prinzip des menschlichen Daseins. Dasein ist immer zuerst Verstehen, Einordnen, Sinnbildung. Also gibt es so etwas wie reine Erfahrung gar nicht, denn der menschliche Geist interpretiert immer. Dasein im Sinne von In-Der-Welt-Sein folgt somit den hermeneutischen Prinzipien. Außerdem unterliegt das Dasein dem hermeneutischen Zirkel als Wechselwirkung zwischen Teil und Ganzem bzw., im Gadamerschen Sinn, zwischen dem Text und dem Vorverständnis des Verstehenden, das sich im Zuge des Verstehens verändert. Die Einklammerung der (natürlichen Urteile über die) Welt (Epoché), die Identifizierung und Auslöschung der sie verstehenden intentionalen Vorurteile, um sie letztendlich unvoreingenommen zu betrachten (zu den Sachen selbst), lehnt Gadamer als unmöglich und unnötig ab, da bestimmte Vorurteile ja der Wahrheit entsprechen können. Statt Epoché müssen die Vorurteile reflektierend analysiert werden [74].

Um einen Text auslegen zu können, muss man ihn, laut Schleiermacher, insgesamt verstehen und nicht nur bestimmte Teile erleuchten. Man muss sich in die Situation, das Leben, die Psyche des Verfassers "einleben" [74]. Dieser Ansatz aus Verstehen und Auslegen wird durch Gadamer auf das "Anwenden" erweitert, ..."alles Verstehen ist immer schon von Anfang an Anwenden."[39, S. 26] Anwenden bedeutet die aktive Anwendung des Denkens inklusive vorhandenen Wissens des Verstehenden auf den zu verstehenden Text durch das Anwenden des Textes auf die konkrete Lebenssituation des Verstehenden. Der Dreiklang aus Verstehen, Auslegung und Anwendung macht den hermeneutischen Prozess aus und kann, laut Gadamer, als ein Gespräch mit demjenigen verstanden werden, welcher den Text geschrieben hat, und zwar über eine bestimmte Sache, die Gegenstand des Textes ist. Erst die dadurch zu erreichende Angleichung der Horizonte des Textes und des Lesenden erlaubt die Vollendung des Verstehens.

Limenistisch gesprochen hat man es hier mit nichts anderem als einer Anpassung an den Denkrahmen zu tun, der im geschriebenen Text verankert ist. Diese Anpassung kann neben dem Verstehen im Sinne der Herausstellung der Differenz zu den eigenen Standpunkten, die einer Integrationsleistung entspricht, noch einen weiteren Effekt haben, nämlich die völlige Abkehr von den eigenen Horizonten zu denen des Textes, eine Überstülpung jenes Rahmens über den Lesenden, die nichts mit Verständnis zu tun hat, sondern mit der Assimilation des Lesers durch den Text.

Die im Verstehen geschehende Verschmelzung der Horizonte gilt für Gadamer als die eigentliche Leistung der Sprache. "Laut Gadamer hat Hermeneutik eine ontologische Wendung erfahren, indem die Sprache zum Zentrum der Hermeneutik gerückt und als das Wesen des Verstehens angesehen wird. Sie widmet sich nun einer ontologisch-phänomenologischen Deskription für jedes Phänomen des Verstehens, daher beschränkt sie sich nicht mehr auf die methodische Kunst der korrekten Auslegung." [39, S. 27] Mit dem Grundsatz "Sein, das verstanden werden kann, ist Sprache" beschreibt Gadamer die Grundlage seiner ontologischen Hermeneutik. Sein, verstehendes Denken und Sprache werden zu einer Einheit verknüpft. Tsai [vgl. 39, S. 28] betrachtet nun die verschiedenen Auslegungen des obigen Satzes:

(i) "Ist" als Identität: Alles ist Sprache schlechthin. Alles Seiende ist durch das Wort des Transzendenten entstanden (Sprachkonstruktivismus).

(ii) "Ist" als "Ist auch": Alle Existenz in der realen Welt ist durch Sprache benannt, doch Sprache benennt mehr als real existiert. Das, was nicht von Sprache benannt wird, existiert nicht (Sprachidealismus).

(iii) "Ist" als "Sein": Sprache beschreibt das Sein als die Seinsweise des Seienden und nicht das Seiende selbst (Sprachontologie). Sein ist dadurch, dass es zu uns spricht. (iv) "Ist" als Einschränkung: Nur das Sein, das verstanden werden kann, ist Sprache. Nicht alles Sein kann verstanden und durch Sprache erfasst werden (transzendentale Einschränkung).

Die drei ersteren Varianten reflektieren nicht das, was Gadamer mit hermeneutischer Philosophie meint. Weder geht er von einer (i) "Sprachmagie" aus, noch von einer (ii) Beschränkung des Seins auf die menschliche Idee, noch von einer (iii) Sprache des Seins aus sich heraus, quasi ohne die Notwendigkeit des Verstehens durch eine Zuhörerschaft. Tsai assoziiert Gadamers philosophische Hermeneutik eher mit der Lesart (iv), allerdings scheint sie dadurch ihre Universalität zu verlieren. Im limenistischen Verständnis gibt es nur begrenzt-universelle Gemeinsamkeiten, deren Grenzen wiederum nur begrenzt-universell sind, weswegen das Dilemma an dieser Stelle verschwindet. Tsai löst es auf ähnliche Weise: "Gadamer behauptet nämlich, dass die Sprache in dieser Hinsicht ihre Grenze hat, insofern die vorhandenen sprachlichen Ausdrücke allem möglichen Gemeinten in der Zukunft momentan nicht entsprechen. Darum setzt der leichtfertige Gedanke, der zwischen der Begrenztheit der Sprache und der Grenzenlosigkeit des sprachlichen Ausdruckes einen Gegensatz sieht, nur einen scheinbaren Konflikt." [39, S. 33]

Der ontologische Aspekt bleibt in Gadamers philosophischer Hermeneutik dennoch ein Kernpunkt, der über die

Verbindung aus Verstehen und Anwenden hineinkommt. Tsai verweist, neben dem durch sprachliche Auslegung erfassenden Verstehen von Texten, auf das "Sich auf etwas verstehen" als "einer Sache gewachsen sein", d.h. die Fähigkeit zu besitzen, sie zu bewältigen [vgl. 39, S. 37]. Gleichzeitig wird ein reflexives "Sich-Selbst-Verstehen" impliziert, also ein Wissen um die eigenen Möglichkeiten, das eigene Potenzial. Andererseits ist Verstehen ein "Sich-Verständigen" (im Dialog). Dabei steht im Vordergrund, sich zunächst auf den Verstehensversuch einer bestimmten Sache zu verständigen. Die angestrebte Horizontverschmelzung als Verständigung mit einem anderen über etwas bedeutet zunächst nicht, dass es zu einer Meinungsidentität kommt. Man kommt zwar überein, aber im Wesentlichen darüber, dass man sich über dieselbe Sache verständigt hat. Die Meinungsdifferenz bleibt trotz des Einverständnisses bestehen.

Was die Differenz zwischen Vorhandenem und bisher Unbekanntem betrifft, so diskutiert Tsai das Phänomen der Sprachnot (als Zustand der Sprachfindung, nicht der Resignation) [vgl. 39, S. 40 ff.]. Man versucht das erblickte Unbekannte in den eigenen vorhandenen Begriffsapparat zu transzendieren. Wenn das nicht funktioniert, versucht man sich selbst in einen Sprachapparat zu transzendieren, welcher das neue Ereignis erfasst. Auf diese Weise entsteht eine zwischenzeitliche Sprachnot, die keine Unfähigkeit, sondern eine "Noch-Nicht-Fähigkeit" ausdrückt. Der Mensch muss ein neues Wort suchen, um das neue Objekt unter seinen Verständnishorizont zu holen. Limenistisch gesehen handelt es sich hierbei immer um eine Transzendenz in etwas, das in einem transzendentalen Rahmen noch nicht gegeben ist, allerdings nur zu einem geringen Teil, da der neue Begriff letztendlich eine zusätzliche, neue Gemeinsamkeit zu vorhandenen Gemeinsamkeiten darstellt, die mit ihm zwanghaft integriert werden. Wenn die Zwanghaftigkeit während des Verstehens erfolgreich in den Begriffen und deren Assoziationen verschaltet wird, dann hat man die Sache (für sich selbst) verstanden. Die Ähnlichkeit der Menschen wiederum impliziert ähnliches Verständnis, deren gleichzeitige Unterschiedlichkeit unterschiedliches Verständnis. Diese Herangehensweise hat einige Konsequenzen. Zum einen bedeutet sie, dass es ein Denken gibt, das über die Vorbestimmung der Sprache hinausgeht. Gleichzeitig braucht man die Sprache als Bedingung für das Verstehen, denn sonst hätte man ja keine Möglichkeit der Sprachfindung für Neues. Außerdem bestätigt die Sprachnot die (begrenzt-universellen) Grenzen der Sprache. Es gibt Seiendes (Sein), das über die Sprache hinausgeht.

Eine gängige, eher technische Auffassung (Konventionalismus), besagt hingegen, dass das Denken der Sprache voranginge [vgl. 39, S. 45 ff]. In diesem Verständnis lässt sich (i) das Denken nicht von sprachlichen Strukturen beeinflussen, (ii) ist die Sprache kein vermittelndes Medium zwischen Wirklichkeit und Bewusstsein, sondern nur zwischen zwei kommunizierenden Individuen, (iii) ist das Zeichen mit dem gedachten Inhalt identisch und (iv) bedeutet Verstehen die Herstellung der Übereinstimmung zweier Vorstellungen kommunizierender Individuen. Vor allem aber spricht die konventionelle Auffassung der Sprache das Sein ab. Sie ist kein Seiendes, das ist, vielmehr ist sie durch ihre Funktionalität bestimmt. Der Konventionalismus steht also dem Strukturalismus nahe.

Die ontologische Untrennbarkeit von Wort, Bedeutung und Sache erreicht Gadamer durch das Prinzip der sprachlichen Nichtunterscheidung. Ein gesprochenes Wort ist nicht nur ein von seinem Inhalt losgelöstes Zeichen. Es ist ein Wort über etwas. Dieses Etwas ist klar in ihm enthalten und wird nicht durch das Wort verdeckt, so wie bei einem Geheimcode. Es ist sprachlich nicht vom Inhalt unterschieden. Andererseits sind Worte und ihr Inhalt nicht identisch. Um dem Dilemma aus der Negierung des sprachlichen Unterschieds zwischen Wort und Inhalt und der gleichzeitigen Nichtidentität Herr zu werden, spricht Gadamer von Ähnlichkeit [vgl. S. 47], wie es die Limenistik ebenfalls tut. Somit wird die Idee der reinen Praktikabilität von Lauten und Wörtern für ihre Genesis, die aus dem Konstruktivismus folgt, bei Gadamer teilweise aufgehoben. Sprache muss als etwas hermeneutisch Geschehenes im Denken betrachtet werden. Allerdings "bedeutet dies nicht wirklich, dass wir uns nicht von der vorher durch die Sprache bestimmten Denkweise befreien können.

Tsai führt Gadamers Ähnlichkeitstheorie wie folgt aus [vgl. S. 47 ff.]: Laut Gadamer ahmt das Wort die Sache, die es bezeichnet, nach. Allerdings ist es ihr nicht "extrem" ähnlich, so wie ein Bild von einer Sache, schließlich existieren sehr unterschiedliche Sprachen auf der Welt. Gadamer verweist auf eine Dreifaltigkeit des Wortes, bestehend aus dem Wort selbst als Zeichen, dem bezeichneten Gegenstand und der Beziehung zwischen Wort und Sache. Ontologisch gesprochen kann Sprache das Sein der Dinge (ihre Beziehung zueinander und ihr zeitliches Wesen) darstellen.

Zur sprachlichen Nichtunterscheidung, also der Verschmelzung von sprachlichen Ausdrucksformen und dem Dargestellten schreibt Gadamer: "Was zur Sprache kommt, ist zwar ein anderes, als das gesprochene Wort selbst. Aber das Wort ist nur Wort durch das, was in ihm zur Sprache kommt. Es ist in seinem eigenen sinnlichen Sein nur da, um sich in das Gesagte aufzuheben. Umgekehrt ist auch das, was zur Sprache kommt, kein sprachlos Vorgegebenes, sondern empfängt im Wort die Bestimmtheit seiner selbst." [siehe Referenz GW1 in 39]. Die limenistische Ähnlichkeit zwischen Bezeichnetem und bezeichnendem Symbol ist aber eher eine zwanghafte Integration, als dass das eine in dem anderen enthalten wäre. Kleine Kinder bezeichnen Tiere gern mit dem Laut, den sie machen. Somit wäre der Begriff für die "Muh" als deren Eigentümlichkeit in der Kuh enthalten. Das abstrakte Wort ist ebenfalls "so etwas wie ein Abbild", des Bezeichneten, allerdings, so die limenistische Interpretation, eher der Integration aus bezeichnender Gemeinsamkeit und bezeichneter Gemeinsamkeit.

Im ontologischen Verständnis ist Sprache eine Darstellung des Seins der Dinge, sie entwickeln sich gemeinsam durch sie, was letztendlich ihre integrierende Gemeinsamkeit darstellt und Letztere zwanghaft macht. Formuliert man die Nichtunterscheidung negativ, so bedeutet sie, dass man eine Sache ohne Sprache nicht denken kann. Es bedeutet auch, dass Sprache so aufgebaut sein muss, dass sich zwischen den Symbolen, aus denen sie besteht, unendlich viele Gemeinsamkeiten knüpfen lassen können müssen, um Zukünftiges beschreiben zu können. Ich denke, dass dies aufgrund der Endlichkeit zur Verfügung stehender Laute und Zeichen nur durch Nietzsches Prinzip der ewigen Wiederkehr möglich sein kann. Wörter müssen in ihrer Bedeutung überschrieben werden, was bedeutet, dass die Endlichkeit der Sprache und die benötigte Unendlichkeit des sprachlichen Ausdrucks gleichermaßen zum Sein der Sprache führen, und zwar viel stärker, als das bei einer unendlichen Sprache der Fall wäre.

Die ontologische Wende der Hermeneutik fasst Tsiu damit zusammen, dass (i) das Verstehen die Seinsstruktur des Daseins als "In-der-Welt-sein" ist, dass (ii) Verstehen zugleich auch Auslegung und Anwendung ist, dass (iii) jede verstehend-anwendende Auslegung nur mittels Sprache geschieht, dass (iv) das, was in die Sprache kommt, auch von der Sprache mitbestimmt wird, dass (v) die Sprache kein vom Dasein frei verfügbares Werkzeug ist, sondern eine Welt, in der das Seiende erschlossen und verstanden werden kann, und dass die Sprache die Zwischenwelt zwischen Verstehen und Seiendem ist und ihr Wesen nur im Sprechen der Menschen hat. [vgl. 39, S. 205] In ihren Augen widerspiegeln die ersten Schritte das Verständnis des jungen Heideggers, der davon ausgeht, dass sich das Dasein in sein Sein wirft bzw. geworfen wird, während der "gekehrte" Heidegger dem Sein selbst eine Art Willen verpasst, auf dass es sich gegenüber dem Dasein selbst entblößt. Wahrheit beruht in letzterem Sinne nicht mehr auf der Offenheit des Daseins gegenüber dem Sein, sondern auf der Offenheit des Seins gegenüber dem Dasein.

Schlussrede

Sehr geehrte Damen und Herren!
Ich möchte mich bei Ihnen allen für Ihre Teilnahme an der diesjährigen Leipziger Limenistikkonferenz bedanken. Ihr reges Interesse nährt meine Hoffnung, dass unsere nächste Konferenz in baldiger Zukunft liegt. Wer noch einige Stunden in Leipzig bleiben möchte, kann sein Gepäck bis 21:00 Uhr an der Garderobe verwahren lassen.

Nun zu dem, was wir in den letzten drei Tagen gelernt haben. Ich möchte hier nur einen einzigen Aspekt ansprechen: Die zwingende Integration von Gemeinsamkeiten sieht die Limenistik als grundlegend für die sinnhafte Konstitution des Seins. Diese Integration bringt nicht nur komplexe Individuen und Gesellschaften hervor, sondern auch neue, emergente Gemeinsamkeiten. Die Unzulänglichkeit der Gemeinsamkeiten im Sinne ihrer begrenzten Existenz lässt sich nur dadurch realisieren, dass diejenigen Individuen, die sie teilen, in neue und andere Gemeinsamkeiten übergehen können. Die zwingende Integration bringt jene erst hervor. Hermeneutisch gesehen lehrt uns die Schaffung von Integrationszwängen unterschiedlicher, voneinander abgegrenzter Gemeinsamkeitssphären als Grundcharakter der Entwicklung, dass Exegese keinesfalls darin bestehen kann, Zitate von Philosophen aneinanderzureihen, um ein gewisses Ziel zu verfolgen. Ohne den Kontext versteht man die Aussagen jener Philosophen nämlich überhaupt nicht und läuft Gefahr, sie durch einen falschen Zwang anders-sinnhaft zu entstellen. Es sind nicht die aneinandergereihten Worte, die uns die Philosophen mitteilen wollen, sondern das, was sie dazu zwingt, sich aneinanderzureihen. Man könnte dies den Sinn nennen, aber meiner Meinung nach ist das zu kurz gegriffen. Es ist nicht der Sinn des Satzes, um den es hier geht, sondern um den "Sinn" des Philosophen selbst. Es geht aber auch nicht darum, herauszufinden, was die Welt im Innersten zusammenhält, sondern das, was den Philosophen im Innersten zusammenhält. Wie heute Morgen bereits treffend gesagt wurde, ist die Entkontextualisierung momentan eine der Hauptverfahren, um Philosophen und andere Redner zu instrumentalisieren, um ein vorgefertigtes, schnödes Ziel zu verfolgen oder sie selbst mundtot zu machen. Dabei geht es nicht um eine abweichende Interpretation während der Exegese, sondern um die bewusste oder auch unbewusste Absicht, jemanden anders zu verstehen, als er die Dinge gemeint hat. Entkontextualisierung bedeutet also immer, die Zitate in einen falschen Kontext, in ein gemeinsames falsches Verständnis zu rücken. Das Perfide dabei ist, dass man die gesagten Worte fehlerfrei zitieren kann und der Interpretation so einen Anstrich von Wahrheit verpasst. Dieser Instrumentalisierung muss man entschieden entgegentreten. Ansonsten wird niemand mehr die Wahrheit sagen können, selbst wenn er sie sagt.

Vielen Dank und ich wünsche Ihnen eine angenehme Heimreise! Die Vorträge werden bald in einem Essay-Sammelband erscheinen.
Ihr K. Theo Frank!

Literaturverzeichnis

1. https://www.spdfraktion.de/themen/freiheit-sicher-heit-gehoeren-zusammen

2. Peter F. Saeverin, "Zum Begriff der Schwelle: philosophische Untersuchung von Übergängen", BIS Verlag. ISBN 3-8142-0843-9, 20023

3. Christa Pöppelmann, "Allgemeinbildung Weltgeschichte für Dummies", Wiley-VCH, 2017

4. Jean-Jacques Rousseau, "Diskurs über die Ungleichheit" (Ed. Meier), UTB, 2008, S. 173.

5. Werner Ende, Udo Steinbach, Renate Laut, "Der Islam in der Gegenwart", C. H. Beck, 2005

6. Tobias Mayer, "Die Partei Syriens", https://www.deutschlandfunk.de/die-partei-syriens.871.de.html?dram:article_id=126173

7. The Circle, Universum Film GmbH, 2018

8. Bianca Többe Goncalves, "Entwicklungstheorie: Von der Modernisierung zum Antimodernismus", LIT, 2005, S. 280

9. OECD, "Die Globalisierung der Wirtschaft: Ursprünge und Auswirkungen", OECD, 2014

10. Jochen Bleicken, "Die athenische Demokratie", Schöningh, UTB, 1995

11. Hans Vorländer, "Grundzüge der athenischen Demokratie", 2014, https://www.bpb.de/175892/grundzuege-der-athenischen-demokratie?p=all

12. Gustave Le Bon, "Psychologie der Massen", Kröner, 1982.

13. https://www.duden.de/rechtschreibung/Ontologie

14. Elisabeth Leinfellner, Werner Leinfellner, "Ontologie, Systemtheorie und Semantik", Duncker & Humblot, 1978
15. Fabian Klotz, Clemens Ottmers, "Rhetorik", J. B. Metzler, 2007
16. Franz Brentano, "Von der mannigfachen Bedeutung des Seienden nach Aristoteles", Nabu Press, 2012
17. Hans W. Ingensiep, "Kant Reader: Was kann ich wissen? Was soll ich tun? Was darf ich hoffen?", Königshausen u. Neumann, 2004
18. Immanuel Kant, "Kritik der reinen Vernunft", Felix Meiner Verlag, 1998, S. 153 ff
19. Martin Heidegger, "Sein und Zeit", Max Niemeyer Verlag, 2006
20. Rafael Capurro, "MARTIN HEIDEGGER - Ausgewählte Werke", erschienen in: F. Volpi, J. Nida-Rümelin, Hrsg.: Lexikon der Philosophischen Werke. Stuttgart: Kröner, 1988
21. Seu-Kyou Lee, "Existenz und Ereignis: Eine Untersuchung zur Entwicklung der Philosophie Martin Heideggers. Epistemata Philosophie Bd. 278", Königshausen u. Neumann, 2001
22. Rüdiger Safranski, "Schiller: oder Die Erfindung des Deutschen Idealismus", Carl Hanser Verlag, 2004
23. Rüdiger Safranski, "Ein Meister aus Deutschland: Heidegger und seine Zeit", Fischer, 2001
24. M. Heidegger, "Die Frage nach der Technik. Die Technik und die Kehre", Klett-Cotta 2007
25. Johannes A. Niederhauser, "The Origin of Heidegger's "Gestell". https://www.youtube.com/watch?v=F8so3GQKw7Y, 2020

26. Holger Zaborowski, "Eine Frage von Irre und Schuld?", Fischer, 2010

27. Domenico Losurdo, "Die Gemeinschaft, der Tod, das Abendland: Heidegger und die Kriegsideologie", J. B. Metzler, 1995

28. Emmanuel Faye, "Heidegger und der Nationalsozialismus", in Bernhard H. F. Taureck (Hg.), "Politische Unschuld? in Sachen Martin Heidegger", Wilhelm Fink Verlag, 2007

29. Thomas Vašek, "Ein totalitärer Denker", Hohe Luft, 06/2014

30. Peter Sloterdijk, "Nach Gott", Suhrkamp, 2017, S. 30

31. Ruthard Stäblein, "Schwarze Hefte mit braunen Flecken", Deutschlandfunk, 20.03.2014, https://www.deutschlandfunk.de/martin-heidegger-schwarze-hefte-mit-braunen-flecken.700.de.html?dram:article_id=280681

32. Martin Heidegger, Die Selbstbehauptung der deutschen Universität, Rektoratsrede, 1933

33. https://www.duden.de/rechtschreibung/Phaenomenologie

34. Dan Zahavi, "Phänomenologie für Einsteiger", Wilhelm-Fink-Verlag, 2018

35. Martin Buber , "Ich und Du", Reclam Verlag, 1995

36. Merleau-Ponty, "Phénoménology de la perception", Routledge, 2013

37. Christine Emig, "Husserls Phänomenologie", (2004), URL: http://susy.germlit.rwth-aachen.de/philo/husserl/index.html (20.7.2019)

38. Uwe Meixner, "Die Aktualität Husserls für die moderne Philosophie des Geistes", in: Uwe Meixner, Albert Newen (Hrsg.), "Seele, Denken, Bewusstsein. Zur Geschichte der Philosophie des Geistes.", de Gruyter 2003

39. Wei-Ding Tsai, "Die ontologische Wende der Hermeneutik, Heidegger und Gadamer" (Dissertation, Ludwig-Maximilians-Universität, München), 2011

40. Uwe Justus Wenzel, "Alltäglicher Ausnahmezustand", NZZ, 2006 (https://www.nzz.ch/articledh271-1.2856)

41. Fjodor M. Dostojewski, Johannes Gerber, "Die Brüder Karamasow", Komet, 2000, S. 280

42. Marta Holzschuster, Philosophie der Theorie und Praxis mit Bezügen auf die Verbindlichkeit des je "Anderen" bei E. Levinas und V. Havel. Diplomarbeit, Wien, 2012

43. Mareike Lisker, "Maurice Merleau-Ponty und das Smartphone. Eine Untersuchung ausgewählter Phänomene der Digitalität anhand des Leib-Begriffs bei Maurice Merleau-Ponty", Bachelorarbeit, HU Berlin, 2015

44. Stefan Kristensen, "Maurice Merleau-Ponty I– Körperschema und leibliche Subjektivität", in "Leiblichkeit: Geschichte und Aktualität eines Konzepts" von Emmanuel Alloa, Thomas Bedorf, Christian Grüny, Tobias Nikolaus Klass, UTB GmbH, 2012

45. Christian Bermes, "Maurice Merleau-Ponty - Zur Einführung", Junius Verlag, 2004

46. https://www.duden.de/rechtschreibung/Existenzialismus

47. Roland Galle, Der Existenzialismus, UTB GmbH, 2009

48. Jean-Paul Sartre, "Das Sein und das Nichts: Versuch einer phänomenologischen Ontologie", Rowolth, 1985

49. Friedrich Wilhelm Joseph Schelling, "Vom Ich als Prinzip der Philosophie: oder Über das Unbedingte im menschlichen Wissen", Hofenberg, 2016

50. Rüdiger Safranski, "Hölderlin: Komm! ins Offene, Freund!", Carl Hanser Verlag GmbH & Co. KG, 2019

51. Peter Kampits, "Jean-Paul Sartre", C.H.Beck, 2004

52. Albert Camus, "Der Mythos des Sisyphos", Rowolth, 2000

53. Albert Camus, "Der Mensch in der Revolte", Rowolth, 1996

54. Lewis Wallace, "Ben Hur - Eine Erzählung aus der Zeit Christi", Anaconda Verlag GmbH, 2016

55. https://www.duden.de/rechtschreibung/Strukturalismus

56. Niels Brügger, Orla Vigsø, Strukturalismus, UTB, 2008

57. Christina Noack, Phonologie, Universitätsverlag Winter Heidelberg, 2010

58. Hermann Amborn, "Strukturalismus. Theorie und Methode in 'Ethnologie. Einführung und Überblick', Hans Fischer, Reimer, 1992

59. Claude Lévi-Strauss, "Die elementaren Strukturen der Verwandtschaft", Suhrkamp, 1992

60. Michael Walitschke, "Im Wald der Zeichen: Linguistik und Anthropologie. Das Werk von Claude

Lévi-Strauss" (Linguistische Arbeiten, Band 331), De Gruyter 2017 (1995)

61. Marcus Dick, "Welt, Struktur, Denken: Philosophische Untersuchungen zu Claude Lévi Strauss" (Epistemata - Würzburger wissenschaftliche Schriften. Reihe Philosophie), Königshausen u. Neumann, 2008

62. Der Ödipusmythos in der Deutung von Claude Lévi-Strauss. Ein vielgescholtener Klassiker gibt Anlaß zum Nachdenken, Anthropos 93, 1998

63. Allgemeine Erklärung der Menschenrechte, Resolution 217 A (III) der Vereinten Nationen, vom 10. Dezember 1948, Artikel I

64. Martina Senghas, "Paul Watzlawick – Warum wir nicht NICHT kommunizieren können", 2.7.2023.

65. Eva Borst, "Ideologien und andere Scheintote: McKinsey bildet", in: Ludwig A. Pongratz, Michael Wimmer, Roland Reichenbach (Hg.): Bildung-Wissen-Kompetenz. Bildungsphilosophie in der Wissensgesellschaft, Bielefeld 2007

66. http://www.literaturwissenschaft-online.uni-kiel.de/wp-content/uploads/2015/10/Poststrukturalismus.pdf

67. https://www.duden.de/rechtschreibung/Hermeneutik

68. Christoph Hubig, "Die Hermeneutik bei Schleiermacher und Dilthey und ihre Bedeutung für die Psychologie", in: Jüttemann, Gerd (Hrsg.): Wegbereiter der historischen Psychologie, S. 70-83, Beltz, 1988

69. Theodor H. Jørgensen, "Das religionsphilosophische Offenbarungsverständnis des späteren Schleiermacher" (Beiträge zur historischen Theologie, Band 53), Mohr-Siebeck, 1977

70. Jonathan Nolan, Lisa Joy, "Westworld", Staffel 2, Folge 10, HBO, 2018

71. Otto Friedrich Bollnow, "Festrede zu Wilhelm Diltheys 150. Geburtstag", Dilthey-Jahrbuch für Philosophie und Geschichte der Geisteswissenschaften, Band 2/1984, S. 28-50, Vandenhoeck + Ruprecht, 1984

72. Christian Damböck, "Wilhelm Diltheys empirische Philosophie und der rezente Methodenstreit in der analytischen Philosophie", Grazer Philosophische Studien 85 (2012), 151–185.

73. Hans-Georg Gadamer, Sprache und Verstehen. Originalvorträge, Teil 9, Quartino, 2011

74. Hilmar Schmiedl-Neuburg, Gadamers philosophische Hermeneutik und ihre Bedeutung für die therapeutische Praxis der Daseinsanalyse, Y – Z. Atop. Denk. 1(11), S. 1, 2011

Buchcover, Foto, Illustration/Gestaltung: Autor

Autor: K. Theo Frank

-geboren in Mitteldeutschland

-Naturwissenschaftler

Bisherige Titel:

Philosophie:

-Papa, bin ich noch links? - Ein limenistischer Essay; Limenistik - Die Leipziger Vorträge

Fantasy:

-Marie und die Zauberer; Marie und die Zauberer 2; I.V.; R.I.

Dystopie/Sci-Fi:

-E.G.; E.G.2; Angriff von Links! Angriff von Rechts!; Die Idee über die Welt; Der Wunsch der Androiden

***